"十二五"国家重点图书出版规划项目
化学化工精品系列图书

物理化学实验

（第2版）

主　编　韩喜江　张天云
副主编　吕祖舜　孟祥丽　李　欣
主　审　徐崇泉

哈尔滨工业大学出版社

内 容 提 要

本书包括绪论、实验、基本操作和附录四篇。绪论篇讲了物理化学实验的基本要求、安全知识和实验数据的处理方法;实验篇安排了22个与物理化学课程结合性好、综合性强、设计要求高的实验;基本操作篇介绍了多种实验操作技术;附录篇给出了物理化学实验常用数据和11个实验报告的框架。本书可作为高等院校本、专科学生的物理化学实验教材,亦可供广大物理化学实验教师参考。

图书在版编目(CIP)数据

物理化学实验/韩喜江,张天云主编.—2版.哈尔滨:哈尔滨工业大学出版社,2011.2(2022.1重印)
ISBN 978-7-5603-1890-5

Ⅰ.物… Ⅱ.①韩…②张… Ⅲ.①物理化学-化学实验 Ⅳ.O64-33

中国版本图书馆 CIP 数据核字(2011)第 000669 号

责任编辑	王桂芝 黄菊英
出版发行	哈尔滨工业大学出版社
社　址	哈尔滨市南岗区复华四道街10号 邮编150006
传　真	0451-86414749
网　址	http://hitpress.hit.edu.cn
印　刷	肇东市一兴印刷有限公司
开　本	787mm×1 092mm 1/16 印张19 字数457千字
版　次	2004年4月第1版 2011年2月第2版 2022年1月第8次印刷
书　号	ISBN 978-7-5603-1890-5
定　价	42.00元

(如因印装质量问题影响阅读,我社负责调换)

序 言

"九五"期间,教育部组织全国几百所高等院校的教师对几乎所有基础学科"课程体系和教学内容的改革"进行了立项研究,规模之大,范围之广,实属空前。空前的投入,赢得了空前的产出,"九五"期间我国的高等教育取得了一系列重要的改革成果。工科基础化学也不例外,在课程体系、教学内容、教学方法改革等诸多方面都取得了较大的进展和可喜的成果。如何将这些改革成果及时地推广到实际教学中去,是国家教育部领导十分关心的问题,也是每个教学指导委员会委员"十五"期间工作的一大重点,本人作为教育部工科基础化学教指委委员,自然义不容辞。

2002年元旦期间,哈尔滨工业大学出版社张秀华副社长、黄菊英编审和燕山大学环境与化学工程系邵光杰副主任建议本人根据教育部工科基础化学教改的精神,融入"九五"期间的教改成果,并结合哈尔滨工业大学、哈尔滨工程大学、哈尔滨理工大学、燕山大学、大庆石油学院、齐齐哈尔大学等校基础化学教改的实际,编写一套工科基础化学系列教材。此建议与本人的考虑不谋而合,欣然接受。本人一向认为:教材既是教学的重要依据,亦是教学的主要媒体,课程改革的方向、原则、思路和成果首先应该体现于教材。基于此种指导思想,并考虑教材编写的必要性和可行性,初步拟定编写有机化学、无机及分析化学、仪器分析、物理化学、结构化学、基础化学实验、工科大学化学实验、工科大学化学专题等工科基础化学教材。

本系列教材的编写思想是:遵照课程大纲和目标要求,考虑历史沿革,反映改革成果,突出时代特色,以优化整合的课程体系和教学内容为"骨架",以基础理论、基本概念、基本原理和基本操作为"血肉",以实际应用和学科前沿为"脉络",将科学性、适用性、先进性、新颖性融为一体。内容以必需和够用为度,表述注意深入浅出、简明扼要、突出重点,既便于教学,又便于自学。

为使教材的编写能够统一思想、统一要求、统一风格,并减少不必要的重复,成立了系列教材编审委员会,主要由参编各校的院系领导、有丰富教学经验的老教师和各册主编参加。

需要指出的是:

（1）教学改革是一项长期而艰巨的任务，不可能一蹴而就。教材改革与教学改革相伴而生，自然也需要长期的工作，不断完善，很难无可挑剔。本系列教材一定会有诸多不足，恳请同行体谅。

（2）编写教材需要博采众长，自然要参考较多的同类教材和其他相关文献资料，希望得到相关参考文献作者的支持和理解。

（3）本系列教材各册的编写大纲均由编审委员会讨论决定，书稿的具体内容由各册主编把关。读者若有询问之处，可与各册主编联系。

欢迎广大师生多提宝贵意见。

强亮生

2003 年 1 月 28 日于哈尔滨

第2版前言

化学被称为三大实践科学之一，而基础化学是高等工科院校化学化工类专业及其他相近专业的重要课程。由于化学是一门实践性很强的科学，为培养适应21世纪科技发展的创新人才，基础化学首先就应该从改革实践教学入手，并进行总体设计和优化组合。为了提高学生的综合素质，加强学生实验技能的训练，培养学生综合分析问题和独立解决问题的能力，在基础化学实验教学改革中，我们将基础化学综合实验分为五大部分：无机化学实验，分析化学实验，有机化学实验，物理化学实验，仪器分析实验。

随着社会的进步和科技的发展，化学已经渗透到社会的各个层次和科学的各个领域，尤其是化学实验教学越来越受到世界各国的重视。提高化学实验课的教学质量，培养既具有扎实的基础理论知识，又具有良好的实验技能的化学专门人才，是化学教育工作者的一项重要任务。基于这种指导思想，哈尔滨工业大学化学系化学实验教学中心总结本校几十年物理化学实验教学的经验和教学改革的体会，以及新世纪基础化学综合实验教学的新要求，编写了这本物理化学实验教材。本书分绪论、实验、基本操作和附录四篇，结合教学大纲的要求，并考虑到课时的限制，共安排了22个与物理化学课程结合性好、综合性强、设计要求高的实验。为便于学生完成实验报告，书后还给出了12个实验报告的框架。本实验教材内容体系完整，实验原理表述清楚，实验操作说明详尽，便于学生自学和教师教学，有较强的可操作性。书中内容可独立设课，并按40~80学时组织教学。本书可作为高等院校化学化工、环境工程、生命科学、建筑、能源、材料等类专业本、专科学生的物理化学实验教材，亦可作为其他高等院校物理化学实验教师和实验人员的参考书。

本书由哈尔滨工业大学韩喜江拟定编写大纲，韩喜江、张天云主编，吕祖舜、孟祥丽、李欣任副主编，徐崇泉主审，最后由韩喜江修改、定稿。

在本书编写过程中参考了南京大学、北京大学等校的物理化学实验教材，并得到哈尔滨工业大学教务处、世行贷款办和化学系领导及实验中心全体同志的支持，在此一并表示感谢。

由于编者水平有限，加之时间仓促，书中的问题和不足在所难免，敬请广大师生和其他读者批评指正。

编　者

2011年1月

目 录

第一篇 绪 论

1 物理化学实验的基本要求 ……………………………………………… (1)
   1.1 物理化学实验的目的 …………………………………………… (1)
   1.2 实验注意事项 …………………………………………………… (1)
   1.3 实验报告 ………………………………………………………… (1)
   1.4 实验室规则 ……………………………………………………… (2)
2 物理化学实验的安全知识 ……………………………………………… (2)
   2.1 保险丝 …………………………………………………………… (2)
   2.2 安全用电 ………………………………………………………… (3)
   2.3 高压钢瓶及其使用 ……………………………………………… (4)
3 实验数据的处理及误差分析 …………………………………………… (6)
   3.1 误差的分类 ……………………………………………………… (6)
   3.2 偶然误差的表达 ………………………………………………… (7)
   3.3 间接测量结果的误差计算 ……………………………………… (10)
   3.4 有效数字 ………………………………………………………… (14)
   3.5 实验数据的表示法 ……………………………………………… (15)
   3.6 思考题 …………………………………………………………… (19)

第二篇 实 验

1 燃烧热的测定 …………………………………………………………… (22)
   1.1 实验目的 ………………………………………………………… (22)
   1.2 实验原理 ………………………………………………………… (22)
   1.3 实验仪器与药品 ………………………………………………… (23)
   1.4 实验步骤 ………………………………………………………… (23)
   1.5 实验数据处理 …………………………………………………… (25)
   1.6 思考题 …………………………………………………………… (25)
   1.7 讨论 ……………………………………………………………… (25)
2 Pb－Sn 体系相图的绘制 ……………………………………………… (26)
   2.1 实验目的 ………………………………………………………… (26)

2.2 实验原理 (26)
   2.3 实验仪器与药品 (28)
   2.4 实验步骤 (28)
   2.5 实验数据处理 (29)
   2.6 思考题 (29)
   2.7 讨论 (29)
   2.8 仪器操作参考 (30)
3 环己烷－乙醇的气－液平衡相图 (31)
   3.1 实验目的 (31)
   3.2 实验原理 (31)
   3.3 实验仪器与药品 (32)
   3.4 实验步骤 (32)
   3.5 实验数据处理 (33)
   3.6 思考题 (34)
   3.7 讨论 (34)
4 溶解热的测定 (35)
   4.1 实验目的 (35)
   4.2 实验原理 (35)
   4.3 实验仪器与药品 (36)
   4.4 实验步骤 (36)
   4.5 实验注意事项 (37)
   4.6 实验数据处理 (37)
   4.7 思考题 (37)
   4.8 讨论 (38)
5 凝固点降低法测定萘的摩尔质量 (38)
   5.1 实验目的 (38)
   5.2 实验原理 (38)
   5.3 实验仪器与药品 (39)
   5.4 实验步骤 (39)
   5.5 实验数据处理 (40)
   5.6 思考题 (40)
   5.7 讨论 (41)
6 沸点升高法测定物质的摩尔质量 (41)
   6.1 实验目的 (41)
   6.2 实验原理 (41)
   6.3 实验仪器与药品 (42)
   6.4 实验步骤 (42)

    6.5 实验数据处理 …………………………………………………………………… (43)
    6.6 思考题 ………………………………………………………………………… (43)
    6.7 讨论 …………………………………………………………………………… (43)

7 Washburn 动态渗透压力法测定粉体接触角 …………………………………… (44)
    7.1 实验目的 ……………………………………………………………………… (44)
    7.2 实验原理 ……………………………………………………………………… (44)
    7.3 实验仪器与药品 ……………………………………………………………… (45)
    7.4 实验步骤 ……………………………………………………………………… (46)
    7.5 实验数据处理 ………………………………………………………………… (46)

8 采用分光光度法测定弱电解质的离解常数 …………………………………… (46)
    8.1 实验目的 ……………………………………………………………………… (46)
    8.2 实验原理 ……………………………………………………………………… (46)
    8.3 实验仪器与药品 ……………………………………………………………… (48)
    8.4 实验步骤 ……………………………………………………………………… (48)
    8.5 实验注意事项 ………………………………………………………………… (49)
    8.6 实验数据处理 ………………………………………………………………… (50)
    8.7 思考题 ………………………………………………………………………… (50)
    8.8 讨论 …………………………………………………………………………… (50)

9 化学平衡常数及分配系数的测定 ……………………………………………… (50)
    9.1 实验目的 ……………………………………………………………………… (50)
    9.2 实验原理 ……………………………………………………………………… (51)
    9.3 实验仪器与药品 ……………………………………………………………… (51)
    9.4 实验步骤 ……………………………………………………………………… (51)
    9.5 实验数据处理 ………………………………………………………………… (52)
    9.6 思考题 ………………………………………………………………………… (52)

10 B－Z 振荡反应及有机还原糖对 B－Z 振荡反应的影响 ………………… (52)
    10.1 实验目的 …………………………………………………………………… (52)
    10.2 实验原理 …………………………………………………………………… (52)
    10.3 实验仪器与药品 …………………………………………………………… (55)
    10.4 实验步骤 …………………………………………………………………… (56)
    10.5 实验注意事项 ……………………………………………………………… (56)
    10.6 实验数据处理 ……………………………………………………………… (56)
    10.7 思考题 ……………………………………………………………………… (56)
    10.7 讨论 ………………………………………………………………………… (57)

11 液体饱和蒸气压的测定——静态法 ………………………………………… (57)
    11.1 实验目的 …………………………………………………………………… (57)
    11.2 实验原理 …………………………………………………………………… (57)

11.3 实验仪器与药品 ……………………………………………… (58)
11.4 实验步骤 ……………………………………………………… (58)
11.5 实验注意事项 ………………………………………………… (59)
11.6 实验数据处理 ………………………………………………… (59)
11.7 思考题 ………………………………………………………… (59)
11.8 讨论 …………………………………………………………… (59)

12 蔗糖水解反应速率常数的测定 ……………………………… (60)
12.1 实验目的 ……………………………………………………… (60)
12.2 实验原理 ……………………………………………………… (60)
12.3 实验仪器与药品 ……………………………………………… (61)
12.4 实验步骤 ……………………………………………………… (61)
12.5 实验数据处理 ………………………………………………… (61)
12.6 思考题 ………………………………………………………… (62)
12.7 讨论 …………………………………………………………… (62)

13 乙酸乙酯皂化反应速率常数的测定 …………………………… (62)
13.1 实验目的 ……………………………………………………… (62)
13.2 实验原理 ……………………………………………………… (62)
13.3 实验仪器与药品 ……………………………………………… (64)
13.4 实验步骤 ……………………………………………………… (64)
13.5 实验数据处理 ………………………………………………… (65)
13.6 思考题 ………………………………………………………… (65)
13.7 仪器操作参考 ………………………………………………… (66)

14 H_2O_2 分解反应(一级反应)速率常数的测定 ……………… (66)
14.1 实验目的 ……………………………………………………… (66)
14.2 实验原理 ……………………………………………………… (66)
14.3 实验仪器与药品 ……………………………………………… (67)
14.4 实验步骤 ……………………………………………………… (67)
14.5 实验数据处理 ………………………………………………… (68)
14.6 思考题 ………………………………………………………… (68)
14.7 讨论 …………………………………………………………… (68)

15 甲醇分解催化剂活性的测定 …………………………………… (69)
15.1 实验目的 ……………………………………………………… (69)
15.2 实验原理 ……………………………………………………… (69)
15.3 实验仪器与药品 ……………………………………………… (70)
15.4 实验步骤 ……………………………………………………… (70)
15.5 实验注意事项 ………………………………………………… (71)
15.6 实验数据处理 ………………………………………………… (71)

15.7	思考题	(72)
15.8	讨论	(72)

16 丙酮碘化反应 ......(72)
16.1	实验目的	(72)
16.2	实验原理	(72)
16.3	实验仪器与药品	(74)
16.4	实验步骤	(74)
16.5	实验数据处理	(75)
16.6	实验注意事项	(76)
16.7	思考题	(76)

17 电导法测定水溶性表面活性剂的临界胶束浓度 ......(76)
17.1	实验目的	(76)
17.2	实验原理	(76)
17.3	实验仪器与药品	(78)
17.4	实验步骤	(78)
17.5	实验注意事项	(78)
17.6	数据处理	(79)
17.7	思考题	(79)
17.8	讨论	(79)

18 铅蓄电池及其电极充放电曲线的测定 ......(80)
18.1	实验目的	(80)
18.2	实验原理	(80)
18.3	实验仪器	(81)
18.4	实验步骤	(81)
18.5	实验数据处理	(81)
18.6	思考题	(82)

19 恒电流电解分析法测定溶液中的铜和镍的含量 ......(82)
19.1	实验目的	(82)
19.2	实验原理	(82)
19.3	实验仪器与药品	(84)
19.4	实验步骤	(84)
19.5	实验注意事项	(85)
19.6	实验数据处理	(85)
19.7	思考题	(85)

20 电解质的摩尔电导与弱电解质电离常数的测定 ......(85)
20.1	实验目的	(85)
20.2	实验原理	(85)

20.3 实验仪器与药品 …………………………………………………………… (87)
20.4 实验步骤 …………………………………………………………………… (87)
20.5 实验数据处理 ……………………………………………………………… (88)
20.6 思考题 ……………………………………………………………………… (88)

21 电动势的测定及其应用 ………………………………………………………… (89)
21.1 实验目的 …………………………………………………………………… (89)
21.2 实验原理 …………………………………………………………………… (89)
21.3 实验仪器与药品 …………………………………………………………… (91)
21.4 实验步骤 …………………………………………………………………… (91)
21.5 实验数据处理 ……………………………………………………………… (92)
21.6 思考题 ……………………………………………………………………… (92)

22 测定离子的迁移数 ……………………………………………………………… (93)
22.1 实验目的 …………………………………………………………………… (93)
22.2 实验原理 …………………………………………………………………… (93)
22.3 实验仪器与药品 …………………………………………………………… (94)
22.4 实验步骤 …………………………………………………………………… (94)
22.5 思考题 ……………………………………………………………………… (95)
22.6 讨论 ………………………………………………………………………… (95)

23 最大气泡压力法测定液体表面张力 …………………………………………… (95)
23.1 实验目的 …………………………………………………………………… (95)
23.2 实验原理 …………………………………………………………………… (95)
23.3 实验仪器与药品 …………………………………………………………… (98)
23.4 实验步骤 …………………………………………………………………… (98)
23.5 实验数据处理 ……………………………………………………………… (98)
23.6 思考题 ……………………………………………………………………… (99)

24 流动吸附色谱法测定固体比表面积 …………………………………………… (99)
24.1 实验目的 …………………………………………………………………… (99)
24.2 实验原理 …………………………………………………………………… (99)
24.3 实验仪器与药品 …………………………………………………………… (101)
24.4 实验步骤 …………………………………………………………………… (101)
24.5 实验注意事项 ……………………………………………………………… (102)
24.6 实验数据处理 ……………………………………………………………… (102)
24.7 思考题 ……………………………………………………………………… (103)
24.8 讨论 ………………………………………………………………………… (103)

25 BET 静态重要法测定固体物质的比表面积 ………………………………… (103)
25.1 实验目的 …………………………………………………………………… (103)
25.2 实验原理 …………………………………………………………………… (103)

	25.3	实验仪器与药品 ································· (105)
	25.4	实验步骤 ······································· (106)
	25.5	实验数据处理 ··································· (107)
	25.6	思考题 ··· (107)
26	**沉降法测定粒度分布** ······························ (107)
	26.1	实验目的 ······································· (107)
	26.2	实验原理 ······································· (108)
	26.3	实验仪器与药品 ································· (110)
	26.4	实验步骤 ······································· (110)
	26.5	实验数据处理 ··································· (111)
	26.6	思考题 ··· (111)
	26.7	讨论 ··· (112)
27	**牙膏流变曲线的绘制与流变性质的研究** ············ (112)
	27.1	实验目的 ······································· (112)
	27.2	实验原理 ······································· (112)
	27.3	实验仪器与试剂 ································· (114)
	27.4	实验步骤 ······································· (114)
	27.5	实验数据处理 ··································· (115)
	27.6	思考题 ··· (115)
	27.7	讨论 ··· (115)
28	**胶体的制备、性质及电泳速度的测定** ············ (116)
	28.1	实验目的 ······································· (116)
	28.2	实验原理 ······································· (116)
	28.3	实验仪器与药品 ································· (118)
	28.4	实验步骤 ······································· (118)
	28.5	实验注意事项 ··································· (119)
	28.6	实验数据处理 ··································· (119)
	28.7	思考题 ··· (120)
	28.8	讨论 ··· (120)
29	**黏度法测定高聚物相对分子质量** ··················· (120)
	29.1	实验目的 ······································· (120)
	29.2	实验原理 ······································· (121)
	29.3	实验仪器与药品 ································· (123)
	29.4	实验步骤 ······································· (123)
	29.5	实验注意事项 ··································· (123)
	29.6	实验数据处理 ··································· (123)
	29.7	思考题 ··· (124)

  29.8 讨论 ………………………………………………………………………… (124)
30 摩尔折射率的测定 ……………………………………………………………… (125)
  30.1 实验目的 ……………………………………………………………… (125)
  30.2 实验原理 ……………………………………………………………… (125)
  30.3 实验仪器与药品 ……………………………………………………… (126)
  30.4 实验步骤 ……………………………………………………………… (126)
  30.5 实验注意事项 ………………………………………………………… (126)
  30.6 实验数据处理 ………………………………………………………… (126)
  30.7 思考题 ………………………………………………………………… (126)
  30.8 讨论 …………………………………………………………………… (126)
31 偶极矩的测定 …………………………………………………………………… (127)
  31.1 实验目的 ……………………………………………………………… (127)
  31.2 实验原理 ……………………………………………………………… (127)
  31.3 实验仪器与药品 ……………………………………………………… (130)
  31.4 实验步骤 ……………………………………………………………… (130)
  31.5 实验注意事项 ………………………………………………………… (131)
  31.6 实验数据处理 ………………………………………………………… (131)
  31.7 思考题 ………………………………………………………………… (131)
  31.8 讨论 …………………………………………………………………… (132)
32 磁化率的测定 …………………………………………………………………… (132)
  32.1 实验目的 ……………………………………………………………… (132)
  32.2 实验原理 ……………………………………………………………… (132)
  32.3 实验仪器与药品 ……………………………………………………… (134)
  32.4 实验步骤 ……………………………………………………………… (135)
  32.5 实验注意事项 ………………………………………………………… (135)
  32.6 实验数据处理 ………………………………………………………… (136)
  32.7 思考题 ………………………………………………………………… (136)
  32.8 讨论 …………………………………………………………………… (136)

第三篇 基本操作

1 热效应测量技术 ………………………………………………………………… (139)
  1.1 温度 …………………………………………………………………… (139)
  1.2 温标 …………………………………………………………………… (139)
  1.3 温度计 ………………………………………………………………… (143)
2 温度的控制技术 ………………………………………………………………… (153)
  2.1 常温控制 ……………………………………………………………… (153)
  2.2 高温控制 ……………………………………………………………… (158)

2.3 低温控制 ·· (160)
3 溶液性质的测定技术 ·· (161)
3.1 液体粘度 ·· (161)
3.2 密度 ··· (164)
3.3 酸度 ··· (167)
3.4 折射率 ··· (171)
3.5 旋光度 ··· (174)
3.6 介电常数 ·· (178)
3.7 吸光度 ··· (180)
4 电化学测量技术 ··· (183)
4.1 电导 ··· (184)
4.2 原电池电动势 ··· (189)
4.3 常用电气仪表 ··· (194)

第四篇 附 录

附录Ⅰ 物理化学实验常用数据表 ·· (221)
附录Ⅱ 实验报告 ·· (222)
参考文献 ··· (285)

第一篇 绪 论

1 物理化学实验的基本要求

1.1 物理化学实验的目的

(1) 巩固并加深对物理化学课程中某些理论和概念的理解。
(2) 掌握物理化学实验的基本方法、实验技术和常用仪器的构造原理及使用方法。
(3) 培养学生的动手能力、观察能力、查阅文献能力、创新能力和处理实验结果的能力等。
(4) 培养学生求真、务实、勤俭节约的优良品德和科学素养。

1.2 实验注意事项

(1) 对实验内容及有关的参考资料进行仔细阅读、写好实验预习报告(预习报告应包括实验目的、简单的实验原理、主要的操作步骤、注意事项、需测定的数据等)。
(2) 正式实验前,由指导教师检查同学对实验内容的了解程度、准备工作是否完成,经指导教师许可后,方可开始实验。
(3) 首先核对仪器和药品试剂,对不熟悉的仪器和设备,应仔细阅读说明书,有不清楚处,应请教指导教师。仪器装置完毕,需经教师检查合格后,方能开始实验。
(4) 特殊仪器向教师领取,完成实验后归还。
(5) 实验时一般应按教材进行操作,如有更改意见,需与指导教师进行讨论,经指导教师同意后方可实行。
(6) 公用仪器及试剂瓶不要随意变动原有位置,用毕要立即放回原处。
(7) 对实验中遇到的问题要独立思考、设法解决。确有困难者请指导教师帮助解决。
(8) 实验数据应随时记录,记录数据要详细准确,且注意整洁清楚,不得任意涂改,养成良好的记录习惯。
(9) 实验完毕后,将实验数据交指导教师检查,清理实验桌,洗净并核对仪器,若有损坏,应自行登记。保持实验室的整洁,经指导教师同意后,方能离开实验室。

1.3 实验报告

(1) 必须在规定时间内独立完成实验报告,由课代表统一交指导教师。
(2) 报告内容包括实验目的、简单的实验原理、原始数据、结果处理、分析实验结果及回答思考题。
(3) 实验结果分析是报告中的重要一项,主要是对实验时所观察到的重要现象、实验原理、操作、实验方法的设计以及误差来源进行讨论,也可以对实验提出改进或建设性意见。

(4) 实验报告经指导教师批阅后,如认为有必要重做者,应在指定时间补做,不经指导教师许可,不能任意补做实验。

1.4 实验室规则

(1) 实验时应遵守操作规程,遵守一切安全措施,保证实验安全进行。

(2) 遵守纪律,不迟到,不早退,保持室内安静,不大声谈笑,不到处乱走,不许在实验室内嬉闹。

(3) 使用水、电、煤气、药品试剂等时都应本着节约原则。

(4) 未经教师允许不得乱动精密仪器,如发现仪器损坏,立即报告指导教师并追查原因。

(5) 随时注意室内整洁卫生,纸张等废物只能丢入废物缸内,不能随地乱丢,更不能丢入水槽,以免堵塞。实验完毕后将玻璃仪器洗净,把实验桌打扫干净,把所用仪器、试剂药品整理好。

(6) 实验时要集中注意力,认真操作,仔细观察,积极思考,实验数据要及时地记录在实验卡片上,不得涂改和伪造,如有记错,可在原数据上画一杠,再在旁边记下正确值。

(7) 实验结束后,由同学轮流值日,负责打扫整理实验室,检查水、煤气、门窗是否关好,电闸是否拉掉,以保证实验室的安全。

实验室规则是人们长期从事化学实验工作的总结,它是保持良好环境和工作秩序、防止意外事故发生、做好实验的重要前提,也是培养学生优良的科研素质、独立工作能力及创新能力的重要一环。

2 物理化学实验的安全知识

化学是一门实验科学,离不开化学实验室。而化学实验室却常常潜藏着诸多的安全隐患,如发生爆炸、着火、中毒、灼伤、割伤、触电等危险性事故。实验室的安全非常重要,如何来防止这些事故的发生以及万一发生又如何来急救,这是每个化学实验工作者必须具备的素质,必须加强培养。

2.1 保险丝

在实验室中,经常使用 220 V、50 Hz 的交流电,有时也用到三相电。任何导线或电器设备都有规定的额定电流值(即允许长期通过而不致过度发热的最大电流值),当负荷过大或发生短路时,电流超过了额定电流,则会过度发热,致使电器设备绝缘层损坏和设备烧坏,甚至引起火灾。为了安全用电,从外电路引入电源时,必须先经过能耐一定电流的适当型号的保险丝或其他保护装置。

保险丝是一种自动熔断器,串联在电路中,当通过电流过大时,则会过度发热而熔断,自动切断电路,达到保护电线、电器设备的目的。普通保险丝是指铅锡合金丝,其额定电流值列于表 1.1 中。

表 1.1 常用保险丝

型号	直径/mm	额定电流值/A
22	0.71	3.3
21	0.82	4.1
20	0.92	4.8
18	1.22	7.0
16	1.63	11.0
15	1.83	13.0
14	2.03	15.0
12	2.65	22.0
10	3.26	30.0

保险丝应接在相线引入处,在接保险丝时应把电闸拉开。更换保险丝时应换上同型号的,不能用型号比其小的代替(型号小的保险丝粗,额定电流值大),更不能用铜丝代替,否则就失去了保险丝的作用,容易造成严重事故。

2.2 安全用电

人体若通过 50 Hz、25 mA 以上的交流电时会发生呼吸困难,100 mA 以上则会致死。因此,安全用电非常重要,在实验室用电过程中必须严格遵守以下操作规程。

1. 防止触电

(1) 不能用潮湿的手接触电器。
(2) 所有电源的裸露部分都应有绝缘装置。
(3) 已损坏的接头、插座、插头或绝缘不良的电线应及时更换。
(4) 必须先接好线路再插上电源;实验结束时,必须先切断电源再拆线路。
(5) 如遇人触电,应立即切断电源后再行处理。

2. 防止着火

(1) 保险丝型号与实验室允许的电流量必须相配。
(2) 负荷大的电器应接较粗的电线。
(3) 生锈的仪器或接触不良处,应及时处理,以免产生电火花。
(4) 如遇电线着火,切勿用水或导电的酸碱泡沫灭火器灭火。应立即切断电源,用沙或二氧化碳灭火器灭火。

3. 防止短路

电路中各接点要牢固,电路元件两端接头不能直接接触,以免烧坏仪器或产生触电、着火等事故。实验开始前,应先由教师检查线路,经同意后,方可插上电源。

2.3 高压钢瓶及其使用

1. 钢瓶标记

在物理化学实验室中,常会使用各种气体钢瓶。气体钢瓶是贮存压缩气体和液化气的高压容器。容积一般为 40~60 L,最高工作压力为 15 MPa,最低的也在 0.6 MPa 以上。在钢瓶的肩部用钢印打出下述标记:

制造厂,制造日期,气瓶型号、编号,气瓶质量,气体容积,工作压力,水压试验压力,水压试验日期及下次送检日期。

为了避免各种钢瓶使用时发生混淆,常将钢瓶漆上不同颜色,写明瓶内气体名称,如表 1.2 所示。

表 1.2 各种气体钢瓶标志

气体类别	瓶身颜色	字样	标字颜色	腰带颜色
氮气	黑	氮	黄	棕
氧气	天蓝	氧	黑	—
氢气	深绿	氢	红	红
压缩空气	黑	压缩空气	白	—
液氨	黄	氨	黑	—
二氧化碳	黑	二氧化碳	黄	—
氦气	棕	氦	白	—
氯气	草绿	氯	白	白
石油气体	灰	石油气体	红	—
乙炔气	白	乙炔	红	—

2. 钢瓶使用注意事项

(1) 各种高压气体钢瓶必须定期送有关部门检验。一般气体的钢瓶至少每 3 年必须送检一次,充腐蚀性气体钢瓶至少每两年送检一次,合格者才能充气。

(2) 钢瓶搬运时,要戴好钢瓶帽和橡皮腰圈,轻拿轻放。要避免撞击、摔倒和激烈振动,以防爆炸。放置和使用时,必须用架子或铁丝固定牢靠。

(3) 钢瓶应存放在阴凉、干燥、远离热源的地方,避免明火和阳光曝晒。钢瓶受热后,气体膨胀,瓶内压力增大,易造成漏气,甚至爆炸。可燃性气体钢瓶与氧气钢瓶必须分开存放。氢气钢瓶最好放置在实验大楼外专用的小屋内,以确保安全。

(4) 使用气体钢瓶,除 CO_2、NH_3 外,一般要用减压阀。各种减压阀中,除 N_2 和 O_2 的减压阀可相互通用外,其他的只能用于规定的气体,不能混用,以防爆炸。

(5) 钢瓶上不得沾染油类及其他有机物,特别在气门出口和气表处,更应保持清洁。不可用棉纱等物堵漏,以防燃烧引起事故。

(6) 可燃性气体(如 H_2、C_2H_2 等)钢瓶的阀门是反扣(左旋)螺纹,即逆时针方向拧紧;非燃性或助燃性气体(如 N_2、O_2 等)钢瓶的阀门是正扣(右旋)螺纹,即顺时针拧紧。开启阀门时,应站在气表一侧,以防减压阀万一被冲出受到击伤。

(7) 可燃性气体要有防回火装置。有的减压阀已附有此装置,也可在导气管中添装铁丝网防止回火,在导气管中加接液封装置也可起防护作用。

(8) 不可将瓶中的气体全部用完,一定要保留 0.05 MPa 以上的残留压力。可燃性气体 C_2H_2 应保留 $0.2\sim0.3$ MPa(约 $2\sim3$ kg/cm² 表压),H_2 应保留 2 MPa,以防重新充气时发生危险。

3. 气表的作用与使用

氧气减压阀俗称氧气表,其结构如图 1.1 所示。阀腔被减压阀门分为高压室和低压室两部分。前者通过减压阀进口与氧气瓶连接,气压可由高压表读出,表示钢瓶内的气压;低压室经出口与工作系统连接,气压由低压表给出。当顺时针方向(右旋)转动减压阀手柄时,手柄压缩主弹簧,进而传动弹簧垫块、薄膜和顶杆,将阀门打开。高压气体即由高压室经阀门节流减压后进入低压室。当达到所需压力时,停止旋转手柄。停止用气时,逆时针(左旋)转动手柄,使主弹簧恢复自由状态,使阀门封闭。

减压阀装有安全阀,当压力超过允许使用值或减压阀发生故障时即自动开启放气。

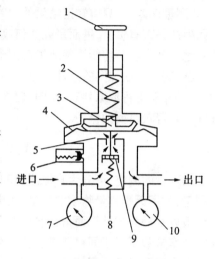

图 1.1 氧气减压阀的结构
1—手柄;2—主弹簧;3—弹簧垫块;4—薄膜;5—顶杆;6—安全阀;7—高压表;8—回动弹簧;9—阀门;10—低压表

4. 氧气钢瓶的使用

按图 1.2 装好氧气减压阀。使用前,逆时针方向转动减压阀手柄至放松位置。此时减压阀关闭。打开总压阀,高压表读数表示钢瓶内压力。用肥皂水检查减压阀与钢瓶连接处是否漏气。不漏气,则可顺时针旋转手柄,减压阀门即开启送气,直到所需压力时,停止转动手柄。

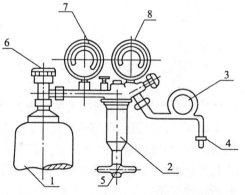

图 1.2 减压阀的安装
1—氧气瓶;2—减压阀;3—导气管;4—接头;5—减压阀旋转手柄;6—总阀门;7—高压表;8—低压表

停止用气时,先关钢瓶阀门,并将余气排空,直至高压表和低压表均指示为"0",反时针转动手柄至自由位置,此时减压阀关闭。从而保证下次开启钢瓶阀门时,不会发生高压气体直接冲进充气体系,保护减压阀,以免失灵。

3 实验数据的处理及误差分析

在测量时,由于所用仪器、实验方法、实验条件的限制,以及实验操作者观察局限性,使任何实验都不可能测得一个绝对准确的数值,测量值和真值之间必然存在的一个差值,称为"测量误差"。只有知道结果的误差,才能了解结果的可靠性,决定这个结果对科学研究和生产是否有价值,进而研究如何改进实验方法、技术以及考虑仪器的正确选用和搭配等问题。若在实验前能清楚地了解到测量允许的误差大小,则可以正确地选择适当精度的仪器、实验方法和实验条件,不致过分提高或降低实验的要求,造成不必要的浪费和损失。此外,采用将数据列表、作图、建立相应数学模型的数据处理方法,对于提高实验的准确度也起着较重要的作用。

3.1 误差的分类

物理量的测定,可分为直接测量和间接测量两种。直接表示所求结果的测量称为直接测量,如用天平称量物质的质量,用电位计测定电池的电动势等。若所求的结果由数个测量值以某种公式计算而得,则这种测量称为间接测量,如用电导法测定乙酸乙酯皂化反应的速率常数就属于间接测量。物理化学实验中的测量数据大多是通过间接测量所得。无论是直接测量还是间接测量,所得的测量数据都存在误差。

根据误差的来源可将其分为三类,即系统误差、过失误差、偶然误差。

1.系统误差

系统误差是由于测量方法中某些经常出现的原因所致。如:
(1) 实验方法本身的限制。如反应没有完全进行到底,指示剂选择不当,计算公式有某些假定及近似等。
(2) 使用的仪器不够精确。如滴定管的刻度不准、仪器的失灵或不稳、药品的级别低等。
(3) 实验者个人习惯所引入的主观误差,使测量数据有习惯性的偏高或偏低等。

系统误差总是以相同符号出现,或总是正误差,或总是负误差,在相同条件下重复实验无法消除,但可以通过测量前对仪器进行校正或更换、选择合适的实验方法、修正计算公式和用标准样品校正等来减少系统误差。只有不同实验者用不同的校正方法、不同的仪器所得数据相符合,才可认为系统误差基本消除。

2.过失误差

过失误差主要是由于实验者粗心大意或操作不正确等因素引起。此类误差虽然无规律可循,但是只要认真正确操作就可避免。

3.偶然误差

偶然误差是由于实验时许多不能预见的其他因素造成的。如实验者视觉、听觉不灵敏,对仪器最小分度值以下的估计难于完全相同或操作技巧的不熟练等。又如在测量过程中外界条件的改变,如温度、压力不恒定、机械的震动、电磁场的干扰等。仪器中常包含的某些活动部件,如水银温度计或压力计中的水银柱、电流计中的游丝与指针,在对同一物理量进行重复测量时,其所达的位置很难完全相同(尤其是使用年久或质量较差的仪器更为明显),造成偶然误差。偶然误差的特点是其数值时大时

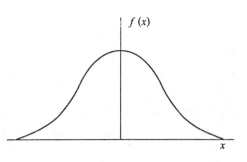

图 1.3 误差的正态分布曲线

小,时正时负。在相同条件下对同一物理量重复多次测量,偶然误差的大小和正负符合正态分布,如图 1.3 所示。这种误差的分布具有对称性,即正、负误差出现的概率几乎相等,因此,多次重复测量的算术平均值是其最佳的代表值。

3.2 偶然误差的表达

1.误差和相对误差

在物理量的测定中,偶然误差总是存在的,所以测得值 a 和真值 $a_真$ 之间总有着一定的偏差 Δa,这个偏差称为误差,即

$$\Delta a = a - a_真 \tag{1.1}$$

误差和真值之比,称为相对误差,即

$$相对误差 = \frac{误差}{真值} = \frac{\Delta a}{a_真} \tag{1.2}$$

例如,测量 0.5 m 的长度时所用的尺可以引入 ±0.000 1 m 的误差,平均相对误差为 $\frac{0.000\ 1}{0.5} \times 100\% = 0.02\%$,但用同样的尺测量 0.01 m 的长度时,相对误差为 $\frac{0.000\ 1}{0.01} \times 100\% = 1\%$,比前者大 50 倍。显然用这一尺子来测量 0.01 m 长度是不够精确的。

由误差理论可知,在消除了系统误差和过失误差的情况下,由于偶然误差分布的对称性,进行无限次测量所得值的算术平均值即为真值

$$a_真 = \lim_{n \to \infty} \frac{\sum_{i=1}^{n} a_i}{n} \tag{1.3}$$

然而大多数情况下,只作有限次的测量,故只能把有限次测量(n 为有限值)的算术平均值

$$\overline{a_i} = \frac{\sum_{i=1}^{n} a_i}{n} \tag{1.4}$$

作为可靠值,并把各次测量值与其算术平均值的差

$$\Delta a_i = a_i - \overline{a_i} \tag{1.5}$$

作为各次测量的误差。

又因各次测量误差的数值可正可负,对于整个测量来说,无法由它来表示测量的准确程度,为此引入平均误差

$$\overline{\Delta a} = \frac{|\Delta a_1| + |\Delta a_2| + |\Delta a_3| + \cdots + |\Delta a_n|}{n} = \frac{\sum_{i=1}^{n}|a_i - \overline{a_i}|}{n} \tag{1.6}$$

而平均相对误差为

$$\frac{\overline{\Delta a}}{\overline{a_i}} = \frac{|\Delta a_1| + |\Delta a_2| + \cdots + |\Delta a_n|}{n\overline{a_i}} \times 100\% \tag{1.7}$$

2. 准确度与精密度

准确度是指测量结果的正确性,即偏离真值的程度,准确的数据只有很小的系统误差。精密度是指测量结果的可重复性与所得数据的有效数字,精密度高指的是所得结果具有很小的偶然误差。

准确度的定义可表示为

$$\frac{1}{n}\sum_{i=1}^{n}|a_i - a_{真}| \tag{1.8}$$

由于大多数物理化学实验中 $a_{真}$ 是我们要求测定的结果,一般可近似地用 a 的标准值 $a_{标}$ 来代替 $a_{真}$。所谓标准值是指用其他更为可靠的方法测出的值或载于文献的公认值。因此,测量的准确度可近似地表示为

$$\frac{1}{n}\sum_{i=1}^{n}|a_i - a_{标}| \tag{1.9}$$

精密度是指各次测量值 a_i 与可靠值 $\overline{a_i}$ 的偏差程度,也就是指在 n 次测量中测得值之间相互偏差的程度。用来判断所做的实验平行程度(精密度好并不表示准确度高),精密度常用以下三种方式来表示。

(1) 平均误差 $\overline{\Delta a}$

$$\overline{\Delta a} = \pm \frac{\sum_{i=1}^{n}|a_i - \overline{a_i}|}{n} \tag{1.10}$$

(2) 标准误差 σ

$$\sigma = \sqrt{\frac{\sum_{i=1}^{n}(a_i - \overline{a_i})^2}{n-1}} \tag{1.11}$$

(3) 偶然误差 P

$$P = 0.6745\sigma \tag{1.12}$$

以上三种方式均可用来表示测量的精密度,但数值上略有不同,它们的关系是

$$P : \overline{\Delta a} : \sigma = 0.675 : 0.794 : 1.00$$

在物理化学实验中通常是用平均误差或标准误差来表示测量的精密度。平均误差的优点是计算方便,但有着掩盖测量质量不高的缺点。标准误差是平方和的开方,能更明显地反映误差的真实情况,在精密地计算实验误差时最为常用。如甲、乙两人进行某实验,甲

的两次测量误差为 +1、-3,而乙为 +2、-2。显然乙的实验精密度比甲高,但甲、乙的平均误差均为 2,而其标准误差甲和乙分别为 $\sqrt{1^2+3^2}=\sqrt{10}$、$\sqrt{2^2+2^2}=\sqrt{8}$,由此可见,标准误差更能反映出实验的平行程度。

由于不能肯定 a_i 离 $\overline{a_i}$ 是偏高还是偏低,所以测量结果常用 $\overline{a_i}\pm\sigma$(或 $\overline{a_i}\pm\overline{\Delta a}$)来表示。$\sigma$ 愈小,则表示测量的精密度愈高。有时也用标准相对误差

$$\sigma_{相对}=\frac{\sigma}{a_i}\times 100\% \tag{1.13}$$

来表示精密度。如对某一容器中的压力进行了 5 次测量,有关数据如表 1.3。

表 1.3 压力测量的相关数据

i	p/Pa	Δp_i	$\|\Delta p_i\|$	$\|\Delta p_i\|^2$
1	98 294	-4	4	16
2	98 306	+8	8	64
3	98 298	0	0	0
4	98 301	+3	3	9
5	98 291	-7	7	49
	$\sum 491\ 490$	$\sum 0$	$\sum 22$	$\sum 138$

可得算术平均值

$$\overline{p_i}=\frac{1}{5}\sum_{i=1}^{5}p_i=98\ 298\ \text{Pa}$$

平均误差

$$\overline{\Delta p}=\pm\frac{1}{5}\sum_{i=1}^{5}|\Delta p_i|=\pm 4\ \text{Pa}$$

平均相对误差

$$\frac{\overline{\Delta p}}{p_i}=\pm\frac{4}{98\ 298}\times 100\%=\pm 0.004\%$$

标准误差

$$\sigma=\pm\sqrt{\frac{138}{5-1}}=\pm 6\ \text{Pa}$$

标准相对误差

$$\frac{\sigma}{p_i}=\frac{6}{98\ 298}\times 100\%=0.006\%$$

故上述压力测量值的精密度为 $(98\ 298\pm 6)\text{Pa}$ 或 $(98\ 298\pm 4)\text{Pa}$。

从概率论可知,大于 3σ 的误差的出现概率只有 0.3%,故通常把这一数值称为极限误差,即

$$\delta_{极限}=3\sigma \tag{1.14}$$

如果个别测量的误差超过 3σ,则可认为是由于过失误差引起可将其舍弃。由于实际测量一般都是为数不多的几次测量,而个别失常测量对算术平均值影响很大,为避免这一失常的影响,有人提出一个简单的判断法,即

$$a_i - \overline{a_i} \geqslant 4\left[\frac{1}{n}\sum_{i=1}^{n} | a_i - \overline{a_i} |\right] \tag{1.15}$$

其中 a_i 值为可疑值,可弃去。因为这种观察值存在的概率大约只有 0.1%。

3. 怎样使测量结果达到足够的精确度

(1) 首先按实验要求选用适当规格的仪器和药品(指不低于或优于实验要求的精密度),并加以校正或纯化,以避免因仪器或药品引进系统误差。

(2) 测定某物理量 a 时需在相同实验条件下连续重复测量多次,舍去因过失误差而造成的可疑值后,求出其算术平均值 $\overline{a_i}\left[\dfrac{\sum_{i=1}^{n} a_i}{n}\right]$ 和精密度(即平均误差 $\overline{\Delta a} = \dfrac{\sum_{i=1}^{n} | a_i - \overline{a_i} |}{n}$)。

(3) 将 $\overline{a_i}$ 与 $a_{标}$ 作比较,若两者差值 $| \overline{a_i} - a_{标} | < \overline{\Delta a}$($\overline{a_i}$ 是重复测量 15 次或更多时的平均值) 或 $| \overline{a_i} - a_{标} | < \sqrt{3} \cdot \overline{\Delta a}$($\overline{a_i}$ 是重复 5 次的平均值),测量结果就是对的。如若 $| \overline{a_i} - a_{标} | > \overline{\Delta a_i}$(或大于 $\sqrt{3} \cdot \overline{\Delta a}$),则说明在实验中有因实验条件、实验方法或计算公式等的选用不当而造成的系统误差存在。于是需进一步探索,用改变实验条件、方法或计算公式来寻找原因,直至使 $| \overline{a_i} - a_{标} | \leqslant \overline{\Delta a}$ 或 $\sqrt{3} \cdot \overline{\Delta a}$。如不能达到,同时又能用其他方法证明不存在测定条件、方法或公式等方面的系统误差,则可能是标准值本身存在着误差,需找新的标准值。

(4) 在计算测量误差时,仪器的精密度不能低于实验要求的精度,但也不必过分优于实验要求的精度,可根据仪器的规格来估算测量误差值。例如 1/10 的水银温度计 $\overline{\Delta a} = \pm 0.02$℃;贝克曼温度计 $\overline{\Delta a} = \pm 0.002$℃;100 mL 容量瓶 $\overline{\Delta a} = \pm 0.01$ mL。

3.3 间接测量结果的误差计算

大多数实验的最后结果都是间接的数值,因此,个别测量的误差,都反映在最后的结果里。在间接测量误差的计算中,可以看出直接测量的误差对最后的结果产生多大的影响,并可了解哪一方面的直接测量是误差的主要来源。如果事先预定最后结果的误差限度,即各直接测量值可允许的最大误差是多少,则由此可决定如何选择适当精密度的测量工具。仪器的精密程度会影响最后结果,但如果盲目地使用精密仪器,不考虑相对误差,不考虑仪器的相互配合,非但丝毫不能提高结果的准确度,反而枉费精力并造成仪器、药品的浪费。

1. 间接测量结果的平均误差和相对平均误差

首先来看一下普遍情况。若要求的数值 u 是两个变数 α 和 β 的函数,即 $u = f(\alpha, \beta)$,则直接测量 α、β 时,其误差为 $\Delta\alpha$、$\Delta\beta$,它所引起数值 u 的误差为 Δu,当误差 Δu、$\Delta \beta$、$\Delta \alpha$ 和 u、α、β 相比较是很小时,可以把它们看做微分 du、$d\alpha$、$d\beta$。应用微分公式时可写成

$$du = f'_\alpha(\alpha, \beta)d\alpha + f'_\beta(\alpha, \beta)d\beta \tag{1.16}$$

式中　$f'_\alpha(\alpha,\beta)$——函数 $f(\alpha,\beta)$ 对 α 的偏导数；
　　　$f'_\beta(\alpha,\beta)$——函数 $f(\alpha,\beta)$ 对 β 的偏导数。
按照定义其相对误差为

$$\frac{\mathrm{d}u}{u} = \frac{f'_\alpha(\alpha,\beta)}{f(\alpha,\beta)}\mathrm{d}\alpha + \frac{f'_\beta(\alpha,\beta)}{f(\alpha,\beta)}\mathrm{d}\beta \tag{1.17}$$

或者是

$$\mathrm{d}\ln u = \mathrm{d}\ln f(\alpha,\beta) \tag{1.18}$$

故计算测量值 u 的相对误差 $\left(\dfrac{\mathrm{d}u}{u}\right)$ 时，可先对 u 表示式取自然对数，并对其微分(此处把这些测量数值当做变数)。

(1) 单项式中的相对误差。设

$$u = k\frac{a^p b^q}{c^r e^s} \tag{1.19}$$

式中　$p、q、r、s$——已知数值；
　　　k——常数；
　　　$a、b、c、e$——实验直接测定的数值。
对式(1.19)取对数,有

$$\ln u = \ln k + p\ln a + q\ln b - r\ln c - s\ln e \tag{1.20}$$

对式(1.20)进行微分,得

$$\frac{\mathrm{d}u}{u} = p\frac{\mathrm{d}a}{a} + q\frac{\mathrm{d}b}{b} - r\frac{\mathrm{d}c}{c} - s\frac{\mathrm{d}e}{e}$$

此时并不知道这些误差的符号是正还是负,但最不利的情况是,直接测量的正、负误差不能对消而引起误差的积累,故取相同符号。因此

$$\frac{\mathrm{d}u}{u} = p\frac{\mathrm{d}a}{a} + q\frac{\mathrm{d}b}{b} + r\frac{\mathrm{d}c}{c} + s\frac{\mathrm{d}e}{e} \tag{1.21}$$

这样所得的相对误差是最大的,称为误差的上限。从式(1.21)可见,若 n 个数值相乘或相除时,最后结果的相对误差比其中任意一个数值的相对误差都大。

(2) 其他不同运算过程中相对误差的计算公式列于表1.4。

表1.4　相对误差计算公式

函数关系	绝对误差	相对误差
$u = x + y$	$\pm(\|\mathrm{d}x\|+\|\mathrm{d}y\|)$	$\pm\left[\dfrac{\mathrm{d}\|x\|+\mathrm{d}\|y\|}{x+y}\right]$
$u = x - y$	$\pm(\|\mathrm{d}x\|+\|\mathrm{d}y\|)$	$\pm\left[\dfrac{\mathrm{d}\|x\|+\mathrm{d}\|y\|}{x-y}\right]$
$u = xy$	$\pm(x\|\mathrm{d}y\|+y\|\mathrm{d}x\|)$	$\pm\left[\dfrac{\mathrm{d}\|x\|}{x}+\dfrac{\mathrm{d}\|y\|}{y}\right]$
$u = \dfrac{x}{y}$	$\pm\left[\dfrac{(y\|\mathrm{d}x\|+x\|\mathrm{d}y\|)}{y^2}\right]$	$\pm\left[\dfrac{\mathrm{d}\|x\|}{x}+\dfrac{\mathrm{d}\|y\|}{y}\right]$
$u = x^n$	$\pm(nx^{n-1}\mathrm{d}x)$	$\pm\left[n\dfrac{\mathrm{d}x}{x}\right]$
$u = \ln x$	$\pm\left(\dfrac{\mathrm{d}x}{x}\right)$	$\pm\left(\dfrac{\mathrm{d}x}{x\cdot\ln x}\right)$
$u = \sin x$	$\pm(\cos x\mathrm{d}x)$	$\pm(\cos x\mathrm{d}x)$

【例1】 误差的计算。

液体的摩尔折射率公式为 $[R] = \dfrac{n^2-1}{n^2+2}\dfrac{M}{\rho}$，苯的折射率 $n = 1.4979 \pm 0.0003$，密度 $\rho = (0.8737 \pm 0.0002)\text{g} \cdot \text{cm}^{-3}$，摩尔质量 $M = 78.08 \text{ g} \cdot \text{mol}^{-1}$。求间接测量值 $[R]$ 的误差。

将有关数据代入折射公式，则

$$[R] = \dfrac{(1.4979)^2 - 1}{(1.4979)^2 + 2} \dfrac{78.08}{0.8337} = 26.20$$

把折射率公式两边取对数，并微分，即

$$\mathrm{d}\ln[R] = \mathrm{d}\ln(n^2-1) - \mathrm{d}\ln(n^2+2) - \mathrm{d}\ln\rho$$

整理得

$$\dfrac{\mathrm{d}[R]}{[R]} = \left(\dfrac{2n}{n^2-1} - \dfrac{2n}{n^2+2}\right)\mathrm{d}n - \dfrac{\mathrm{d}\rho}{\rho}$$

代入有关数值

$$\mathrm{d}[R] = 0.019$$

则其相对误差

$$\dfrac{\Delta[R]}{[R]} = \dfrac{(1.9 \times 10^{-2})}{26.20} = 7.2 \times 10^{-4}$$

【例2】 仪器的选择。

在 12 mL 水中分次加入 KNO_3（固体），用电热补偿法求 KNO_3 在水中的积分溶解热 Q_s $\text{J} \cdot \text{mol}^{-1}$ $\left(Q_s = \dfrac{101.1\ IVt}{W_{KNO_3}}\right)$。如果把相对误差控制在 3% 以内，应选择什么规格的仪器？

在直接测量中各物理量的数值分别为：电流 $I = 0.5$ A，电压 $V = 4.5$ V，最短的时间 $t = 400$ s，最少的样品量 $W_{KNO_3} = 3$ g。

误差计算，有

$$\ln Q_s = \ln I + \ln V + \ln t - \ln W$$

$$\dfrac{\mathrm{d}Q_s}{Q_s} = \dfrac{\mathrm{d}I}{I} + \dfrac{\mathrm{d}V}{V} + \dfrac{\mathrm{d}t}{t} - \dfrac{\mathrm{d}W}{W} = \dfrac{\mathrm{d}I}{0.5} + \dfrac{\mathrm{d}V}{4.5} + \dfrac{\mathrm{d}t}{400} - \dfrac{\mathrm{d}W}{3}$$

由上式可知，最大的误差来源于测定 I 和 V 所用电流表和电压表。因为在时间的测定中用停表误差不会超过 1 s，相对误差为 $1/400 = 0.25\%$。称 KNO_3 如用分析天平只要读至小数点后第三位即 $\mathrm{d}W = 0.002$ g，相对误差仅为 0.07%（称水只需用台天平，$\mathrm{d}W$ 虽为 0.2 g，但其相对误差为 $0.2/200 = 0.1\%$）。电流表和电压表的选择以及在实验中对 I、V 的控制是本实验的关键。为把 Q_s 的相对误差控制在 3% 以下，$\mathrm{d}I/I$ 和 $\mathrm{d}V/V$ 都应控制在 1% 以下，故需选用 1.0 级的电表（准确度为最大量程值的 1%），且电流表的全量程为 0.5 A。电压表的全量程不能超过 5 V，此时电压和电流测定所引入的误差为

$$\dfrac{\mathrm{d}I}{I} = \dfrac{0.5 \times 0.01}{0.5} = 1\%, \dfrac{\mathrm{d}V}{V} = \dfrac{5 \times 0.01}{4.5} = 1.1\%$$

故基本能满足实验的精度要求。由此可见，通过对实验结果的误差分析，对选择实验所用仪器是有一定帮助的。

【例3】 测量过程中最佳实验条件的确定。

在利用惠登电桥测量电阻时（图1.4），电阻 R_x 可由下式计算

$$R_x = R\frac{l_1}{l_2} = R\frac{L-l_2}{l_2}$$

式中　　R——已知电阻；

　　　　L——电阻丝全长，$(l_1 + l_2) = L$。

因此，间接测量 R_x 的误差取决于直接测量 l_2 的误差，即

$$dR_x = \pm\left(\frac{\partial R_x}{\partial l_2}\right)dl_2 = \pm\left[\frac{\partial\left(R\frac{L-l_2}{l_2}\right)}{\partial l_2}\right]dl_2 = \pm\left[\frac{RL}{l_2^2}\right]dl_2$$

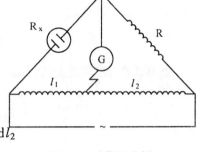

图 1.4　惠斯登电桥

相对误差为

$$\frac{dR_x}{R_x} = \pm\left[\frac{\left(\frac{RL}{l_2^2}\right)dl_2}{R\left(\frac{L-l_2}{l_2}\right)}\right] = \pm\left[\frac{L}{(L-l_2)l_2}dl_2\right]$$

因为 L 是常量，所以当 $(L-l_2)l_2$ 为最大时，其相对误差最小，即

$$\frac{d}{dl_2}[(L-l_2)l_2] = 0$$

故

$$l_2 = \frac{L}{2}$$

所以用惠斯登电桥测量电阻时，电桥上的接触点最好放在电桥中心。由测量电阻可以求得电导，而电导的测量是物理化学实验中常用的物理方法之一。

2. 间接测量结果的标准误差

设函数为 $u = f(\alpha, \beta, \cdots)$，式中 $\alpha, \beta, \cdots$ 的标准误差分别为 $\sigma_\alpha, \sigma_\beta, \cdots$，则 u 的标准误差经推演为

$$\sigma_u = \left[\left(\frac{\partial u}{\partial \alpha}\right)^2\sigma_\alpha^2 + \left(\frac{\partial u}{\partial \beta}\right)^2\sigma_\beta^2 + \cdots\right]^{\frac{1}{2}} \tag{1.22}$$

部分函数的相对误差计算公式列于表 1.5。

表 1.5　相对误差计算公式

函数关系	绝对误差	相对误差
$u = x \pm y$	$\pm\sqrt{\sigma_x^2 + \sigma_y^2}$	$\pm\frac{1}{\|x+y\|}\sqrt{\sigma_x^2 + \sigma_y^2}$
$u = x \cdot y$	$\pm\sqrt{y^2\sigma_x^2 + x^2\sigma_y^2}$	$\pm\sqrt{\frac{\sigma_x^2}{x^2} + \frac{\sigma_y^2}{y^2}}$
$u = \frac{x}{y}$	$\pm\frac{1}{y}\sqrt{\sigma_x^2 + \frac{x^2}{y^2}\sigma_y^2}$	$\pm\sqrt{\frac{\sigma_x^2}{x^2} + \frac{\sigma_y^2}{y^2}}$
$u = x^n$	$\pm nx^{n-1}\sigma_x$	$\pm\frac{n}{x}\sigma_x$
$u = \ln x$	$\pm\frac{\sigma_x}{x}$	$\pm\frac{\sigma_x}{x\ln x}$

溶质的摩尔质量 M 可由溶液的沸点升高值 ΔT_b 测定。设以苯为溶剂，以萘为溶质，用贝克曼温度计测得纯苯的沸点为 $(2.975 \pm 0.003)℃$，而溶液中含苯为 $W_A = (87.0 \pm$

0.1)g,含萘为 $W_B = (1.054 \pm 0.001)$g,溶液沸点为(3.210 ± 0.003)℃。试用下列公式计算萘的摩尔质量和标准误差。

$$M = 2.53 \times \frac{1\,000 W_B}{W_A \Delta T_b}$$

由函数的标准误差公式得出

$$\sigma_M = \sqrt{\left(\frac{\partial M}{\partial W_B}\right)^2 \sigma_B^2 + \left(\frac{\partial M}{\partial W_A}\right)^2 \sigma_A^2 + \left(\frac{\partial M}{\partial \Delta T_b}\right)^2 \sigma_{\Delta T_b}^2}$$

其中

$$\frac{\partial M}{\partial W_B} = \frac{2.53 \times 1\,000}{W_A \Delta T_b} = \frac{2.53 \times 1\,000}{87.0 \times 0.235} = 124$$

$$\frac{\partial M}{\partial W_A} = \frac{2.53 \times 1\,000 W_B}{\Delta T_b} \cdot \frac{1}{W_A^2} = \frac{2.53 \times 1\,000 \times 1.054}{0.235 \times (87.0)^2} = 1.50$$

$$\frac{\partial M}{\partial \Delta T_b} = \frac{2.53 \times 1\,000 W_B}{W_A} \cdot \frac{1}{\Delta T_b^2} = \frac{2.53 \times 1\,000 \times 1.054}{87.0 \times (0.235)^2} = 555$$

$$\sigma_M = \sqrt{124^2 \times 0.001^2 + 1.50^2 \times 0.1^2 + 555^2 \times 0.003^2} = 1.7$$

$$M = 253 \times \frac{1\,000 \times 1.054}{87.0 \times 0.235} = 130 \text{ g} \cdot \text{mol}^{-1}$$

萘的摩尔质量最后表示为(130 ± 2)g·mol^{-1}。

3.4 有 效 数 字

根据误差理论,实验测定的物理量 a 值的结果应表示为 $\bar{a}_i \pm \Delta a$,$\bar{a}_i$ 有一个不确定范围 $\Delta \bar{a}$。因此,在具体记录数据时,没有必要将 $\bar{a}_i$ 的位数记得超过 $\Delta \bar{a}$ 所限定的范围,如压力的测量值为$(1\,863.5 + 0.4)$Pa,其中 1 863 是完全确定的,最后位数 5 不确定,它只告诉一个范围(1 到 9)。有效数字的位数表明了测量精度,它包括测量中的几位确定数字和最后估计的一位不确定数字。记录和计算时,只记有效数字,多余的数字不必记。严格地说,一个数据若未记明不确定范围(即精密度范围),则该数据的含义是不清楚的,一般认为最后一位数字的不确定范围为 ± 3。

由于间接测量的效果需通过公式运算后显示,运算过程中要考虑有效数字的位数确定。下面介绍有效数字表示方法。

(1) 误差一般只有一位有效数字,至多不超过二位。

(2) 任何一物理量的数据,其有效数字的最后一位,在位数上应与误差的最后一位划齐,如 1.35 ± 0.01 是正确的,若写成 1.351 ± 0.01 或 1.3 ± 0.01,则意义不明确。

(3) 为了明确地表明有效数字,凡用"0"表明小数点的位置,通常用乘 10 的相当幂次来表示,例如 0.003 12 应写作 3.12×10^{-3},对于像 15 800 cm 那样的数,如实际测量只能取三位有效数字(第三位是由估计而得),则应写成 1.58×10^4 cm,如实际测量至第四位,则应写成 1.580×10^4 cm。

(4) 在舍弃不必要的数字时,应用四舍六入五成双的原则,即如可舍弃的数为 5,其前一位若为奇数则进 1,若前一位为偶数就舍去,如 12.033 65 取四位为 12.03,取五位为

12.034，取六位为 12.033 6。

在加减运算时，各数值小数点后所取的位数与其中最小者相同。例如
$$13.65 + 0.032\ 1 + 1.672$$
应为
$$13.65 + 0.03 + 1.67 = 15.35$$

(5) 在乘法运算中，各数值所取位数由有效数字位数最少的数值的相对误差决定。例如
$$12.3 \times 0.524 = 6.45$$
再如 $\dfrac{1.751 \times 0.019\ 1}{91}$，其中 91 的有效数位数最少，应为 2 位，但由于首位是 9，故把它看成三位有效数字，其余各数都保留到 3 位。因此上式计算结果为 3.68×10^{-4}。

3.5 实验数据的表示法

物理化学实验数据的表示主要有如下三种方法：列表法、图解法和数学方程式法。

1. 列表法

利用列表法表达实验数据时，最常见的是列出自变量 x 和应变量 y 间的相应数值。每一表格都应有简明完整的名称。表中的每一行(或列)上都应详细写上该行(或列)所表示的名称、数量单位和因次。在排列时，数字最好依次递增或递减，在每一行(或列)中，数字的排列要整齐，位数和小数点要对齐，有效数字的位数要合理。

2. 图解法

把实验和计算所得数据作图，更易比较数值，发现实验结果的特点，如极大点、极小点、转折点、线性关系或其他周期性等重要性质。还可利用图形求面积、作切线、进行内插和外推等，但外推法不可随意应用。首先外推范围距实际测量的范围不能太远，且其测量数据间的函数关系是线性或可以认为是线性的。其次外推所得的结果与已有的正确经验不能有抵触。在两个变量的情况下，图解法主要是在直角坐标系中作出相对于变数 x 和 y 值的各点，此时
$$y = f(x)$$
然后，将点连成平滑曲线。根据函数的图形来找出函数中各中间值的方法，称为图形的内插法。当曲线为线性关系时，亦可外推求得实验数据范围以外的 x 值相应的 y 值。图解法还可帮助解方程式。

在作图时，应注意以下几点：

(1) 在两个变量中选定自变量与因变量，以横坐标为自变量，纵坐标为因变量，并确定标绘在 x、y 轴上的最大值和最小值。

(2) 作图时，选择 y 轴与 x 轴适宜的比例是极为重要的，因为比例的改变，将会引起曲线外形的变化，特别对于曲线的一些特殊性质如极大点、极小点、转折点等，比例选择不当会使图形显示不清楚，如图 1.5、1.6 所示。为准确起见，选择比例尺时，应使由图解法测出诸量的准确度与实际测量的准确度相适应。为此，通常每小格应能表示测量值的最末一位可靠数字或可疑数字，以使图上各点坐标能表示全部有效数字并将测量误差较小的量取

较大的比例尺。同时在方格纸上每格所代表的数值最好等于1、2、5个单位的倍数或这些数的$10^{\pm n}$值（n为整数），以便于查看和内插。要尽可能地利用方格纸的全部，坐标不一定要从零开始，如果是直线，则其斜率尽可能与横坐标的交角接近45°。

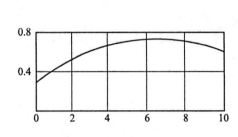

图1.5　y轴与x轴比例不当时的$y = f(x)$图　　图1.6　y轴与x轴比例适当时的$y = f(x)$图

当需要由图来决定导数或曲线方程式的系数，或需要外推时，必须将较复杂的函数转换成线性函数，使得到的曲线转化为直线。如指数函数$y = ae^{\pm bx}$，如图1.7所示。这种形式的函数在物理化学中是经常遇到的，这可以用取对数的方法使之转化为直线方程式

$$\lg y = \lg a \pm 0.434\,2\,bx$$

以$\lg y$对x作图就是一直线。对于抛物线形状的曲线（$y = a + bx^2$，如图1.8所示），可以用y对x^2作图而得一直线，便于实验结果的处理。

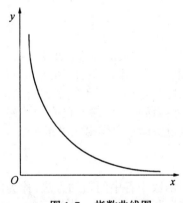
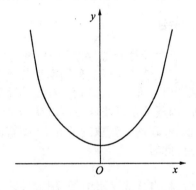

图1.7　指数曲线图　　　　　　　　　图1.8　抛物线图

(3) 作曲线时，先在图上将各实验点用铅笔以 ×、□、○、△ 等符号标出（×、□、○、△ 的大小表示误差的范围），借助于曲线尺或直尺把各点相连成线（不必通过每一点）。在曲线不能完全通过所有实验点时，实验点应该平均地分布在曲线的两边，或使所有的实验点离开曲线距离的平方和为最小，此即"最小二乘法原理"。通常曲线不应当有不能解释的间隙、自身交叉或其他不正常特性。

在物理化学的实验数据处理时，通常是先列成表格，然后绘成图，再求曲线方程式，进而加以分析，并作一定的推论。

在曲线上作切线通常有两种方法：

① 镜像法。如要作曲线上某一指定点的切线时，可取一块平面镜，垂直放在图纸上，

使镜的边缘与线相交于该指定点。以此点为轴旋转平面镜,直至图上曲线与镜中曲线的映像连成光滑的曲线时,沿镜面作直线即为该点的法线,再作这法线的垂直线,即为该点的切线。如果将一块薄的平面镜和一直尺垂直组合,使用时更方便,如图1.9所示。

② 在选择的曲线段上作二平行线 AB 及 CD,作二线段中点的连线交曲线于点 O,作与 AB 及 CD 平行线 EOF 即为点 O 的切线,如图1.10所示。

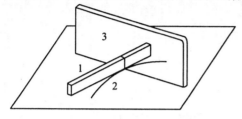

图1.9　镜像法作切线的示意图
1—直尺;2—曲线;3—镜子

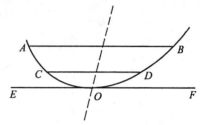

图1.10　平行线法作切线示意图

3. 数学方程式法

数学方程式法是将实验中各变量间关系用函数的形式表示,如 $y = f(x)$ 或 $y = f(x, z)$ 等表达出来。对于比较简单的 $y = f(x)$ 来说,寻找数学方程式中的各常数项最方便的方法是将它直线化,即将函数 $y = f(x)$ 转换成线性函数,求出直线方程式 $y = a + bx$ 中的 a、b 两常数(如不能通过改换变量使原曲线直线化,可将原函数表达成 $y = a + bx + cx^2 + dx^3 + \cdots$ 的多项式)。

通常用图解法、平均值法和最小二乘法三种方法求 a 和 b。现将丙酮的温度和蒸气压的实验数据列于表1.6中,并以此为创作具体说明。

表1.6　丙酮的温度和蒸气压的实验数据及结果处理

i	$\lg p/\mathrm{Pa}$ ($= y$)	$\dfrac{1}{T} \times 10^3/\mathrm{K}^{-1}$ ($= x$)	$(bx_i + a - y_i) \times 10^3$		
			图解法	平均值法	最小二乘法
1	3.045	3.614	+6	+4	+2
2	3.493	3.246	+6	+3	+2
3	3.346	3.434	+4	+1	0
4	3.396	3.405	+2	−1	−2
5	3.588	3.288	+4	+1	0
6	3.647	3.255	0	−3	−4
7	3.696	3.226	−1	−4	−5
8	3.748	3.194	+1	−3	−4
9	3.804	3.160	+1	−3	−4
10	3.836	3.140	+2	−2	−2
11	3.874	3.117	+3	−2	−2
12	3.908	3.095	+5	+1	0
13	3.939	3.076	+6	+1	+1
14	3.963	3.060	+8	+4	+3
15	3.989	3.044	+9	+4	+4
$\sum$	55.025	48.601	$\lvert\Delta\rvert = 58$	$\lvert\Delta\rvert = 37$	$\lvert\Delta\rvert = 35$

(1) 图解法。图解法是把实验数据以合适的变量作为坐标绘出直线,从直线上取两点的坐标值 (x_1, y_1)、(x_2, y_2),计算斜率和截距。

$$b = \frac{y_2 - y_1}{x_2 - x_1}$$

按上表所列数据以 $\lg p$ 为 y 轴,$\frac{1}{T} \times 10^3$ 为 x 轴作图 1.11,得 $b = -1.662 \times 10^{-3}$,$a = 9.057$。

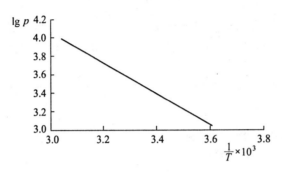

图 1.11 $\lg p - \frac{1}{T} \times 10^3$ 直线

(2) 平均值法。平均值法较麻烦,但在有 6 个以上比较精密的数据时,结果比作图法好。

设线性方程为 $y = a + bx$,原则上只要有两对变量(x_1, y_1) 和 (x_2, y_2) 就可以把 a、b 确定下来,但由于测定中有误差的存在,所以这样处理偏差较大,故采用平均值。它的原理是基于 a、b 值应能使 $a + bx_i$ 减去 y_i 之差的总和为零,即 $\sum_{i=1}^{n}(a + bx_i - y_i) = \sum_{i=1}^{n} u_i = 0$。具体的做法是把数据代入条件方程式,再将它分为两组(两组方程式数目几乎相等),然后将两组方程式相加得到两个方程

$$\begin{cases} \sum_{i=1}^{k} u_i = ka + b\sum_{i=1}^{k} x_i - \sum_{i=1}^{k} y_i = 0 \\ \sum_{i=k}^{n} u_i = (n-k)a + b\sum_{i=k}^{n} x_i - \sum_{i=k}^{n} y_i = 0 \end{cases}$$

联解此两方程,即可得 a 和 b 值。由表 1.6 所列数据并将 x 的单位设为 $[(1/T) \times 10^3]$,可得

(1) $a + 3.614b - 3.045 = 0$ (8) $a + 3.194b - 3.748 = 0$
(2) $a + 3.493b - 3.246 = 0$ (9) $a + 3.160b - 3.804 = 0$
(3) $a + 3.434b - 3.346 = 0$ (10) $a + 3.140b - 3.836 = 0$
(4) $a + 3.405b - 3.396 = 0$ (11) $a + 3.117b - 3.836 = 0$
(5) $a + 3.288b - 3.588 = 0$ (12) $a + 3.095b - 3.908 = 0$
(6) $a + 3.255b - 3.647 = 0$ (13) $a + 3.076b - 3.939 = 0$
(7) $a + 3.226b - 3.696 = 0$ (14) $a + 3.060b - 3.963 = 0$
  $7a + 23.715b - 23.964 = 0$ (15) $a + 3.044b - 3.989 = 0$
                                     $8a + 24.886b - 31.061 = 0$

$$\begin{cases} 7a + 23.715b - 23.964 = 0 \\ 8a + 24.886b - 31.061 = 0 \end{cases}$$

解此联立方程,得
$$b = -1.657 \times 10^{-3}, a = 9.037$$

(3) 最小二乘法。这种方法处理较繁,但结果较可靠,它需要 7 个以上的数据。它的基本原理是在有限次数的测量中,其 $\sum_{i=1}^{n} u_i = \sum_{i=1}^{n} [(bx_i + a) - y_i]$ 并不是一定为零,因此用平均值法处理数据时还有一定的偏差。但可以设想它的最佳结构应能使其标准误差为最小,即 $\sum_{i=1}^{n} [(bx_i + a) - y_i]^2$ 为最小。如

$$S = \sum_{i=1}^{n} [(bx_i + a) - y_i]^2 = b^2 \sum_{i=1}^{n} x_i^2 + 2ab \sum_{i=1}^{n} x_i - 2b \sum_{i=1}^{n} x_i y_i + na^2 - 2a \sum_{i=1}^{n} y_i + \sum_{i=1}^{n} y_i^2$$

则

$$\frac{\partial S}{\partial b} = 0 = 2b \sum_{i=1}^{n} x_i^2 + 2a \sum_{i=1}^{n} x_i - 2 \sum_{i=1}^{n} y_i x_i$$

$$\frac{\partial S}{\partial a} = 0 = 2b \sum_{i=1}^{n} x_i + 2an - 2 \sum_{i=1}^{n} y_i$$

上两式联立,可解出 a、b

$$b = \frac{\sum_{i=1}^{n} x_i \sum_{i=1}^{n} y_i - n \sum_{i=1}^{n} x_i y_i}{(\sum_{i=1}^{n} x_i)^2 - n \sum_{i=1}^{n} x_i^2}$$

$$a = \frac{\sum_{i=1}^{n} x_i y_i \sum_{i=1}^{n} x_i - \sum_{i=1}^{n} y_i \sum_{i=1}^{n} x_i^2}{(\sum_{i=1}^{n} x_i)^2 - n \sum_{i=1}^{n} x_i^2}$$

按上表所列数据代入,得
$$b = -1.660 \times 10^{-3}, a = 9.046$$

比较以上三种处理方法中的 $[(bx_i + a - y_i) \times 10^3]$ 可知,最小二乘法的误差最小。

3.6 思考题

(1) 某一液体的密度经多次测定为:① 1.082;② 1.079;③ 1.080;④ 1.076 (g·cm^{-3})。求其平均误差、平均相对误差、标准误差和精密度。

(2) 尿素分解反应
$$NH_2CONH_2(s) \rightleftharpoons 2NH_3(g) + CO_2(g)$$
其分解温度及平衡常数的对数值见表 1.7。

表 1.7　尿素的分解温度及平衡常数的对数值

T/K	298	303	308	313	318
lg K	-3.638	-3.150	-2.717	-2.294	-1.877

试用最小二乘法求出 lg K 对 $1/T$ 的关系式,并求出平均热效应 ΔH(设 ΔH 在此测定温度范围内为一常数)。

(3) 计算下列各值,注意有效数字。

① 乙醇摩尔质量为

$$(2 \times 12.011\,15 + 15.999 + 6 \times 1.007\,97)\,\text{g} \cdot \text{mol}^{-1}$$

② $(1.276\,0 \times 4.17) - (0.217\,4 \times 0.101) + 1.7 \times 10^{-2}$

③ $\dfrac{13.25 \times 0.001\,10}{9.740}$

(4) 下列数据是用燃烧热分析测定碳相对原子质量的结果

12.008 5	12.010 1	12.010 2
12.009 1	12.010 6	12.010 6
12.009 2	12.009 5	12.010 7
12.009 5	12.009 6	12.010 1
12.009 5	12.010 1	12.011 1
12.010 6	12.010 2	12.011 2

求碳相对原子质量的平均值和标准误差。

(5) 在 629 K 测定 HI 的解离度 α 时得到下列数据

0.191 4, 0.195 3, 0.196 8, 0.195 6, 0.193 7,
0.194 9, 0.194 8, 0.195 4, 0.194 7, 0.193 8

解离度 α 与平衡常数的关系

$$2\text{HI} \rightleftharpoons \text{H}_2 + \text{I}_2$$

$$K = \left[\frac{\alpha}{2(1-\alpha)}\right]^2$$

试求在 629 K 时平衡常数 K 及其标准误差。

(6) 物质的摩尔折射率 R,可按下式计算

$$R = \frac{n^2 - 1}{n^2 + 2} \cdot \frac{M}{\rho}$$

已知苯的摩尔质量 $M = 78.08\,\text{g} \cdot \text{mol}^{-1}$,密度 $\rho = (0.879 \pm 0.001)\,\text{g} \cdot \text{cm}^{-3}$,折射率 $n = 1.498 \pm 0.002$,试求苯的摩尔折射率及其标准相对误差。

(7) 下列数据为 7 个同系列碳氢化合物的沸点

碳氢化合物	沸点/℃	碳氢化合物	沸点/℃
C_4H_{10}	0.6	C_8H_{18}	124.6
C_5H_{12}	36.2	C_9H_{20}	156.0

C_6H_{14}	69.2	$C_{10}H_{22}$	174.0
C_7H_{16}	94.8		

摩尔质量 M 和沸点 $T(K)$ 符合下列公式

$$T = aM^b$$

① 用作图法确定常数 a 和 b；

② 用最小二乘法确定常数 a 和 b，并将两种计算结果进行比较。

第二篇 实 验

1 燃烧热的测定

1.1 实验目的

(1) 通过萘和蔗糖的燃烧热的测定,掌握有关热化学实验的一般知识和测量技术,了解氧弹式量热计的原理、构造和使用方法。

(2) 了解恒压燃烧热与恒容燃烧热的差别及相互关系。

(3) 学会应用图解法校正温度改变值。

1.2 实验原理

燃烧热是指1 mol物质完全燃烧时所放出的热量,在恒容条件下测得的燃烧热为恒容燃烧热(Q_V),恒容燃烧热等于这个过程的内能变化(Δu)。在恒压条件下测得的燃烧热称为恒压燃烧热(Q_p),恒压燃烧热等于这个过程的焓变(ΔH),若把参加反应的气体和反应生成的气体作为理想气体处理,则 Q_p 和 Q_V 之间存在关系式

$$Q_p = Q_V + \Delta n RT \tag{2.1}$$

式中　Δn——生成物气体的物质的量与反应物气体的物质的量之差;

　　　R——气体常数;

　　　T——反应前后的绝对温度(可取反应前后温度的平均值计算 Q_p)。

若测得某物质恒容燃烧热或恒压燃烧热中的任何一个,就可根据式(2.1)计算另一个数据。化学反应的热效应(包括燃烧热)通常是用恒压热效应(Q_p)来表示的。

在盛有定量水的容器中,放入装有 $m(g)$ 样品和氧气的密闭氧弹,然后使样品完全燃烧,放出的热量传给水及仪器,引起温度上升。设体系(包括内水筒、氧弹、测量器件、搅拌器和水)的热容为 C(量热计每升高1 K所需吸收的热量),而燃烧前、后的温度为 t_0、t_n,则 $m(g)$ 样品燃烧后放出的热量为

$$Q' = C(t_n - t_0) \tag{2.2}$$

式中　Q'——$m(g)$ 样品完全燃烧放出的热量(J);

　　　C——仪器的热容(J·K^{-1}),也称水当量。

若样品的摩尔质量为 M,其摩尔燃烧热为

$$Q_V = \frac{M}{m} C(t_n - t_0) \tag{2.3}$$

热容 C 的求法是用已知燃烧热的标准物质（如苯甲酸,它的恒容燃烧热 $Q_V = 26\ 434\ \text{J}\cdot\text{g}^{-1}$）来标定,将其放在量热计中燃烧,测其始、末温度 $t_0 - t_n$,按式(2.3)求仪器的热容(C)。根据已知仪器的热容(C)通过式(2.3),则可采用同样的方法测量其他物质的摩尔燃烧热。

在较精确的实验中,辐射热、铁丝的燃烧、热添加物的燃烧热等都应予以考虑。

1.3 实验仪器与药品

氧弹式量热计,氧气钢瓶,充氧仪,压片机,万用表,电子台秤,普通电子天平,精密天平各1台(套)。

苯甲酸(A.R.),萘(A.R.),蔗糖(A.R.),点燃若干。

1.4 实验步骤

1. 热容(w')的测定

(1) 压片前先检查压片用的钢模,若发现钢模有铁锈油污或尘土等,必须擦净后,才能进行压片。用普通电子天平称取约 0.8 g 苯甲酸,从模具的上面倒入已称好的苯甲酸样品,慢慢旋紧压片机的螺杆,直到将样品压成片状为止。抽出模底的托板,再继续向下压,使模底和样品一起脱落,将此样品表面的碎屑除去;在精密天平上准确称量样品的质量并记录数据,供测量时用。

(2) 拧开氧弹盖(氧弹结构见图2.1),将氧弹内壁擦净,特别是电极下端的不锈钢接线柱更应擦净。用万用表欧姆挡检查两电极是否通路,若通路,将称好的棉线(也可用点火丝)绕加热丝两圈后放入坩埚底部,然后将制好的样品片压在棉线上,旋紧弹盖再用万用表检查两电极之间是否通路,若通路,则可充氧进行测量。

使用高压钢瓶时,必须严格遵守操作规程。将氧弹放在充氧仪台架上,拉动扳手充入氧气(1~1.5 MPa)。充好氧气后,再用万用表检查两电极间是否通路,若通路,则将氧弹放入量热计内筒。量热计结构参见图2.2(目前还有半自动和全自动的量热计,请参考相应仪器说明书的结构,在此不一一列举)。称取适量的水(实验室已准备好)倒入量热计内桶,水量以刚好覆盖氧弹盖为益,接好电极,盖上盖子,打开搅拌开关,开始微机操作(微机操作程序见表2.1)。在称量水之前,应先调节其温度,使内桶水温比外桶水温略低,并记录所加水的质量,以保证每一次实验所加水的质量相同。

实验完毕,取出氧弹,放出余气,旋开氧弹盖,检查样品燃烧的结果。若弹中没有燃烧残渣,表示燃烧完全;若留有黑色残渣,表示燃烧不完全(实验失败),应重做。

用水冲洗氧弹及坩埚,用纱布擦干后,待后续实验用。

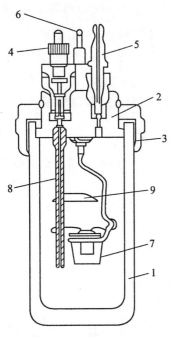

图2.1 氧弹的构造

1—厚壁圆筒;2—弹盖;3—螺帽;4—进气孔;5—排气孔;6—电极;7—燃烧皿;8—电极(同时也是进气管);9—火焰遮板

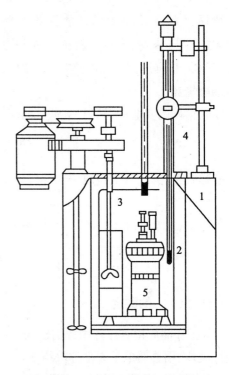

图2.2 弹式量热计示意图

1—温度夹套;2—挡板;3—盛水桶;4—温度传感器;5—氧弹

表2.1 热容测定微机操作说明

	显 示	操 作
1	主菜单	选择"系统设置"回车
2	测量内容	选择"热容量"回车,其他内容不变,按 Ctrl + s 键存盘
3	主菜单	选择"工作测试"回车
4	试样质量	输入苯甲酸质量(g)回车
5	测外筒温度	等候
6	将探头插入内筒,然后按空格键	盖上机盖,接好电极,打开搅拌开关,将探头由外筒取出插入内筒。按空格键
7	内筒温度	等候
8	三个阶段温度记录显示约 30 min	初期温度未自动点火,观看"即时温度"。若无明显变化,则点火失败;若有变化,则自动记录,等候
9	测试数据显示	记下"仪器热容量"、"冷却常数 K"、"综合常数 A"值,按 ESC 键
10	主菜单	选择"系统设置"回车
11	系统设置菜单	用光标移动键,先将光标移至需要修改的项目上,输入有关数据:仪器热容量、冷却常数 K、综合常数 A;"测量内容"选择"发热量"回车,其他内容不变,并按 Ctrl + s 键存盘
12	主菜单	选择"工作测试"回车,取出探头放入外筒,关闭搅拌开关,打开机盖取出氧弹

2. 未知物燃烧热的测定

（1）蔗糖的燃烧热（Q_V）的测定。准确称取 1.2 g 蔗糖代替苯甲酸，按上步实验称取水的质量，更换内筒内的水，以使每次测量反应的初始温度相同，其他操作与苯甲酸燃烧的测量相同，微机的"测量内容"任务栏选择"发热量"。后续的微机操作规程见表2.2。

表2.2　未知物热值测定微机操作说明

	显　　示	操作说明
1	试样质量	输入萘质量(g)回车
2	外筒温度	等候
3	将探头插入内筒然后按空格键	盖上机盖（接好电极）将插头由外筒取出插入内筒同时打开搅拌开关。按空格键
4	内筒温度	等候
5	主期温度记录显示（约10 min）	注意观察"即时温度"，若无明显变化，则点火失败，若有变化，则自动记录，等候
6	测试数据显示	记下有关数据，回去写实验报告，按 ESC 键结束。取出探头插入外筒，关闭搅拌开关，打开机盖取出氧弹，内外擦干，并倒净内筒水

（2）萘燃烧热（Q_V）。称取约 0.6 g 萘代替蔗糖，其他操作同蔗糖测定。

1.5　实验数据处理

（1）若用贝克曼温度计测定反应的温度变化，则用雷诺图解法求出苯甲酸、蔗糖、萘燃烧前后的温度差 ΔT，计算蔗糖和萘的恒压燃烧热。

（2）若用半自动量热计测定反应热，则可根据仪器所给的每种物质的燃烧热值，求出蔗糖和萘的恒压燃烧热。

1.6　思考题

（1）说明恒容热效应（Q_V）和恒压热效应（Q_p）的相互关系。

（2）在这个实验中，哪些是体系，哪些是环境，实验过程中有无热损耗，这些热损耗对实验结果有何影响？

（3）加入内筒中水的温度为什么要选择比外筒水温低，低多少为合适，为什么？

（4）实验中哪些因素容易造成误差？提高本实验的准确度应从哪些方面考虑？

1.7　讨　论

（1）在精确测量中，点火丝的燃烧热和氧气中含氮杂质氧化所产生的热效应等都应从总热量中扣除。前者可将点火丝在实验前称重，燃烧后小心取下，用稀盐酸浸洗，再用水洗净、吹干后称重，求出燃烧过程中失重的量（燃烧丝的热值为 6 695 J·g^{-1}）。后者可用 0.1 mol·L^{-1}NaOH 溶液滴定洗涤氧弹内壁的蒸馏水（在燃烧前先在氧弹中加入 0.5 mL 水），每毫升 0.1 mol·L^{-1}NaOH 溶液相当于 5.983 J（放热），从而可计算出氧气中含氮杂质氧化所产生的热效应。

（2）用雷诺图（温度－时间曲线）确定实验中的 ΔT。如图 2.3 所示，图 2.3(a)中的点

b 相当于开始燃烧时的初始温度,c 为观察到的最高点的温度读数,过 T_1(初始温度)、T_2(终止温度)线段中点 T 作水平线 TO,与 $T-t$ 线相交于点 O,过点 O 作垂直线 AB,此线与 ab 线和 cd 线的延长线交于 E、F 两点,则点 E 和点 F 所表示的温度差,即为欲求温度的升高值 ΔT。图中 EE' 为开始燃烧到温度升至环境温度这一段时间 Δt_1 内,因环境辐射和搅拌引起的能量造成量热计温度的升高,必须扣除。FF' 为温度由环境温度升到最高温度 c 这一段时间 Δt_2 内,量热计向环境辐射出能量而造成的温度降低,故需添上,由此可见,E、F 两点的温度差较客观地表示了样品燃烧后,使量热计温度升高的值。

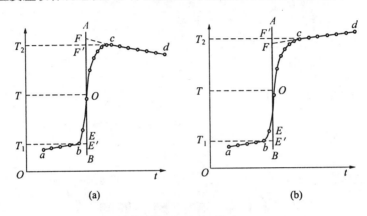

图 2.3　雷诺校正图

有时量热计绝热情况良好,热漏小,但由于搅拌不断引进少量能量,使燃烧后最高点不出现,如图 2.3(b) 所示,这时 ΔT 仍可按相同原理校正。

(3) 对其他热效应的测量(如溶解热、中和热、化学反应热等)可用普通杜瓦瓶作为量热计,也可用已知热效应的反应物先求出量热计的热容,然后对未知热效应的反应进行测定。对于吸热反应,可用电热补偿法直接求出反应热效应。

2　Pb-Sn 体系相图的绘制

2.1　实验目的

(1) 用热分析法测绘 Pb-Sn 二元合金相图。
(2) 了解热分析法的测量技术及有关测量温度的方法。

2.2　实验原理

相图是多相(两相及两相以上)体系处于相平衡态时体系的某物理性质(最常见是温度)对体系的某一自变量(如组成)所做的图形。由于该图能反映出相平衡的情况(相的数目及性质等),故称为相图。二元或多元的相图常以组成为变量,其物理性质大多取温度。由于相图能反映出多相平衡体系在不同条件(如自变量不同)下相平衡的情况,故在研究多相体系的性质和多相体系平衡的演变(例如,冶金工业中钢铁、合金冶炼过程,化学工业中原料分离制备过程)等问题时都要用到。

有关各种体系和不同类型相图的解析及阐明在物理化学课程中占有重要地位。制作相图有很多方法,统称为物理化学分析,而对凝聚相研究(如固-液相,固-固相等),最常用的方法是借助相变过程中温度变化而获得的,观察相变热效应的变化情况,以确定体系的相变化关系,最常用的方法就是热分析及差热分析方法。本实验就是用热分析法绘制二元金属相图。

热分析法是先将体系加热熔融成一均匀液相,然后让体系缓慢冷却,并每隔一定时间(例如,30 s 或 1 min)读一次体系温度。将所得温度值对时间作图,可得一曲线,称为步冷曲线或冷却曲线。

步冷曲线基本类型可分为三种,如图 2.4 所示。一个系统若在步冷过程中相继发生几个相变过程,那么步冷曲线将是一个很复杂的形状,对此曲线要逐段分析,可大致看出都是由几个基本类型组合而成的。

图 2.4 中,步冷曲线 Ⅰ 为单元体系步冷曲线。当冷却过程中无相变发生时,冷却速率是比较均匀的(ab 段),从点 b 开始有固体析出,这时放出的凝固潜热与环境散热达到平衡,此时 $f = 0$,温度不变。当液体全部结晶完了,温度才开始下降(cd 段)。固态下无相变,温度也均匀下降。

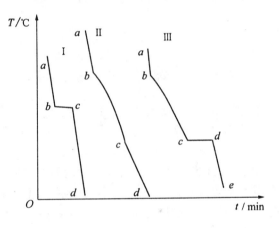

图 2.4 步冷曲线

步冷曲线 Ⅱ 为二元体系,ab 段与上述相同。当到点 b 时,有固相析出,此时固相与液相组成不同,但在整个相变过程中只有一个固相(固溶体)与液相平衡,自由度 $f = 1$。由于有凝固潜热放出,故温度随时间变化比较缓慢,当到点 c 时,液相消失,只有一个固相(固溶体),若无相变,温度又均匀下降(cd 段)。

步冷曲线 Ⅲ 仍为二元体系,ab 段与上述相同,到点 b 时,有固相析出,此时体系失去了一个自由度,继续冷却到点 c,除了一个固相还有另一个固相析出,此时体系又减少了一个自由度,$f = 0$,冷却曲线上出现了一个水平台(cd 段)。当液相消失后,又增加了一个自由度,$f = 1$,温度继续下降。若无相变,均匀冷却(de 段)。

对纯净金属或由纯净金属组成的合金,当冷却十分缓慢、又无振动时,有过冷现象出现。液体的温度可下降至比正常凝固点更低的温度才开始凝固,固相析出后又逐渐使温度上升到正常的凝固点。如图 2.5 中曲线 Ⅱ 就表示纯金属有过冷现象时的步冷曲线,b' 为过冷温度,b'' 为正常相变温度;而曲线 Ⅰ 为无过冷现象时的步冷曲线。

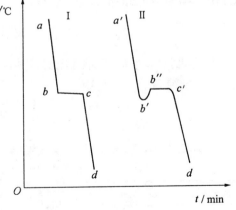

图 2.5 过冷步冷曲线

因物性的不同,二元合金相图有多种不同类型,Pb－Sn 合金相图是具有低共熔点、固态下部分互溶的二元相图,如图 2.6 所示。

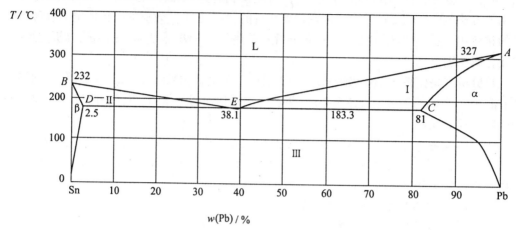

图 2.6　Pb－Sn 二元体系标准相图

对各种不同成分的合金进行测定,绘制步冷曲线,在步冷曲线上找出转折点和水平台的温度,然后在温度－成分坐标上确定相应成分的转折温度和水平台的温度,最后将转折点和恒温点分别连接起来,就得到了相图。

从相图的定义可知,用热分析法测绘相图要注意以下问题:

测量体系要尽量接近平衡态,故要求冷却时温度下降不能过快;如晶形转变时,相变热较小,此方法不宜采用;对样品的均匀性与纯度也要充分考虑,一定要防止样品的氧化和混有杂质,否则会变成另一多元体系(高温影响下特别容易出现此类现象);为了保证样品均匀冷却,加热温度稍高一些为好;热电偶放入样品中的部位与深度要适当;测量仪器的热容及热传导也会造成热损耗,其对精确测定也有较大影响,实验中必须注意,否则,会出现较大的误差,使测量结果失真。

本实验测定 Pb－Sn 二元金属体系的合金相图。两种金属的任何一种都能微溶于另一种金属中,是一个部分互溶的低共熔体系,所以,用一般的热分析法只能得到二元低共熔点相图,测不出固态晶形转变点。

2.3　实验仪器与药品

计算机,小型电炉,自耦变压器,瓷坩埚,铜－康铜热电偶,保温瓶。
纯 Pb,纯 Sn,石墨粉,冰等。

2.4　实验步骤

首先按表 2.3 配制好样品,装在坩埚内熔融供实验用。

表 2.3　Pb－Sn 二元金属体系的组成

成分	$w/\%$							
Pb	0	2.5	15	38.1	70	81	90	100
Sn	100	97.5	85	61.9	30	19	10	0

(1) 准确称量按上述配方配好的各组样品各 50 g,分别放入 20 mL 瓷坩埚中,并加适量的石墨粉或松香覆盖(为什么?),然后将瓷坩埚小心放入电炉内。

(2) 使用计算机记录数据,绘制步冷曲线(也可用台式记录仪绘制步冷曲线),给出标准相图(仪器使用方法见 2.8)。

按图 2.7 连接好线路。在接电源前,应将变压器先调回零点位置,然后再接上电源,并慢慢调至 100 V,预热数分钟。再逐步调至 150 V 左右,合金熔化过片刻后,将变压器归零,去掉电源。用计算机绘制步冷曲线。

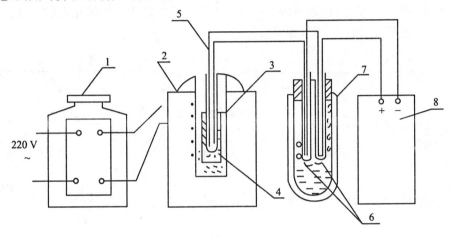

图 2.7 实验装置简图
1— 自耦变压器(0.5 ~ 1 kW);2— 电炉;3— 石墨粉或松香;4— 坩埚;5— 热电偶;
6— 热电偶冷端;7— 保温瓶;8— 计算机(或记录仪)

2.5 实验数据处理

(1) 将步冷曲线转折点与标准相图的相变温度进行对比,评价实验结果,并根据实验结果讨论各步冷曲线的降温速率控制是否得当。

(2) 分析 Pb 质量分数为 0.381、0.70、0.15 时,步冷过程发生的相变情况。

2.6 思考题

(1) 是否可用加热曲线来做相图?为什么?
(2) 为什么要缓慢冷却合金做步冷曲线?
(3) 为什么坩埚中严防混入杂质?

2.7 讨论

Pb – Sn 系相图是具有代表性的部分互溶固 – 液体系相图。这种体系也有着 3 个两相区和 1 条三相共存线。但是两侧各有一个固溶区,以铅为主要成分的常称为 α 区,以锡为主要成分的则称为 β 区。一个相图的完整测绘,除采用热分析方法外,常需借助其他技术。例如,α、β 相的存在以及 BD、AC 线的确定,可用金相显微镜、X – 射线衍射方法以及化学分析等手段共同解决。

能形成完全互溶固溶体的固－液体系为数不多。一般来说,出现这种情况的条件大致为:A 和 B 两个组分的晶体结构相同,其原子或分子大小相近,彼此可以自由互换而不引起晶格的破坏。图 2.8 的铬－钒固－液相图就是一个例子。除此之外,与液－气相图一样,某些固－液体系的完全互溶固溶体也出现最高共熔点(如香芹酮肟($C_{10}H_{14}NOH$) 的左、右旋异构体) 和最低共熔点(如图 2.9 所示铯－钾体系)。然而,要是两组分的晶形、粒子大小或形状等方面因素有些差异,或者由于其他原因引起晶格之间的不相容,则只能像铅－锡体系那样形成部分互溶的固溶体。许多情况下,化合物相互之间的差异实在太大,根本不可能存在任何固溶体。还有的二元体系由于形成一定化合比的化合物 A_mB_n,其相图更复杂,此处不再讨论,可参考相关教科书。

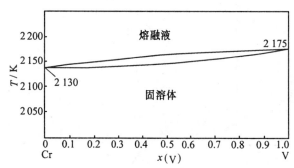

图 2.8　完全互溶固溶体的固－液相图　　图 2.9　有最低共熔点的完全互溶固溶体的固－液相图

2.8　仪器操作参考

(1) 输入"班号、姓名"。
(2) 选择两个组分的"铅含量"。
以上信息将出现在打印结果中,必须在开始实验前填写和选择。
(3) 检查两个组分信号线的连接,注意正负极(请不要改动两个组分的先后顺序)。
(4) 执行"开始实验"命令,等待实验自动结束,或者适时手动"结束实验"。
(5) 对步冷曲线上的相变点进行标识。
① 选择曲线。
② 标识温度点。将鼠标移动到曲线显示区域,将看到两条十字交叉线自动捕获在选定组分的步冷曲线上,此时按下鼠标左键,将在曲线上标出该点的温度值,该温度值将在打印的图表上有所体现。
③ 取消已标识的温度点。将鼠标指针移到标识的温度标签上,单击鼠标右键,温度标签就会消失,该标识点就被取消。
(6) 打印 Pb－Sn 相图。温度点标识完成后,加装 B5 打印纸,然后执行"打印铅锡相图"命令,等待打印完毕。
(7) 保存文件。执行"文件 → 保存文件"命令,将保存所标识的温度点。
注意:对"班级"和"姓名"以及"组分铅含量"的修改,将不会被保存。

3 环己烷 – 乙醇的气 – 液平衡相图

3.1 实验目的

(1) 绘制环己烷 – 乙醇双液系的气 – 液平衡相图，了解相图和相律的基本概念。
(2) 掌握测定双组分液体的沸点及正常沸点的方法。
(3) 学会用折射率确定二元液体组成的方法。

3.2 实验原理

1. 气 – 液相图

两种液态物质混合而成的二组分体系称为双液系。两个组分若能按任意比例互相溶解，称完全互溶双液系。液体的沸点是指液体的蒸气压与外界压力相等时的温度。在一定的外压下，纯液体的沸点有其确定值。但双液系的沸点不仅与外压有关，而且还与两种液体的相对含量有关。根据相律

自由度 = 组分数 – 相数 + 2

因此，一个以气 – 液共存的二组分体系，其自由度为2。只要再任意确定一个变量，整个体系的存在状态就可以用二维图形来描述。例如，在一定温度下，可以画出体系的压力 p 和组分 x 的关系图；如体系的压力确定，则可作温度 T 对 x 的关系图，这就是相图。在 $T - x$ 相图上，还有温度、液相组成和气相组成三个变量，但只有一个自由度。一旦设定某个变量，则其他两个变量必有相应的确定值。以苯 – 甲苯体系为例(图2.10)，温度 T 这一水平线指出了在此温度时处于平衡的液相组分 x 和气相组分 y 的相应值。

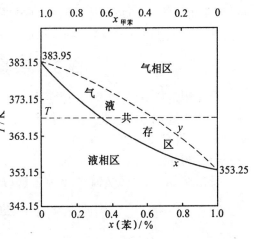

图 2.10 苯 – 甲苯体系的温度 – 组分相图

苯与甲苯这一双液系基本上接近于理想溶液。然而，绝大多数实际体系与拉乌尔(Raoult)定律有一定偏差。偏差不大时，温度 – 组分相图与图2.10相似，溶液的沸点仍介于两纯物质的沸点之间。但是，有些体系的偏差很大，以至其相图将出现极值。正偏差很大的体系在 $T - x$ 图上呈现极小值，负偏差很大时则会有极大值。这样的极值称为恒沸点，其气、液两相的组成相同。例如，$H_2O - HCl$ 体系的最高恒沸点在 101.325 kPa 或标准压力(或用 $p^{\ominus}$ 表示)时为 108.5℃，恒沸物的组成为 $x(HCl) = 20.24\%$。

通常，测定一系列不同配比溶液的沸点及气、液两相的组成，就可绘制气 – 液体系的相图。压力不同时，双液系相图将略有差异。本实验要求将外压校正到标准压力。

2. 沸点测定仪

各种沸点测定仪的具体构造虽各有特点，但其设计思想则都集中于如何正确测定沸点、便于取样分析、防止过热及避免分馏等方面。本实验所用沸点测定仪如图 2.11 所示。这是一只带回流冷凝管的长颈圆底烧瓶。冷凝管底部有一半球形小室，用以收集冷凝下来的气相样品。电流经变压器和粗导线通过浸于溶液中的电热丝。这样既可减少溶液沸腾时的过热现象，还能防止暴沸。小玻璃管有利于降低周围环境对温度计读数可能造成的波动。

3. 组成分析

本实验选用的环己烷和乙醇，两者折射率相差颇大，而折射率测定又只需要少量样品，所以，可用折射率 – 组成工作曲线来测得平衡体系的两相组成。阿贝(Abbe)折射仪的原理及使用详见第三篇 3.4 节。

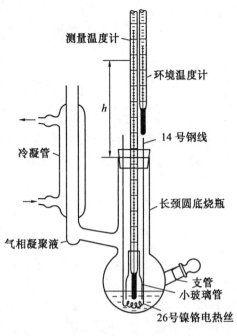

图 2.11　沸点测定仪

3.3　实验仪器与药品

沸点测定仪 1 套，玻璃水银温度计(50～100℃，分度值 0.1℃)1 支，玻璃温度计(0～100℃，分度值 1℃)1 支，调压变压器 1 台，Abbe 折射仪(棱镜恒温)1 台，超级恒温水浴 1 台，玻璃漏斗(直径 5 cm)1 个，称量瓶(高型)10 个，长滴管 10 支，带玻璃磨口塞试管(5 mL)4 支，烧杯(50 mL、250 mL) 各 1 个。

环己烷(A.R.)，重蒸馏水，无水乙醇(A.R.)，冰。

3.4　实验步骤

1. 工作曲线绘制

(1) 配制环己烷摩尔分数为 0.10、0.20、0.30、0.40、0.50、0.60、0.70、0.80 和 0.90 的环己烷 – 乙醇溶液各 10 mL。计算所需环己烷和乙醇的质量，并用分析天平准确称取。为避免样品挥发带来的误差，称量应尽可能迅速。各个溶液的确切组成可按实际称样结果精确计算。

(2) 调节超级恒温水浴温度，使阿贝折射仪的温度计读数保持在某一定值。测量上述 9 个溶液以及乙醇和环己烷的折射率。为适应季节的变化，可选择若干个温度进行测定，通常可选 25℃、30℃、35℃ 等。

(3) 用较大的坐标纸绘制若干条不同温度下的折射率 – 组成工作曲线。

2. 安装沸点测定仪

如图 2.11 所示,将干燥的沸点测定仪安装好。检查带有温度计的胶塞是否塞紧。电热丝要靠近烧瓶底部的中心。温度计水银球的位置应处在支管之下,但至少要高于电热丝 2 cm。

3. 测定无水乙醇沸点

将沸点测定仪洗净、烘干,借助玻璃漏斗由支管加入无水乙醇,使液面达到温度计水银球的中部。注意电热丝应完全浸没于溶液中。打开冷却水,接通电源。用调压变压器从零开始逐渐加大电压,使溶液缓慢加热。液体沸腾后,再调节电压和冷却水的流量,使液体能自小玻璃管流回烧瓶,而蒸气在冷凝管中回流的高度保持在 2 cm 左右。测温温度计的读数稳定后应再维持 3 ~ 5 min,以使体系达到平衡。在这一过程中,不时将小球中凝聚的液体倾入烧瓶。记下温度计的读数和露茎温度,并记录大气压力。

4. 取样并测定

切断电源,停止加热。用盛有冰水的 250 mL 烧杯套在沸点测定仪底部使体系冷却。用干燥滴管自冷凝管口伸入小球,吸取其中全部冷凝液。用另一支干燥滴管,由支管吸取圆底烧瓶内的溶液约 1 mL。上述两者即可认为是体系平衡时气、液两相的样品组成。样品可以分别贮存在带磨口塞的试管中。试管应放在盛有冰水的小烧杯内,以防样品挥发。转移样品要迅速,并应尽快测定其折射率。操作熟练后,也可将样品直接滴在折射仪毛玻璃上进行测定。最后,将溶液倒入指定的贮液瓶。

5. 系列环己烷 – 乙醇溶液以及环己烷的测定

按上述 3、4 步骤逐一测定各溶液的沸点及两相样品的折射率。

测定环己烷前,必须将沸点测定仪洗净并充分干燥。环己烷可回收重复使用。

3.5 实验数据处理

(1) 沸点温度校正。

① 正常沸点。在标准压力(或 $p^{\ominus}$)下测得的沸点称为正常沸点。通常外界压力并不恰好等于 101.325 kPa,因此,应对实验测得值作压力校正。从特鲁顿(Trouton)规则及克劳修斯 – 克拉珀龙(Clausius – Clapeyron)方程推导出的校正式为

$$\Delta t_{\text{压}} = \frac{(273.15 + t_A)}{10} \cdot \frac{(101\ 325 - p)}{101\ 325} \text{℃}$$

② 温度露茎校正。在作精密的温度测量时,需对温度计读数作校正。除了温度计的零点和刻度误差等因素外,还应作露茎校正。这是由于玻璃水银温度计未能完全置于被测体系而引起的。根据玻璃与水银膨胀系数的差异,校正值计算式为

$$\Delta t_{\text{露}} = 1.6 \times 10^{-4} \cdot h \cdot (t_A - t_B)$$

式中　t_B——露茎部位的温度值;

h——露出在体系外的水银柱长度,即图 2.11 中温度计的观测值与沸点胶塞处温

度计读数之差,并以温度差值作为长度单位。
③ 经校正后的体系正常沸点应为

$$t_{沸} = t_A + \Delta t_{压} + \Delta t_{露}$$

(2) 作环己烷-己醇体系的沸点-组成图,并由图找出其恒沸点及恒沸物组成,并根据文献值计算误差。(文献值的恒沸点为 64.9℃,恒沸物组成为 $x(乙醇) = 0.445$)

3.6 思 考 题

(1) 在测定中,溶液过热或分馏不彻底将使得到的相图图形发生什么变化?
(2) 作乙醇-环己烷标准溶液的折射率-组成工作曲线目的是什么?
(3) 每次加入蒸馏瓶中的环己烷或乙醇是否应严格按记录表规定的精确值来进行?
(4) 如何判定气-液相已达平衡状态?收集气相冷凝液的小球的大小对实验结果有无影响?
(5) 测定纯环己烷和乙醇的沸点时,为什么要求蒸馏瓶必须是干燥的?测混合液沸点和组成时,则可不必将原先附在瓶壁的混合液绝对弄净,为什么?

3.7 讨 论

(1) 本实验采用的是回流分析法,因而回流的好坏将直接影响到实验的质量。要想回流得好,一是要注意回流时电热丝的供热,不宜过高,即供热电压不宜过大,以维持被测液体刚好处于沸腾的状态为宜;温度过高,容易造成被测试样暴沸,也容易造成气相冷凝不完全,沸腾温度不易测准。二是气相的冷凝要完全,这样不仅可以减少气相的不必要的损失,而且可以使温度迅速达到平衡值,使测量值更准确。三是前述的存放气相冷凝液的小球部分不宜过大,否则稳定的沸腾温度的获得也是困难的。回流效果好坏的标志是沸腾温度能在较短的时间内达到稳定,否则要对上述诸原因进行分析并解决。

(2) 在实验操作步骤中,对配制一系列不同组成的试液,曾明确要求准确的加入量,其目的是使实验测定值分散得比较均匀,从而使相图曲线的绘制准确。但实际加入量与所要求的加入量有较小偏差时,只会引起绘制相图的实验点的微小波动,并不会引起多大的误差。因为相图中组成的最后确定并不是以实际加入量来确定,而是通过最后折射率的大小来确定。所以把握住折射率测定的准确性,就可以保证相图绘制的准确性。但有些同学对此并不十分清楚,因而有时因加入量稍有不准就把试样倒掉,重新实验。这样不仅浪费了药品和实验的时间,而且也是不必要的。实验者应多动脑筋,认真分析并采取正确的操作方法。

(3) 正确绘制相图是实验技能训练的教学目的之一。学生在绘制相图时,应注意以下几点:① 纵、横坐标的选取要注意比例适当,相图以形成方块形为宜;② 不能使用的实验实测点不要画在相图的曲线上,实测点的取舍要有充分的理由和根据;③ 恒沸点是本实验体系的特征点,但它是通过相图绘制后从相图上得到的,而不是通过实验直接测得的。

(4) 学生已在有机化学实验中接触过折射仪,所以本实验中折射率的测定应注意操作上的巩固与加强,特别应结合物化实验的特殊性来进行。学生对折射率的测定通常仍存在不少问题。如试样没有铺满镜面、锁钮没有旋紧等。但最突出的还是试样在两棱镜间的铺展动作不够迅速。这对纯组分试样不会引进测量误差。但对一个混合试样来说，就容易造成折射率数值的误差。应注意消除这一主观误差。气、液相试样折射率的测定要迅速、准确。动作迟缓容易造成试样中低沸点成分的挥发，从而造成折射率数值测定的误差；折射率的测定要在恒温下进行。

（5）组成不同试样的沸腾温度是直接测量值，因而测量的准确与否将直接影响相图的质量。实验不仅需要使用精度较高的温度计，而且测量前要对温度计进行校正，要对温度计的露茎部分进行校正；要将所得到的沸腾温度换算成标准状况下的温度值。

4 溶解热的测定

4.1 实验目的

（1）了解电热补偿法测定热效应的基本原理。

（2）通过电热补偿法测定硝酸钾在水中积分溶解热，并用作图法求出硝酸钾在水中的微分稀释热、积分稀释热和微分溶解热。

（3）掌握电热补偿法的仪器使用方法。

4.2 实验原理

（1）物质溶解于溶剂过程的热效应称为溶解热。溶解热分为积分溶解热和微分溶解热两种。前者指在定温定压下把 1 mol 溶质溶解在 n_0 mol 的溶剂中时所产生的热效应，由于过程中溶液的浓度逐渐改变，因此也称为变浓溶解热以 Q_s 表示。后者指在定温定压下把 1 mol 溶质溶解在无限量的某一定浓度的溶液中所产生的热效应。由于在溶解过程中溶液浓度实际上视为不变，因此也称为定浓溶解热，以 $\left(\frac{\partial Q_s}{\partial n}\right)_{T,p,n_0}$ 表示。

把溶剂加到溶液中使之稀释，其热效应称为稀释热。稀释热分为积分（或变浓）稀释热和微分（或定浓）稀释热两种。前者指在定温定压下把原为含 1 mol 溶质和 n_{01} mol 溶剂的溶液冲淡到含溶剂为 n_{02} mol 时的热效应，亦即为某两浓度的积分溶解热之差，以 Q_d 表示。后者指 1 mol 溶剂加到某一浓度的无限量溶液中所产生的热效应，以 $\left(\frac{\partial Q_s}{\partial n_0}\right)_{T,p,n}$ 表示。

（2）积分溶解热由实验直接测定，其他三种热效应则可通过 $Q_s - n_0$ 曲线求得。

设纯溶剂、纯溶质的摩尔焓分别为 $\widetilde{H}_1$ 和 $\widetilde{H}_2$，溶液中溶剂和溶质的偏摩尔焓分别为 $\widetilde{\widetilde{H}}_1$ 和 $\widetilde{\widetilde{H}}_2$，对于 n_1 mol 溶剂和 n_2 mol 溶质所组成的体系而言，在溶剂和溶质未混合前

$$H = n_1 \widetilde{H}_1 + n_2 \widetilde{H}_2 \tag{2.5}$$

当混合成溶液后

$$H' = n_1 \widetilde{\widetilde{H}}_1 + n_2 \widetilde{\widetilde{H}}_2 \tag{2.6}$$

因此溶解过程的热效应为

$$\Delta H = H' - H = n_1(\widetilde{\widetilde{H}}_1 - \widetilde{H}_1) + n_2(\widetilde{\widetilde{H}}_2 - \widetilde{H}_2) = n_1 \Delta H_1 + n_2 \Delta H_2 \tag{2.7}$$

式中 ΔH_1——溶剂在指定浓度溶液中溶质与纯溶质摩尔焓的差,即为微分溶解热。

根据积分溶解热的定义

$$Q_s = \Delta H/n_2 = \frac{n_1}{n_2}\Delta H_1 + \Delta H_2 = n_{01}\Delta H_1 + \Delta H_2 \quad (2.8)$$

所以在图 2.12($Q_s - n_{01}$ 图)上,不同点 Q_s 的切线斜率为对应于该浓度溶液的微分稀释热,即 $\left(\frac{\partial Q_s}{\partial n_0}\right)_{T,p,n} = \frac{AD}{CD}$。该切线在纵坐标上的截距 OC,即为相应于该浓度溶液的微分溶解热。而在含有 1 mol 溶质的溶液中加入溶剂,使溶剂量由 n_{02} mol 增至 n_{01} mol 过程的积分稀释热

$$Q_d = (Q_s)_{n_{01}} - (Q_s)_{n_{02}} = BG - EG$$

(3) 本实验测硝酸钾溶解在水中的溶解热。此为溶解过程中温度随反应的进行而降低的吸热反应。故采用电热补偿法测定。

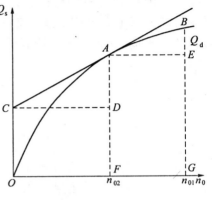

图 2.12 $Q_s - n_{01}$ 图

先测定体系的起始温度 T,当反应进行后温度不断降低时,由电加热法使体系复原至起始温度,根据所耗电能求出其热效应 Q

$$Q = I^2Rt = IVt \text{ J} \quad (2.9)$$

式中 I——通过电阻为 R 的电阻丝加热器的电流强度(A);

V——电阻丝两端所加的电压(V);

t——通电时间(s)。

4.3 实验仪器与药品

定点式温差报警器 1 台,数字式直流稳流电源 1 台,直流伏特计 1 台,量热计(包括杜瓦瓶、搅拌器、加热器)1 套,秒表 1 块,称量瓶(20 mm × 40 mm)8 个,小毛刷 1 个(也可用毛笔代替)。

硝酸钾(A.R.)。

4.4 实验步骤

(1) 将已进行研磨和烘干处理的 26 g 硝酸钾放入干燥器中。

(2) 将 8 个称量瓶编号。在台称上称量,依次加入约 0.5、1.5、2.5、3.0、3.5、4.0、4.5、5.0 g 的硝酸钾,再用分析天平称出准确数据,把称量瓶依次放入干燥器中待用。

(3) 在电子天平上称取 216.2 g 蒸馏水于杜瓦瓶内,按图 2.13 装置安装仪器,接好线路。

(4) 经教师检查后,打开温差报警器电源,把热敏电阻探头置于室温中数分钟,按下测温挡开关,再按设定挡开关,把指针调至 0.5(红色刻度)处,按下报警开关,把探头放入杜瓦瓶中,注意勿与搅拌桨接触。

(5) 开启搅拌器电源,调节搅拌器的转速。打开稳流电源开关,调节 $IV = 2.3$ 左右,并保持电流电压稳定。当水温升至比室温高出 0.5 K(表头指针逐渐由 0.5→0 靠近),表头指

针指零时,报警器报警,立即按动秒表开始计时,随即从加料口加入第一份样品,并用毛刷将残留在漏斗上的少量样品全部扫入杜瓦瓶中,用塞子塞住加料口。加入样品后,溶液温度很快下降,报警器停止报警(此时指针又开始偏离 0 处),但随加热器加热,温度慢慢上升(指针又逐渐接近 0 处),待升至起始温度时,报警器又开始报警,记下时间(读准至 0.5 s,切勿按停秒表)。接着加入第二份样品,如上述操作继续测定,直至 8 份样品全部测定完毕。

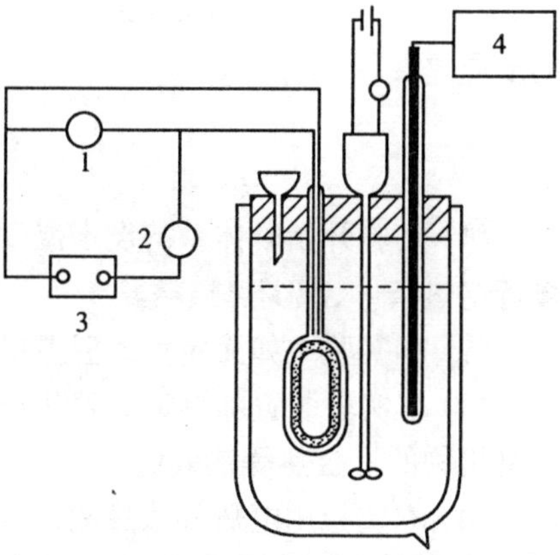

4.5 实验注意事项

(1) 在实验过程中要求 I、V 保持稳定,如有不稳,需随时校正。

图 2.13 量热计及其电路图
1—直流电压表;2—直流电流表
3—稳流电源;4—温差报警器

(2) 本实验应确保样品充分溶解,为此实验前需加以研磨,实验时应有合适的搅拌速率,加入样品时速率要适宜,防止样品进入杜瓦瓶过快,但样品如加得太慢,也会引起较大的实验误差。搅拌速率不适宜时,还会因水的传热性差而导致 Q_s 值偏低,甚至会使 $Q_s - n_0$ 图变形。

(3) 实验过程中加热时间与样品的量是累计的,因而秒表的读数也是累计的,切不可在中途把秒表按停。

(4) 实验结束后,杜瓦瓶中不应存在硝酸钾的固体,否则需重做实验。

4.6 实验数据处理

(1) 计算 $n(H_2O)$。
(2) 计算每次加入硝酸钾后的累计质量 $m(KNO_3)$ 和通电累计时间 t。
(3) 计算每次溶解过程中的热效应

$$Q = IVt = Kt \tag{2.10}$$

式中
$$K = IV$$

(4) 将算出的 Q 值进行换算,求出当把 1 mol 硝酸钾溶于 n_0 mol 水中的积分溶解热 Q_s

$$Q_s = \frac{Q}{n(KNO_3)} = \frac{Kt}{m(KNO_3)/M(KNO_3)} = \frac{101.1Kt}{m(KNO_3)} \tag{2.11}$$

$$n_0 = \frac{n(H_2O)}{n(KNO_3)} \tag{2.12}$$

(5) 将以上数据列表并作 $Q_s - n_0$ 图,从图中求出 $n_0 = 80、100、200、300、400$ 处的积分溶解热和微分溶解热以及 n_0 从 $80 \to 100、100 \to 200、200 \to 300、300 \to 400$ 的积分稀释热。

4.7 思 考 题

(1) 本实验装置是否适用于放热反应的热效应测量?
(2) 设计由测定溶解热的方法求

$$CaCl_2(s) + 6H_2O(l) \rightleftharpoons CaCl_2 \cdot 6H_2O(s)$$

的反应热。

4.8 讨 论

(1) 实验开始时体系的设定温度比环境温度高 0.5℃ 是为了体系在实验过程中能更接近绝热条件,减少热损耗。

(2) 本实验中如无定点式温差报警器,亦可用贝克曼温度计代替。

(3) 本实验装置除测定溶解热外,还可用来测定液体的比热容、水化热、生成热及液态有机物的混合热等热效应。

(4) 本实验用电热补偿法测量溶解热时,整个实验过程要注意电热功率的检测准确,但实验过程中电压 U 常在变化,很难得到一个准确值。如果实验装置使用计算机控制技术,采用传感器收集数据,使整个实验自动完成,则可以提高实验的准确度。

5 凝固点降低法测定萘的摩尔质量

5.1 实 验 目 的

(1) 掌握凝固点的测量技术,学会利用溶液的凝固点降低测定溶质的摩尔质量。
(2) 通过本实验加深对稀溶液依数性的认识。

5.2 实 验 原 理

固体溶剂与溶液成平衡的温度称为溶液的凝固点。含非挥发性溶质的双组分稀溶液的凝固点低于纯溶剂的凝固点。凝固点降低是稀溶液依数性的一种表现。当确定了溶剂的种类和数量后,溶剂凝固点降低值仅取决于所含溶质分子的数目。对于理想溶液,根据相平衡条件,稀溶液的凝固点降低与溶液成分关系由范霍夫凝固点降低公式给出

$$\Delta T_f = \frac{R(T_f^*)^2}{\Delta_f H_m(A)} \times \frac{n_B}{n_A + n_B} \tag{2.13}$$

式中　ΔT_f —— 凝固点降低值;

T_f^* —— 纯溶剂的凝固点;

$\Delta_f H_m(A)$ —— 摩尔凝固热;

n_A 和 n_B —— 溶剂和溶质的物质的量。

当溶液浓度很稀时,当 $n_B \ll n_A$,则

$$\Delta T_f = \frac{R(T_f^*)^2}{\Delta_f H_m(A)} \times \frac{n_B}{n_A} = \frac{R(T_f^*)^2}{\Delta_f H_m(A)} \times M_A m_B \equiv K_f m_B \tag{2.14}$$

式中　M_A —— 溶剂的摩尔质量;

m_B —— 溶质的质量摩尔浓度;

K_f —— 质量摩尔凝固点降低常数。

如果已知溶剂的凝固点降低常数 K_f,并测得此溶液的凝固点降低值 ΔT_f,以及溶剂和溶质的质量 W_A、W_B,则溶质的摩尔质量由下式求得

$$M_B = K_f \frac{W_B}{\Delta T_f W_A} \tag{2.15}$$

应该注意,如溶质在溶液中有解离、结合、溶剂化和形成配合物等情况时,不能简单地运用公式(2.15)计算溶质的摩尔质量。显然,溶液凝固点降低法可用于溶液热力学性质的研究,例如,电解质的电离度、溶质的缔合度、溶剂的渗透系数和活度系数等。

纯溶剂的凝固点是它的液相和固相共存的平衡温度。若将纯溶剂逐步冷却,理论上其冷却曲线(或称步冷曲线)应如图2.14(Ⅰ)所示。但实际过程中往往发生过冷现象,即在过冷而开始析出固体时,放出的凝固热才使体系的温度回升到平衡温度,待液体全部凝固后,温度再逐渐下降,其步冷曲线呈图2.14(Ⅱ)情况。过冷太甚,会出现如图2.14(Ⅲ)的情况。

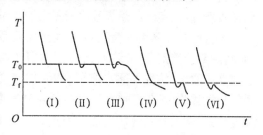

图2.14 步冷曲线示意图

溶液凝固点的精确测量难度较大。当将溶液逐步冷却时,其步冷曲线与纯溶剂不同,见图2.14(Ⅳ)、(Ⅴ)、(Ⅵ)。由于溶液冷却时有部分溶剂凝固而析出,使剩余溶液的浓度逐渐增大,因而剩余溶液与溶剂固相的平衡温度也在逐渐下降,出现如图2.14(Ⅳ)的形状。通常发生稍有过冷的现象,则出现如图2.14(Ⅴ)的形状,此时可将温度回升的最高值近似地作为溶液的凝固点。若过冷太甚,凝固的溶剂过多,溶液的浓度变化过大,则出现如图2.14(Ⅵ)的形状,则测得的凝固点将偏低,必然会影响溶质摩尔质量的测定结果。因此在测量过程中应该设法控制适当的过冷程度,一般可通过控制寒剂的温度、搅拌速率等方法来达到此目的。

严格地说,纯溶剂和溶液的冷却曲线,均可通过外推法求得凝固点 T_f^* 和 T_f。如图2.14(Ⅲ)曲线应以平台段温度为准。曲线(Ⅵ)则可以将凝固后固相的冷却曲线向上外推至与液相段相交,并以此交点温度作为凝固点。

5.3 实验仪器与药品

凝固点测定仪1套,贝克曼温度计1支,普通温度计1支,放大镜1个,烧杯(100、500 mL)各1个,移液管(25、10 mL)各1支,称量瓶1个,分析天平1台,压片机1台。

环己烷(A.R.),萘(A.R.)。

5.4 实验步骤

(1) 仪器装置。如图2.15将凝固点测定装置安装好。凝固点管、贝克曼温度计及搅棒均须清洁和干燥,防止搅拌时搅棒与管壁或温度计相摩擦。

(2) 调节贝克曼温度计。在测环己烷的凝固点时,使水银柱高度距离顶端刻度1~2℃。贝克曼温度计的调节方法见第三篇1.3。

(3) 调节寒剂的温度。调节冰水的量使寒剂的温度为 3.5℃ 左右(寒剂的温度以不低于所测溶液凝固点 3℃ 为宜。)实验时寒剂应经常搅拌并间断地补充少量的碎冰,使寒剂温度基本保持不变。

(4) 溶剂凝固点的测定。用移液管准确吸取 25 mL 环己烷。加入凝固点管,加入的环己烷要足够浸没贝克曼温度计的水银球,但也不要太多,注意不要使环己烷溅在管壁上。塞紧胶塞,以避免环己烷挥发,并记下溶剂的温度。

先将盛有环己烷的凝固点管直接插入寒剂中,上下移动搅拌棒,使溶剂逐步冷却,当有固体析出时,将凝固点管自寒剂中取出,将管外冰水擦干,插入空气套管中,缓慢而均匀地搅拌之(约每秒一次)。观察贝克曼温度计读数,直至温度稳定,此乃环己烷的近似凝固点。

取出凝固点管,稍加热,使管中的固体完全熔化。再将凝固点管直接插入寒剂中缓慢搅拌,使溶剂较快地冷却。当溶剂温度降至高于近似凝固点 0.5℃ 时迅速取出凝固点管,擦干后插入空气套筒中,并缓慢搅拌(每秒一次),使环己烷温度均匀地逐渐降低。当温度低于近似凝固点 0.2 ~ 0.3℃ 时,应急速搅拌(防止过冷超过 0.5℃),促使固体析出。当固体析出时,温度开始上升,立即改为缓慢搅拌,连续用读数放大镜读出温度回升后在贝克曼温度计上的读数,直至稳定。此即为环己烷的凝固点。重复测定三次,要求溶剂凝固点的绝对平均误差小于 ±0.003℃。

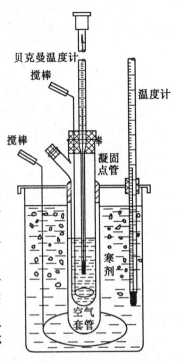

图 2.15 凝固点测定装置

(5) 溶液凝固点的测定。取出凝固点管,使管中的环己烷熔化。自凝固点管的支管加入事先压成片状、并已精确称量的萘(所加的量约使溶液的凝固点降低 0.5℃ 左右)。测定凝固点的方法与纯溶剂相同,先测近似凝固点,再精确测定之。但溶液的凝固点是取过冷后温度回升所达到的最高温度。重复测定三次,要求其绝对平均误差小于 ±0.003℃。

5.5 实验数据处理

(1) 用 $\rho_t/(g \cdot cm^{-1}) = 0.7971 - 0.8879 \times 10^{-3} t/℃$ 计算室温 t 时环己烷的密度,然后算出所取的环己烷的质量 W_A。

(2) 由测定的纯溶剂、溶液凝固点 T_f^*、T_f,计算萘的摩尔质量,并判断萘在环己烷中的存在形式。(已知:$K_{f环己烷} = 20.00$ kg·K·mol^{-1},$T_{f环己烷} = 6.5℃$,$K_{f萘} = 6.94$ kg·K·mol^{-1},$T_{f萘} = 80.2℃$。)

5.6 思考题

(1) 当溶质在溶液中有离解、缔合和生成配合物的情况时,对相对分子质量的测定值有何影响?

(2) 根据什么原则考虑溶质的用量?太多或太少将会有何影响?

(3) 用凝固点降低法测定相对分子质量,在选择溶剂时,应考虑哪些因素?
(4) 在冷却过程中,凝固点管内液体有哪些热交换存在?它们对凝固点的测定有何影响?

5.7 讨 论

(1) 如不用外推法求凝固点,一般 ΔT 都偏高,误差较大。本实验的误差主要来自于过冷程度的控制,最好是在达到一定的过冷程度时加入少量纯溶剂的晶种。细心体会过冷的操作需较长时间。

(2) 不同的溶剂,其凝固点降低常数值也不同,用凝固点降低法测定相对分子质量,在选择溶剂时,使用 K_f 值大的溶剂是有利的。本实验选用的环己烷比用苯好,其毒性也比苯低。凝固点降低值的大小,直接反映了溶液中溶质有效质点的数量。若溶质在溶液中有离解、缔合、溶剂化和生成配合物等情况,这些均影响溶质在溶液中的摩尔质量。因此,凝固点降低法还可用于研究溶液的一些性质,例如,电解质的电离度、溶质的缔合度、活度和活度系数等。

(3) 如有可能,安装一台电动搅拌机代替手动搅拌,用低温恒温浴槽代替冰、水浴,使操作条件稳定,可以提高测量的准确度。

6 沸点升高法测定物质的摩尔质量

6.1 实 验 目 的

(1) 以丙酮为溶剂、用沸点升高法测定苯甲酸的摩尔质量。
(2) 了解沸点仪的有关构造及热敏电阻在测温中的应用。

6.2 实 验 原 理

含有难挥发溶质的稀溶液的沸点 T_b 高于纯溶剂沸点 T_b^0。根据稀溶液定律,沸点升高 ΔT_b 与难挥发溶质的质量摩尔浓度 $m_B(\text{mol} \cdot \text{kg}^{-1})$ 成正比,即

$$\Delta T_b = T_b - T_b^0 = K_b m_B = K_b \frac{\omega_B}{M_B \omega_A} \tag{2.16}$$

所以
$$M_B = K_b \frac{\omega_B}{\Delta T_b \omega_A} \tag{2.17}$$

式中 K_b ——沸点升高常数($\text{kg} \cdot \text{K} \cdot \text{mol}^{-1}$);
ω_B ——溶液中溶质 B 的质量(kg);
ω_A ——溶剂 A 的质量(kg);
M_B ——溶质 B 的摩尔质量($\text{kg} \cdot \text{mol}^{-1}$)。

在本实验中,ΔT_b 是用一对热敏电阻及可变电阻组成的直流桥路(见图 2.16)测量的。设桥路的 CD 端输入电位 ΔU 在测温范围内与 ΔT_b 成正比,令 $\Delta T_b = S \cdot \Delta U$,$S$ 为测温的灵敏度,即单位输出电位表示的温度变化($\text{K} \cdot \text{V}^{-1}$),代入式(2.17),可得

$$M_B = \frac{K_b \omega_B}{S \Delta U \omega_A} \tag{2.18}$$

鉴于 S 值未知,而且当溶液沸腾时,一部分溶剂处于汽化或回流状态,沸腾溶液中的溶剂质量 ω_A 难以确定。所以,不能直接用式(2.18)计算 M_B。为此,用已知质量为 $\omega_{B'}$、摩尔质量为 $M_{B'}$ 的溶质 B' 作为基准物标定整套仪器。即在一定的实验条件下,测量其桥路的不平衡电位 ΔU,可得

$$M_{B'} = \frac{K_b \omega_{B'}}{S \Delta U' \omega_A} \tag{2.19}$$

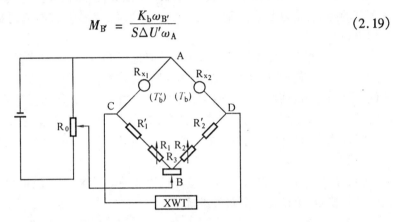

图 2.16　热敏电阻温差测量桥路

R_1、R_2、R_3—可变电阻;R_{x1}、R_{x2}—测量纯溶剂与溶液沸点的热敏电阻;XWT—台式自动平衡记录仪

然后在相同的实验条件下(即溶剂量、热敏电阻测温位置及桥路阻值不变)测得含待测物质 B 溶液的 ΔU。比较式(2.18)和式(2.19),即可得到计算物质 B 摩尔质量的公式

$$M_B = M_{B'} \left(\frac{\omega_B}{\Delta U} \Big/ \frac{\omega_{B'}}{\Delta U'} \right) \tag{2.20}$$

6.3　实验仪器与药品

斯威托斯劳司克(Swietoslawski)型沸点仪 1 台,直流电桥 1 支,热敏电阻 1 个(1～2 kΩ),台式自动平衡记录仪 1 台或无纸化记录仪 1 台。

丙酮(A.R.),粒状萘,苯甲酸(A.R.)。

6.4　实验步骤

(1) 装好仪器,接好线路。本实验采用两个沸点仪同时工作的双室形式,一室装溶剂,另一室装溶液(见图 2.17)。其优点在于除了可以直接读出沸点差外,还可以消除压力对沸点的影响。沸腾室的加热用 45 W 电烙铁芯。通过气液提升管 2 将沸腾室 1 内的过热液体喷在测温管 4 的上部,然后沿着测温管外部的螺纹路流下。在此过程中气液充分接触,通过调节对电烙铁芯 8 的加热功率来控制冷凝液滴口 6 回流液的滴速,在测温管 4 底部(热敏电阻放置处)可测得气液平衡的温度。

(2) 按图 2.17,在两个沸点仪中分别从加溶质口 7 加入丙酮至刻度线 9(约 60 mL)。往冷凝管 5 中通冷凝水并打开加热开关,开始加热电烙铁芯 8。在加热过程中从放料口 10 用

双连球缓慢地鼓入气泡,以防暴沸。

(3) 沸腾后通过调节加热电压控制冷凝液,滴速为每分钟 70～80 滴。

(4) 选择记录仪的量程为 2 mV,走纸速度为每分钟 30 mm,确定实验过程中记录仪画笔的走向。

(5) 待沸腾稳定,记录仪基线走直后,从加溶质口投入一粒称量过的萘片(约 0.2 g),稳定后得到 $\Delta U'_1$。再投入第二粒、第三粒,得到 $\Delta U'_2$、$\Delta U'_3$。

(6) 停止加热,稍稍冷却后,放出萘溶于丙酮的溶液。用丙酮洗涤此沸点仪,再加入丙酮到原刻度线,随后以苯甲酸为溶质,参照上述步骤,分别测出投入三粒苯甲酸后相应的 ΔU_1、ΔU_2、ΔU_3。

6.5 实验数据处理

(1) 量出各 $\Delta U'$ 和 ΔU 值(用记录纸上走线间的距离 mm 表示),作萘的 $\omega_B - \Delta U'$ 直线及苯甲酸的 $\omega_B - \Delta U$ 直线。由斜率求出值 $\dfrac{\omega_B}{\Delta U'}$ 及 $\dfrac{\omega_B}{\Delta U}$ 值。

(2) 已知萘的摩尔质量 $M_{B'} = 0.128\,2\ \text{kg}\cdot\text{mol}^{-1}$,按式(2.20)计算苯甲酸的摩尔质量,并计算其与标准值 $0.122\,1\ \text{kg}\cdot\text{mol}^{-1}$ 的相对误差。

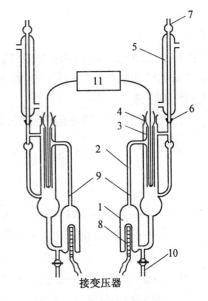

图 2.17 双室沸点仪

1—沸腾室;2—气液提升管;3—保温套管;4—测温管;5—冷凝管;6—冷凝液滴口;7—加溶质口;8—电烙铁芯;9—刻度线;10—放料口;11—热敏电阻温差测量桥路

6.6 思 考 题

(1) 简述本实验所用沸点仪的基本构造及各部分作用。

(2) 为什么本实验先要用基准物质标定仪器,然后才能测定待测物的摩尔质量?

(3) 试估算本实验溶液的浓度,证明其能满足本实验的稀溶液要求。

6.7 讨 论

(1) 沸点的精确测定有赖于设计合理的沸点仪。若温度计置于沸腾的液体之中,则因产生小气泡所需的附加压力,必造成液体的过热,所得的沸点值偏高。若温度计置于沸腾液体上部的蒸汽之中,则测得的温度为蒸汽冷凝的温度。而除了纯组分的液体外,蒸汽冷凝的温度与沸点都存在着一定的偏差。

为获得气液共存的平衡温度,考特莱尔(Cottrell)设计了带气液提升管的沸点仪,如图 2.18 所示。沸腾的气液混合物经过细小的提升管(即考特莱尔泵)之后喷打在处于蒸汽之中的温度计上。当达到平衡时,在温度计上即测得气液两相平衡的温度。

近几十年来虽然有几种新型的沸点仪问世,但从根本上说,还离不开考特莱尔泵的原理。

(2) 为在测温管底部测得气液平衡的温度,需要控制过热程度。通常是以冷凝管下端冷凝液的滴速来控制加热功率。显然,不同液体的合适滴速与其蒸发热有关。为了防止过热暴沸,可在沸腾室内靠近加热棒的玻璃表面上熔结细玻璃粉以造成粗糙的表面,或在加热过程中从放料口间断地鼓入少量空气,以促进较大的气泡生成。

(3) 本实验中热敏电阻测温灵敏度 S 的估算。

按 $\quad \Delta T_b = S \cdot \Delta U = K_b \dfrac{\omega_B}{M_B \omega_A} \quad$ (2.21)

则 $\quad S = \dfrac{K_b \omega_B}{\Delta U \cdot M_B \cdot V \cdot \rho} \quad$ (2.22)

式中 V—— 溶剂的体积(m^3);

ρ—— 溶剂的密度($kg \cdot m^{-3}$)。

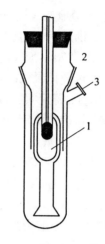

图 2.18 沸点仪示意图
1— 考特莱尔泵;2— 温度计;
3— 接冷凝管

已知丙酮的 $K_b = 1.76\ kg \cdot K \cdot mol^{-1}$,$\rho = 787\ kg \cdot m^{-3}$,$V \approx 60 \times 10^{-6}\ m^3$,基准物质萘的 $M_B = 0.122\ 1\ kg \cdot mol^{-1}$。只要测得萘质量为 ω_B 时对应的 ΔU(电位差 mV 值或记录仪上与 mV 相对的长度 mm 值),S 即可求得。计算表明,此测温仪的灵敏度可达到贝克曼温度计的水平。若用低电势电位差计或灵敏检流计代替自动记录仪,也可以获得同样的效果。

(4) 利用本实验装置还可以测定某些物质在溶剂中的缔合度及溶液的无限稀释活度因子。

(5) 若测不同压力下的沸点,在沸点仪上需安装恒压装置。

7 Washburn 动态渗透压力法测定粉体接触角

7.1 实 验 目 的

(1) 了解 Washburn 动态渗透压力法测定粉体接触角的原理。
(2) 掌握改进的 Washburn 动态渗透压力法测定粉体接触角的原理和方法。

7.2 实 验 原 理

在生产和科研实践中,有时需了解固体粉末的润湿性质。为此,测定粉体接触角是必要的。在测量固体粉体的接触角时,目前应用较多的是 Washburn 动态法。此法原理是称一定量粉体(样品)装入下端用微空隔膜封闭的玻璃管内,并冲实到某一固定刻度,然后将测量管垂直放置,使下端与液体接触(见图 2.19),记录不同时间 t 时液体润湿粉末的高度 h,再按式(2.23)计算

$$h^2 = Cr\sigma \cos \cdot \theta t / 2\eta \quad (2.23)$$

式中 C—— 常数;

r—— 粉体间孔隙的毛细管平均半径,对指定的粉体来说 C、r 为定值;

σ——液体的表面张力;

η——液体黏度。

以 h^2 对 t 作图,显然 $h^2 - t$ 之间有直线关系,由直线斜率、η 和 σ 便可求得 $Cr\cos\theta$ 值,在指定润湿粉体的液体系列中,选择最大的 $Cr\cos\theta$ 值作为形式半径 Cr(此时 $\theta = 0$),由此可以算出不同液体对指定粉体的相对接触角 θ。

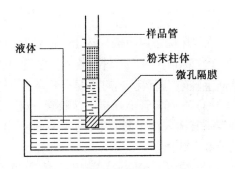

图 2.19 液体润湿粉体示意图

这就是以往最常用的测定固体粉体接触角的原理。它是利用液体在由固体粉体所制成的多孔塞中的毛细管上升的高度与时间之间的关系来测定的。实验过程中存在一个问题,即由于粉体床中各个位置的堆积密度不尽相同,使得液体不会总是水平上升,因此液体在粉体床中的上升高度不易准确测量,给实验带来较大误差。本实验利用测量液体在粉体中上升时管内压力的变化来测定粉体的接触角,并且组装了相应的仪器。其原理如下。

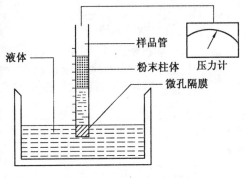

图 2.20 渗透压力法测定粉体接触角示意图

当固体粉末均匀填入管中,管的一端封闭一端垂直插入液体时,由于液体的渗透作用,使得管内的压力变大,虽然其变化值不大,但是可以利用较为精密的压力计来测定(见图 2.20)。此时 Washburn 方程可表示为

$$p^2 = B\sigma\cos\theta t/\eta \tag{2.24}$$

式中　　B——仅与粉体床及相应仪器有关的常数;

p——某一时刻管内压力的变化值。

对于同一粉末,在使用仪器相同时 B 为常数,因此只要测定不同时间 t 的 p 值,然后以 p^2 对 t 作图,可得一条直线,其斜率为

$$K = B\sigma\cos\theta/\eta \tag{2.25}$$

选择对粉末完全湿润或直线斜率最大的液体作为参比,令其 $\cos\theta = 1$,由 $p^2 - t$ 的线性关系计算出其斜率 K_1,然后用相同的方法求出其他液体对粉体的直线斜率 K_2,再由下式计算出其相对接触角。

$$\cos\theta_2 = K_2\sigma_1\eta_2/K_1\sigma_2\eta_1 \tag{2.26}$$

其中,"1" 代表参比液,"2" 代表待测液。

7.3　实验仪器与药品

DP - A 精密数字压力计(南京桑力电子设备厂)1 台,最大气泡法测量溶液表面张力仪 1 套,乌式计 1 支,秒表 1 个,称量瓶 5 个,玻璃管(ϕ5 mm)1 支。

铝粉,蒸馏水,甲醇(A.R.),乙醇(A.R.),甲苯(A.R.),苯(A.R.)。

7.4 实验步骤

(1) 在称量瓶中倒入约 15 mL 的蒸馏水,置于接触角测量仪中。

(2) 称取 3~5 g 铝粉,装入测定管中(下端用微孔隔膜封好),将其垂直在垫有滤纸的桌面上轻敲,直到粉末的高度不变为止(计算铝粉的堆积密度)。

(3) 在测定管上端接上橡胶管并且与压力计相连;当压力计读数稳定时,采零;然后将管垂直插入待定测液中(约 0.5 cm),同时按下秒表,每隔 1 min 记录一次压力计读数 p,记录 8 个数值。

(4) 按以上步骤分别测定乙醇、甲醇、苯和甲苯的 $p-t$ 的关系。

7.5 实验数据处理

(1) 将实验数据填入表 2.4。

堆积密度 = 铝粉质量/堆积于管中的铝粉体积($g \cdot cm^{-3}$)

表 2.4 不同溶剂的渗透压力变化值 p 与 t 的关系 $T = $ _____ ℃

时间 溶剂	1	2	3	4	5	6	7	8
水								
甲醇								
乙醇								
环己烷								

(2) 分别作出不同液体的 p^2-t 关系图,求得各自的斜率,由各溶剂的表面张力及黏度用公式 $\cos\theta_2 = K_2\sigma_1\eta_2/K_1\sigma_2\eta_1$(其中"1"代表参比液、"2"代表待测液)可以计算出各溶剂相对于水的接触角,列于表 2.5 中。

表 2.5 各溶剂对铝粉的接触角

溶剂	水	甲醇	乙醇	环己烷
接触角				

8 采用分光光度法测定弱电解质的离解常数

8.1 实验目的

(1) 了解一种测定弱电解质离解常数的方法。
(2) 掌握分光光度计的测试原理和使用方法。
(3) 进一步熟练掌握 pH 计的原理和使用。

8.2 实验原理

根据贝尔 – 朗比(Beer – Lambert)定律,溶液对于单色光的吸收,应遵守下列关系式

$$A = \lg \frac{I_0}{I} = klc \tag{2.27}$$

式中　A——吸光度；
　　　I/I_0——透光率；
　　　k——摩尔吸光系数,它是溶液的特性常数；
　　　l——被测溶液的厚度；
　　　c——溶液浓度。

在分光光度分析中,将每一种单色光分别依次通过某一溶液,测定溶液对每一种光波的吸光度,以吸光度 A 对波长 λ 作图,就可以得到该物质的分光光度曲线,或吸收光谱曲线,如图 2.21 所示。由图可以看出,对应于某一波长有一个最大的吸收峰,用这一波长的入射光通过该溶液就有着最佳的灵敏度。

从式(2.27) 可以看出,对于固定长度比色池,在对应最大吸收峰的波长(λ) 下测定不同浓度 c 的吸光度,就可作出线性的 $A - c$ 线,这就是光度法的定量分析的基础。

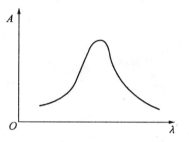

图 2.21　分光光度曲线

以上讨论是对于单组分溶液的情况,对含有两种以上组分的溶液,情况就要复杂一些。

(1) 若两种被测定组分的吸收曲线彼此不相重合,这种情况很简单,就等于分别测定两种单组分溶液。

(2) 若两种被测定组分的吸收曲线相重合,且遵守贝尔－郎比定律,则可在两波长 λ_1 及 λ_2 时(λ_1、λ_2 是两种组分单独存在时吸收曲线最大吸收峰波长) 测定其总吸光度,然后换算成被测定物质的浓度。

根据贝尔－郎比定律,假定比色池的长度一定,则

对于单组分 A　　　　　　　$\left. \begin{array}{l} A_\lambda^A = K_\lambda^A c^A \\ A_\lambda^B = K_\lambda^B c^B \end{array} \right\}$ 　(2.28)
对于单组分 B

设 $A_{\lambda_1}^{A+B}$、$A_{\lambda_2}^{A+B}$ 分别代表在 λ_1 及 λ_2 时混合溶液的总吸光度,则

$$A_{\lambda_1}^{A+B} = A_{\lambda_1}^A + A_{\lambda_1}^B = K_{\lambda_1}^A c^A + K_{\lambda_1}^B c^B \tag{2.29}$$

$$A_{\lambda_2}^{A+B} = A_{\lambda_2}^A + A_{\lambda_2}^B = K_{\lambda_2}^A c^A + K_{\lambda_2}^B c^B \tag{2.30}$$

此处 $A_{\lambda_1}^A$、$A_{\lambda_1}^B$、$A_{\lambda_2}^A$、$A_{\lambda_2}^B$ 分别代表 λ_1 及 λ_2 时组分 A 和 B 的吸光度。由式(2.29) 可得

$$c(B) = \frac{A_{\lambda_1}^{A+B} - K_{\lambda_1}^A c(A)}{K_{\lambda_1}^B} \tag{2.31}$$

将式(2.31) 代入式(2.30),得

$$c(A) = \frac{K_{\lambda_1}^B A_{\lambda_2}^{A+B} - K_{\lambda_2}^B A_{\lambda_1}^{A+B}}{K_{\lambda_2}^A K_{\lambda_1}^B - K_{\lambda_2}^B K_{\lambda_1}^A} \tag{2.32}$$

这些不同的 K 值均可由纯物质求得,也就是说,在纯物质的最大吸收峰的波长 λ 时,

测定吸光度 A 和浓度 c 的关系。如果在该波长处符合贝尔 – 郎比定律,那么 $A - c$ 为直线,直线的斜率为 K 值,$A_{\lambda_1}^{A+B}$、$A_{\lambda_2}^{A+B}$ 是混合溶液在 λ_1 及 λ_2 时测得的总吸光度,因此根据式(2.31)、(2.32) 即可计算混合溶液中组分 A 和组分 B 的浓度。

本实验是用分光光度法测定弱电解质(甲基红)的离解常数,由于甲基红本身带有颜色,而且在有机溶剂中离解度很小,所以用一般的化学分析法或其他物理化学方法进行测定都有困难,但用分光光度法可不必将其分离,且同时能测定两组分的浓度。甲基红在有机溶剂中形成下列平衡

甲基红的离解常数

$$K = \frac{\frac{c(\mathrm{H}^+)}{c^{\ominus}} \cdot \frac{c(\mathrm{B})}{c^{\ominus}}}{\frac{c(\mathrm{A})}{c^{\ominus}}}$$

或

$$\mathrm{p}K = \mathrm{pH} - \lg \left[\frac{c(\mathrm{B})}{c(\mathrm{A})}\right] \tag{2.33}$$

由式(2.33) 可知,只要测定溶液中 B 与 A 的浓度及溶液的 pH 值(由于本体系的吸收曲线属于上述讨论中的第二种类型,因此可用分光光度法通过(2.31)、(2.32) 两式求出 B 与 A 的浓度),即可求得甲基红的离解常数。

8.3 实验仪器与药品

722 型分光光度计 1 台,PHS – 3D 型酸度计 1 台,超级恒温水装置 1 套,容量瓶(100 mL)7 个,量筒(100 mL)1 支,烧杯(100 mL)4 个,移液管(25 mL)2 支,移液管(10 mL,刻度)2 支,洗耳球 1 只。

酒精(质量分数 0.95,C.R.),盐酸(0.1 mol·L^{-1}),盐酸(0.01 mol·L^{-1}),醋酸钠(0.01 mol·L^{-1}),醋酸钠(0.04 mol·L^{-1}),醋酸(0.02 mol·L^{-1}),甲基红(固体)。

8.4 实验步骤

1.溶液制备

(1) 甲基红溶液的制备。1 g 晶体甲基红加 300 mL 质量分数为 95% 的酒精,用蒸馏水

稀释到 500 mL。

(2) 标准溶液的制备。取 10 mL 上述配好的溶液加 50 mL 质量分数 95% 的酒精，用蒸馏水稀释到 100 mL。

(3) 溶液 A 的制备。将 10 mL 标准溶液加 10 mL 0.1 mol·L^{-1}HCl，用蒸馏水稀释至 100 mL。

(4) 溶液 B 的制备。将 10 mL 标准溶液加 25 mL 0.04 mol·L^{-1}NaAc，用蒸馏水稀释至 100 mL。

溶液 A 的 pH 约为 2，甲基红以酸式存在。溶液 B 的 pH 约为 8，甲基红以碱式存在。把溶液 A、溶液 B 和空白溶液(蒸馏水)分别放入三个洁净的比色槽内(条件允许，可用超级恒温水浴 25℃ 恒温 5 min)，测定吸收光谱曲线。

2. 吸收光谱曲线的测定

(1) 用 722 分光光度计测定溶液 A 和溶液 B 的吸收光谱曲线，求出最大吸收峰的波长。波长从 360 nm 开始，每隔 20 nm 测定一次(每改变一次波长都要先用空白溶液校正)，直至 620 nm 为止。由所得的吸光度 A 与 λ 绘制 A – λ 曲线，从而求得溶液 A 和溶液 B 的最大吸收峰波长 λ_1 及 λ_2。

(2) 求 $K_{\lambda_1}^A$、$K_{\lambda_1}^B$、$K_{\lambda_2}^A$、$K_{\lambda_2}^B$。将 A 溶液用 0.01 mol·L^{-1}HCl 稀释至开始浓度的 0.75、0.50、0.25 倍。B 溶液用 0.01 mol·L^{-1}NaAc 稀释至开始浓度的 0.75、0.50、0.25 倍。并在溶液 A、溶液 B 的最大吸收峰波长 λ_1、λ_2 处测定上述各溶液的吸光度。如果在 λ_1、λ_2 处上述溶液符合贝尔 – 郎比定律，则可得到四条 A – c 直线，由此可求出 $K_{\lambda_1}^A$、$K_{\lambda_1}^B$、$K_{\lambda_2}^A$、$K_{\lambda_2}^B$。

3. 混合溶液的总吸光度及其 pH 的测定

(1) 配制四个混合液

① 10 mL 标准液 + 25 mL 0.04 mol·L^{-1}NaAc + 50 mL 0.02 mol·L^{-1}HAc，用蒸馏水稀释至 100 mL。

② 10 mL 标准液 + 25 mL 0.04 mol·L^{-1}NaAc + 25 mL 0.02 mol·L^{-1}HAc，用蒸馏水稀释至 100 mL。

③ 10 mL 标准液 + 25 mL 0.04 mol·L^{-1}NaAc + 10 mL 0.02 mol·L^{-1}HAc，用蒸馏水稀释至 100 mL。

④ 10 mL 标准液 + 25 mL 0.04 mol·L^{-1}NaAc + 5 mL 0.02 mol·L^{-1}HAc，用蒸馏水稀释至 100 mL。

(2) 条件允许，可用超级恒温水浴 25℃ 恒温 5 min 后再进行测量。

(3) 用 λ_1、λ_2 的波长测定上述四个溶液的总吸光度。

(4) 测定上述四个溶液的 pH 值。

8.5　实验注意事项

(1) 使用 722 型分光光度计时，电源部分需加一稳压电源，以保证测定数据稳定。

(2) 使用722型分光光度计时,为了延长光电管的寿命,在不进行测定时,应将暗室盖子打开。仪器连续使用时间不应超过 2 h,如使用时间过长,则中途需间歇 0.5 h 再使用。

(3) 比色池经过校正后,不能随意与另一套比色槽个别的交换,需经过校正后才能更换,否则将引入误差。

(4) pH 计应在接通电源 20 ~ 30 min 后进行测定。

(5) 本实验 pH 计使用的是复合电极,在使用前复合电极需在 3 mol·L^{-1} KCl 溶液中浸泡一昼夜。复合电极的电极玻璃很薄,容易破碎,切不可与任何硬物相碰。

(6) 波长改变后,722型分光光度计应重新校正。

8.6 实验数据处理

(1) 画出溶液 A、B 的吸收光谱曲线,并从曲线上求出最大吸收峰的波长 λ_1、λ_2。

(2) 将 λ_1、λ_2 时溶液 A、B 分别测得的浓度与吸光度值作图,得四条 $A-c$ 直线。求出四个摩尔吸光系数 $K_{\lambda_1}^A$、$K_{\lambda_1}^B$、$K_{\lambda_2}^A$、$K_{\lambda_2}^B$。

(3) 由混合溶液的总吸光度,根据(2.31)、(2.32) 两式,求出混合溶液中 A、B 的浓度。

(4) 求出各混合液中甲基红的离解常数。

8.7 思 考 题

(1) 制备溶液时,所用的 HCl、HAc、NaAc 溶液各起什么作用?

(2) 用分光光度法进行测定时,为什么要用空白溶液校正零点?理论上应该用什么溶液校正?在本实验中用的是什么?为什么?

8.8 讨 论

(1) 分光光度法和分析中的比色法相比较有一系列优点,首先它的应用不局限于可见光区,可以扩大到紫外和红外区,所以对于一系列没有颜色的物质也可以应用。此外,也可以在同一样品中对两种以上的物质(不需要预先进行分离)同时进行测定。

(2) 吸收光谱的方法在化学中得到广泛的应用和迅速发展,也是物理化学研究中的重要方法之一,例如,用于测定平衡常数以及研究化学动力学中的反应速率和机理等。由于吸收光谱实际上是决定于物质内部结构和相互作用,因此对它的研究有助于了解溶液中分子结构及溶液中发生的各种相互作用(如配合、离解、氢键等性质)。

9 化学平衡常数及分配系数的测定

9.1 实 验 目 的

(1) 测定反应 $KI + I_2 \rightleftharpoons KI_3$ 的平衡常数及碘在四氯化碳和水中的分配系数。

(2) 掌握常温恒温技术的控制方法。

9.2 实验原理

在定温定压下,碘和碘化钾在水溶液中建立如下的平衡

$$KI + I_2 \rightleftharpoons KI_3 \tag{2.34}$$

为了测定平衡常数,应在不扰动平衡状态的条件下,测定平衡组成。在本实验中,当上述平衡建立时,若用 $Na_2S_2O_3$ 标准溶液来滴定溶液中 I_2 的浓度,则随着 I_2 的消耗,平衡将向左端移动,使 KI_3 继续分解,而最终只能测得溶液中 $I_2 + KI_3$ 的总量。为了解决这个问题,可在上述溶液中加入四氯化碳,然后充分振荡(KI 和 KI_3 不溶于 CCl_4),当温度和压力一定时,上述化学平衡及 I_2 在四氯化碳层和水层的分配平衡同时建立。测得四氯化碳层中 I_2 的浓度,即可根据分配系数求得水层中 I_2 的浓度。

设水层中 $KI_3 + I_2$ 的总浓度为 b,KI 的初始浓度为 c,四氯化碳层 I_2 的浓度为 a',I_2 在水层及四氯化碳层的分配系数为 R,实验测得分配系数 R 及四氯化碳层中 I_2 浓度 a' 后,则即可求水层 I_2 浓度 a。再根据已知条件及实验中测得的 b,即可计算出式(2.34)的平衡常数。

$$K = \frac{[KI_3]}{[KI][I_2]} = \frac{b-a}{[c-(b-a)] \cdot a} \tag{2.35}$$

K 是实验平衡常数,标准平衡常数的表达式应为

$$K^{\ominus} = \frac{\dfrac{[KI_3]}{c^{\ominus}}}{\dfrac{[KI]}{c^{\ominus}} \dfrac{[I_2]}{c^{\ominus}}} \quad \text{或} \quad K^{\ominus} = \frac{\dfrac{c(KI_3)}{c^{\ominus}}}{\dfrac{c(KI)}{c^{\ominus}} \cdot \dfrac{c(I_2)}{c^{\ominus}}}$$

为计算简化,用实验平衡常数代替标准平衡常数。

滴定反应 $\quad\quad I_2 + 2Na_2S_2O_3 \rightleftharpoons Na_2S_4O_6 + 2NaI$

9.3 实验仪器与药品

恒温槽 1 套,碘量瓶(500 mL)3 个,移液管(100 mL)1 支,移液管(50 mL)3 支,移液管(10 mL)2 支,移液管(5 mL)2 支,烧杯(200 mL)1 个,锥形瓶(250 mL)4 个,碱式滴定管(50 mL)1 个,洗耳球 1 支,量筒(250、50、20、10 mL)各 1 个。

$Na_2S_2O_3$(0.02 mol·L^{-1})标准溶液,KI(0.1 mol·L^{-1})标准溶液,四氯化碳,I_2 的 CCl_4 饱和溶液,淀粉(质量分数为 1%)溶液。

9.4 实验步骤

(1) 按表 2.6 数据将溶液配于碘量瓶中。

(2) 将配好的溶液置于 25℃ 的恒温槽内,每隔 10 min 取出振荡一次,约经 1 h 后,按列表数据取样进行分析。

(3) 分析水层时,用 $Na_2S_2O_3$ 滴至淡黄色,再加 1 mL 淀粉溶液作指示剂,然后仔细滴至蓝色恰好消失。

(4) 取 CCl_4 层样时,用洗耳球使移液管尖端鼓泡通过水层进入四氯化碳层,以免水进

入移液管中,在锥形瓶中先加 5~10 mL 水,3 滴淀粉溶液,然后将四氯化碳层试样放入锥形瓶中。滴定过程中必须充分振荡,以使四氯化碳层中的 I_2 进入水层(为使 I_2 迅速进入水层,滴定时可加入少量 KI 溶液)。小心地滴至水层蓝色消失,四氯化碳层不再出现红色。每组实验应平行测定三次取平均值。

四氯化碳是毒性较大的化学试剂,滴定后和未用完的 CCl_4 层样品应全部倒入回收瓶中,不得倒入水池或废液桶内。

表 2.6 实验样品的组成及取样体积

	实 验 编 号	1	2	3
混合液组成/mL	H_2O	200	50	0
	I_2 的 CCl_4 饱和溶液	25	20	25
	KI 溶液	0	50	100
	CCl_4	0	5	0
分析取样体积/mL	CCl_4 层	5	5	5
	H_2O 层	50	10	10

9.5 实验数据处理

(1) 计算 25℃时,I_2 在四氯化碳层和水层的分配系数 $R_{分}$。

(2) 计算 25℃时,反应的平衡常数 K_c:

$$K_c^\ominus = (K_{c_1}^\ominus + K_{c_2}^\ominus)/2$$

7.6 思 考 题

(1) 配 1、2、3 号各溶液进行实验的目的何在?根据你的实验结果判断反应是否已达平衡?

(2) 测定四氯化碳层中 I_2 的浓度时,应注意什么?

10 B-Z 振荡反应及有机还原糖对 B-Z 振荡反应的影响

10.1 实验目的

(1) 了解 Belousov-Zhabotinskii 反应的基本原理,掌握研究化学振荡反应的一般方法,初步认识体系远离平衡态下的复杂行为。

(2) 设计丙二酸-硫酸-溴酸钾-硫酸铈铵化学振荡体系的实验方案,并对其诱导期及振荡特征进行研究。

10.2 实验原理

在化学反应中,反应物本身可作为反应催化剂的化学反应称为自催化反应。一般的化学反应最终都能达到平衡状态(组分浓度不随时间而改变),而在自催化反应中,有一类是发生在远离平衡的体系中,在反应过程中的一些参数(如压力、温度、热效应等)或某些组分的浓度会随时间或空间位置作周期性的变化,人们称为"化学振荡"。由于化学振荡反应的特点,体系中某组分浓度的规律变化在适当条件下能够显示出来时,会出现色彩丰富的时空有序现象(如空间结构、振荡、化学波等)。这种在敞开体系中出现的有序耗散结构也证明了负熵流的存在,因为在敞开体系中,只有足够的负熵流才能使体系维持有序的结构。化学振荡属于时间上的有序耗散结构。

别洛索夫(Belousov)在 1958 年首先报道了以金属锌离子作为催化剂在柠檬酸介质中被溴酸盐氧化时,某中间产物浓度随时间作周期性变化的化学振荡现象,扎勃丁斯(Zhabotinski)在 1964 年做了进一步的深入研究,证明化学振荡体系还能呈现空间有序的周期性变化现象。为纪念他们最早期的研究成果,以后发现的大量可呈现化学振荡现象的含溴酸盐的反应体系被称为 B–Z 振荡反应。

随着研究的深入,人们发现所有的振荡反应都含有自催化反馈步骤,同时也发现了许多能发生振荡反应的体系(振荡器 Dscillator)。尽管如此,但化学振荡的动力学机理,特别是产生时一些有序现象的机理仍未完全清楚。对于 B–Z 振荡反应,人们比较认可的 FKN 机理是由 Field、Koros、Noyes 等完成的。近年来研究表明还存在着其他类型的振荡(如连续振荡、双周期振荡、多周期振荡等),化学振荡直观地展现了自然科学中普遍存在的非平衡非线性问题,表现了在时间与空间上的有序性,如动物心脏的有节律的跳动。蝴蝶翅膀上的花纹以及动物的皮毛等。目前,随着对化学振荡研究的深入,许多化学振荡器陆续被设计出来,与此同时,对化学振荡的应用研究也已经开始。

本实验仅对含溴酸盐体系的 B–Z 振荡反应进行设计性的探讨,并了解有机还原糖–葡萄糖对振荡参数的影响。

将含有溴酸钾、丙二酸的溶液与溶于硫酸的硝酸铈铵溶液混合,用仪器可以记录到反应体系中溴离子浓度$[Br^-]$和铈离子浓度比$[Ce^{4+}]/[Ce^{3+}]$随时间作的周期性变化。由于 Ce^{4+} 呈黄色而 Ce^{3+} 无色,反应中还可以观察到反应体系在黄色和无色之间作周期性的振荡。

FKN 机理认为丙二酸在硫酸介质及金属铈离子的催化作用下被溴酸氧化,在过量丙二酸存在时,净反应方程式为

$$2BrO_3^- + 3CH_2(COOH)_2 + 2H^+ = 2BrCH(COOH)_2 + 3CO_2\uparrow + 4H_2O$$

根据 FKN 机理,B–Z 振荡不少于 11 个元反应,若只考虑其中三种关键物质,$HBrO_2$、Br^-、Ce^{4+}/Ce^{3+},则可以简化为用 6 个元反应来描述。

过程 A:当$[Br^-]$足够大时

① $BrO_3^- + Br^- + 2H^+ \longrightarrow HBrO_2 + HOBr$ (慢)

② $HBrO_2 + Br^- + H^+ \longrightarrow 2HOBr$ (快)

(注:此处 HOBr 一旦生成,立即与丙二酸反应,被消耗)

过程 B:当$[Br^-]$较小时,Ce^{3+} 发生氧化反应。

③ $BrO_3^- + HBrO_2 + H^+ \longrightarrow 2BrO_2 + H_2O$ (慢)

④ $BrO_2 + Ce^{3+} + H^+ \longrightarrow HBrO_2 + Ce^{4+}$ (快)

⑤ $2HBrO_2 \longrightarrow BrO_3^- + HOBr + H^+$

过程 C:溴离子再生。

⑥ $4Ce^{4+} + BrCH(COOH)_2 + H_2O + HOBr \longrightarrow 2Br^- + 4Ce^{3+} + 3CO_2 + 6H^+$

过程 A、B、C 合起来组成反应系统中的一个振荡周期。

从过程 B 看出,当[Br^-]较小时,$HBrO_2$ 的生成具有自催化特点。当[Br^-]足够大时,$HBrO_2$ 按反应②消耗,随着[Br^-]降低,反应③同时对 $HBrO_2$ 的竞争,当[Br^-]达到某临界值[Br^-]$_{临界}$时,过程 B 中自催化引起 $HBrO_2$ 的生成速率正好等于过程 A 中 $HBrO_2$ 的消耗速率。

若体系中[Br^-] < [Br^-]$_{n界}$,[$HBrO_2$]通过自催化迅速增加,而导致[Br^-]通过反应②迅速下降,系统的主要过程从 A 过程切换到 B 过程,最后通过 C 过程使 Br^- 再生。若体系中[Br^-] > [Br^-]$_{n界}$,体系中 $HBrO_2$ 的自催化生成受到抑制,系统又从 B 过程切换到 A 过程,从而完成一个循环。

可见当[Br^-]足够大时,反应按 A 过程进行;随着[Br^-]下降,反应从 A 切换到 B 过程,通过 C 过程使 Br^- 再生,因此,Br^- 在振荡反应中相当于"选择开关"的作用。而铈离子在反应中起催化 B 过程和 C 过程的作用。

通过 B-Z 振荡曲线,可以了解并研究其反应。由于反应中[Br^-]和[Ce^{4+}]/[Ce^{3+}]随时间作周期性变化,实验中可用溴离子选择电极、铂电极分别测定[Br^-]和[Ce^{4+}]/[Ce^{3+}]随时间的变化曲线。这些曲线称为振荡曲线,可用四个参数描述。

图 2.22 为 B-Z 反应中[Ce^{4+}]/[Ce^{3+}]随时间的变化曲线。图 2.22 中,振荡诱导期 t_{in} 为从反应开始到出现振荡的时间;振荡周期 t_p 为完成一次振荡循环所需要的时间;振荡寿命 t_1 为从开始振荡到体系振荡结束所需要的时间;振幅 ΔE 为每次振荡循环的最高点与最低点的电势差。温度和酸度都对四个振荡参数有影响。

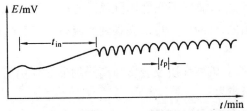

图 2.22 B-Z 反应体系[Ce^{4+}]/[Ce^{3+}]随时间的变化曲线

通过振荡曲线提供的不同信息,可以深入了解振荡反应以及影响反应的各种因素。

(1) 温度对 B-Z 振荡反应的影响及反应活化能。

升高温度可缩短 t_{in}、t_p 及 t_1,即可加速体系的振荡反应。可以通过测定不同温度下的 t_{in} 和 t_p 来估算振荡反应的表观活化能。

在实验中,如果用 $1/t_{in}$ 和 $1/t_p$ 来衡量诱导期和振荡周期内反应速度的快慢,高诱导期的速率常数 $k_{in} = \dfrac{1}{t_{in}}$,振荡速率常数 $k_p = \dfrac{1}{t_p}$,根据阿伦尼乌斯公式 $k = A\exp\dfrac{-E_a}{RT}$,得 $\ln k_{in} = \ln A - \dfrac{E_{a,in}}{RT}$,可以通过不同温度下,对 t_{in} 和 t_p 的测定来求取反应诱导期表观活化能 $E_{a,in}$ 和振荡反应的表观活化能 $E_{a,p}$。

(2) 反应物浓度的影响。

反应物浓度对振荡反应的影响主要表现在对 t_{in}、t_p 及 t_1 的影响上。采用固定反应温度和其他反应物浓度,只改变一种反应物浓度,测定 t_{in}、t_p 及 t_1 随反应物浓度的变化,可研究振荡反应各参数与反应物浓度之间的定量关系。

在 B-Z 体系振荡终止后,当加入少量的某一种反应物时,体系可重新发生振荡反应,而加入其他各级反应物均不能使体系重新振荡,说明体系的振荡寿命由该反应物来决定。当该物质的浓度低于振荡反应的临界浓度,振荡反应终止,而增加其浓度,可使反应寿命延长,增加其他各反应物的浓度反而加速它的消耗,使振荡寿命缩短。

图 2.23 为柠檬酸 - $KBrO_3$ - H_2SO_4 - $(NH_4)_2Ce(NO_3)_4$ 体系中,当振荡结束重新加入 $KBrO_3$ 时,体系重新起振时的 B-Z 振荡曲线。

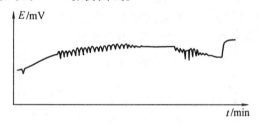

图 2.23 柠檬酸对柠檬酸 - $KBrO_3$ - H_2SO_4 - $(NH_4)_2Ce(NO_3)_4$ 体系 B-Z 振荡曲线的影响

(3) 其他因素的影响。

① 还原性物质的影响。Cl^- 对 B-Z 反应具有抑制作用。Cl^- 通过竞争 $KBrO_2$ 来抑制振荡反应,当 Cl^- 达到一定浓度时,可使振荡中止。人们通常在反应开始或反应进行中,用易于与 $KBrO_2$ 反应的卤素离子来讨论他们对 B-Z 反应的影响。

在标准 B-Z 振荡器中加入有机还原糖葡萄糖、果糖等,振荡参数将随着糖的加入量的不同而改变,可利用振荡参数与还原性物质浓度的线性关系,进行定量检测。例如,利用葡萄糖浓度的不同对振荡中各参数的影响,可定量检测糖尿病患者血清中葡萄糖含量,具有较高的灵敏度和选择性。

② 自由基的影响。丙烯腈可作为常用的自由基抑制剂,在开始或在振荡过程中加入丙烯腈均能抑制振荡,这也说明了自由基参与了振荡反应。

③ 酸度的影响。B-Z 反应必须在酸性介质中进行,其中研究最多的是以 H_2SO_4 为介质的反应,增加酸度一般可缩短 t_{in} 及 t_p,加快振荡反应。有时也可用非氧化性的酸,如 H_3PO_4 代替 H_2SO_4。对某些 B-Z 反应体系,酸度的变化会影响到反应机理,以致产生一系列复杂的振荡现象。

10.3 实验仪器与药品

自动平衡记录仪 1 台,恒温水浴 1 台,电磁搅拌器 1 台,甘汞电极 1 支,铂电极 1 支。

硫酸亚铁(A.R.),邻菲罗啉(A.R.),丙二酸(A.R.),硫酸铈铵(A.R.),硫酸(A.R.),溴酸钾(G.R.),硫酸铈铵溶液(在硫酸介质中配制)。

10.4 实验步骤

(1) 20 mL 1.000 mol·L^{-1} 丙二酸；15 mL 0.200 mol·L^{-1} 溴酸钾；15 mL 2.4 mol·L^{-1} 硫酸；2 mL 0.040 0 mol·L^{-1} $(NH_4)_2Ce(NO_3)_4$ 体系将在黄色和无色之间振荡。该体系中的丙二酸也可用柠檬酸等代替。实验装置如图 2.24 所示。

在上述体系中加入邻菲罗啉铁指示剂(由 0.7 g 硫酸亚铁、0.5 g 邻菲罗啉、100 mL 去离子水配成)7~10 滴,体系颜色将在蓝色和红色之间振荡。因为铁离子和铈离子一样能起催化作用,使 $[Fe^{3+}]/[Fe^{2+}]$ 随时间作周期性变化(Fe^{3+} 与邻菲罗啉形成蓝色络合物; Fe^{2+} 与邻菲罗啉形成红色络合物)。若将反应置于比色皿中进行,用分光光度计在 500 nm 的波长下,用秒表记录体系振荡周期,连续记录稳定的六组数据,即为平均振荡周期。

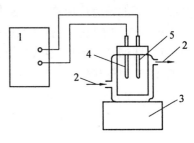

图 2.24　B-Z 反应实验装置图
1—自动平衡记录仪；2—恒温水浴；3—电磁搅拌器；4—甘汞电极；5—铂电极或溴离子选择电极

(2) 加入硝酸铈铵溶液后,通过饱和甘汞电极和铂电极记录体系电势随时间变化,从振荡曲线测定振荡反应的诱导期和振荡周期。

(3) 温度间隔为 2℃,重复(1)、(2)步骤,直至温度为 35℃,研究不同温度下振荡反应的诱导期和振荡周期,计算诱导期表观活化能 $E_{a,in}$ 和振荡反应的表观活化能 $E_{a,p}$。

(4) 平衡记录仪用于记录振荡曲线,此处若采用溴离子选择电极和离子活度计测量电势(E)随时间(t)的变化,也可反映$[Br^-]$的变化,最好事先用标准 KBr 溶液校正电极对 $\lg[Br^-]$ 的响应关系。

(5) 恒温 35.0℃±0.1℃,在硝酸铈铵溶液加入以前,分别加入不同浓度的葡萄糖溶液,记录各种不同的振荡波形,观察各振荡参数随葡萄糖浓度的变化规律。

10.5 实验注意事项

各组分混合顺序对体系振荡行为有影响,建议先将丙二酸、溴酸钾、硫酸溶液置于反应烧杯中,开始搅拌并记录,待基线稳定后,才加入硝酸铈铵溶液。

10.6 实验数据处理

(1) 据实验的电势曲线与颜色和电势值的对应关系,分析 Pt 丝电极记录的电势曲线主要反映了哪个电对电势的变化？试说明理由。

(2) 据实验结果并作下列假定:诱导期的长短与反应的速率成反比。作 $\ln(1/t_{in})^{-1} - 1/T$ 图,求出表观活化能 $E_{a,in}$ (kJ·mol^{-1})。从 $\ln(1/t_{in}) - 1/T$ 图分析得出对诱导期中进行的反应的推测？试说明理由。分析周期(T_1)随温度的变化。

10.7 思考题

(1) 本实验记录的电势主要代表了什么意思？它与 Nernst 方程求得的电势有何不

同？为什么？

(2) 有人认为，根据热力学第二定律总有：$(dS)_{e,v} \geq 0$，而该实验的电势却呈周期性变化(其实它反映了物质浓度的周期性变化)。这与第二定律矛盾，你觉得呢？

10.8 讨 论

尽管人们对 B-Z 振荡反应作了大量的实验研究和理论分析，但由于其动力学过程十分复杂，因此产生时-空有序现象的详细机理目前仍然不明确。研究表明，振荡反应的发生必须满足三个条件：① 必须是远离平衡的敞开体系；② 反应历程中需含有反馈步骤，往往是自催化步骤；③ 体系必须具有双稳态，可以在两个稳态间来回振荡。

近二十年来，化学振荡已成为化学动力学的一个重要分支，人们从设计新型的化学振荡器到对性质、反应及机理的研究；从实验设计到用对数学模型求解等方面都在进行研究。同时也越来越注重应用，包括对反应实行强制性振荡，可实现反应同期操作，提高反应产率及选择性；利用振荡的特征波进行化学分析(糖尿病的早期检测等)；模拟生物体内的代谢循环反应等。所以学会探讨它的系列之一——B-Z 反应是非常有意义的。

11 液体饱和蒸气压的测定——静态法

11.1 实 验 目 的

(1) 了解用静态法(亦称等位法)测定异丙醇在不同温度下饱和蒸气压的原理，进一步明确纯液体饱和蒸气压与温度的关系。

(2) 掌握真空泵的使用方法。

(3) 学会用图解法求所测温度范围内的平均摩尔汽化热及正常沸点。

11.2 实 验 原 理

一定温度下，在一真空的密闭容器中，液体的蒸发很快与蒸气凝结达到动态平衡，即蒸气分子向液面凝结和液体分子从表面逃逸的速率相等，此时液面上的蒸气压力就是液体在此温度时的饱和蒸气压。液体的饱和蒸气压与温度有一定关系，温度升高，分子运动加快，因而单位时间内从液面逸出的分子数增多，饱和蒸气压增大。反之，温度降低时，则饱和蒸气压减小。当蒸气压与外界压力相等时，液体便沸腾，外压不同时，液体的沸点也不同。把外压为 101 325 Pa 时沸腾温度定为液体的正常沸点。液体的饱和蒸气压与温度的关系可用克劳修斯-克拉贝龙(Clausius-Clapey-ron)方程式来表示

$$\frac{d\ln p}{dT} = \frac{\Delta H_m}{RT^2} \tag{2.36}$$

式中　　T—— 热力学温度(K)；

　　　　P—— 液体在温度 T 时的饱和蒸气压(Pa)；

　　　　ΔH_m—— 液体摩尔汽化热(kJ·mol^{-1})；

　　　　R—— 气体常数(8.314 × 10^{-3} kJ·mol^{-1}·K^{-1})。

当温度在较小范围内变化时,可把 ΔH_m 视为常数,当做平均摩尔汽化热,将上式积分,得

$$\lg p = -\frac{\Delta H_m}{2.303RT} + A \qquad (2.37)$$

式中　A——积分常数,与压力 p 的单位有关。

由式(2.37)可知,在一定温度范围内,测定不同温度下的饱和蒸气压,以 $\lg p$ 对 $1/T$ 作图,可得一直线,而由直线的斜率可求出实验温度范围的液体平均摩尔汽化热 ΔH_m。

静态法测液体的饱和蒸气压是调节外压以平衡液体的蒸气压,求出外压就能直接得到该温度下的饱和蒸气压,其实验装置如图 2.25 所示(所有接口必须严格密封)。

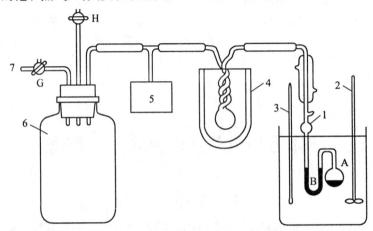

图 2.25　测定液体饱和蒸气压装置
1—等位计;2—搅拌器;3—温度计;4—冷阱;5—低真空测压仪;6—稳压瓶;
7—接真空泵;G、H—二通活塞

11.3　实验仪器与药品

恒温装置1套,真空泵及附件1套,气压计1台,等位计1支,数字式低真空测压仪1台。

异丙醇(A.R)。

11.4　实验步骤

1.装样

从等位计(图2.26)R处注入异丙醇液体,使A球中装有2/3的液体,U形B的双臂大部分有液体。

2.检漏

将装有液体的等位计按图2.25接好,打开冷却水,关闭活塞H、G(条件允许,也可用1个三通活塞来代替H和G的两个二通活塞,增加系统的封闭效果)。打开真空泵抽气系统,打开活塞G,从低真空测压仪上显示压差为 4 000 ~ 5 300 Pa(300 ~ 400 mmHg),关闭活塞G,注意观察压力测量

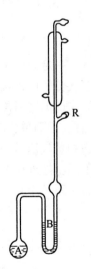

图 2.26　等位计结构

仪的数字的变化。如果系统漏气,则压力测量仪的显示数值逐渐变小,这时应分段认真检查,寻找出漏气部位,设法消除。

调节恒温槽至所需温度后,打开活塞 G 缓慢抽气,使 A 球中液体内溶解的空气和 A、B 空间内的空气通过 B 管中的液体排出。抽气若干分钟后,当气泡呈长柱状时,关闭活塞 G,停止抽真空,调节 H,使空气缓慢进入测量系统,以至 B 管中双臂液面等高,待压力稳定后从低真空测压仪上读取数据。用上述方法测定 6 个不同温度时异丙醇的蒸气压(每个温度间隔为 5 K)。在实验开始时,从气压计读取测定时的大气压。

11.5 实验注意事项

(1) 整个实验过程中,应将等位计 A 球液面上方的空气排净。
(2) 抽气的速率要合适,防止等位计内液体沸腾过剧,致使下管内液体被抽尽。
(3) 蒸气压与温度有关,故测定过程中恒温槽的温度波动最好控制在 ±0.1 K。
(4) 实验过程中需防止 B 管液体倒灌入 A 球内,带入空气,使实验数据偏大。

11.6 实验数据处理

(1) 自行设计实验数据记录表,以保证既能正确记录全套原始数据,又可填入演算结果。
(2) 计算蒸气压 p 时,$p = p' - E$。式中 p' 为室内大气压(由气压计读出后,加以校正),E 为压力测量仪上的读数。
(3) 以蒸气压 p 对温度 T 作图,在图上均匀选取 8 个点,并列出相应表格,绘制成 $\lg p - 1/T$ 图。
(4) 从直线 $\lg p - 1/T$ 上求出实验温度范围的平均摩尔汽化热及正常沸点。
(5) 以最小二乘法计算异丙醇饱和蒸气压和温度关系式($\lg p = -\dfrac{B}{T} + A$)中的 A、B 值。

11.7 思 考 题

(1) 本实验方法能否用于测定溶液的蒸气压,为什么?
(2) 温度愈高,测出的蒸气压误差愈大,为什么?

11.8 讨 论

(1) 测定蒸气压的方法除本实验介绍的静态法外,还有动态法、气体饱和法等。但静态法准确性较高。
(2) 动态法是利用测定液体沸点求出蒸气压与温度的关系,即利用改变外压测得不同的沸腾温度,从而得到不同温度下的蒸气压,对于沸点较低的液体,用此法测定蒸气压与温度关系是比较好的。实验装置如图 2.27 所示。

实验步骤:
测定时将待测液体倒入蒸馏瓶,并加入沸石少许。接通冷却水,打开活塞 A 用真空泵抽气,使体系压力减到大约 5.33×10^4 Pa,关闭活塞 A,停止抽气。加热液体至沸腾,直至温度恒定不变。记录沸点,室温大气压 p' 和 U 形压力计两臂水银面高度差 Δh(也可用低真空测压仪代替)。该温度下液体蒸气压为 $p = p' - \Delta h$。停止加热,慢慢打开活塞 A,增大体系压力约 4.0×10^4 Pa,再用上述方法测定沸点。以后体系每增加 4.0×10^3 Pa 压力,就测定一次沸点,直至体系内压力与大气压相等为止。

实验注意事项:

① 温度计的水银球浸在液体中,对温度计读数需作校正。

② U 形压力计读数需作温度校正,校正至 0℃ 的读数。

(3) 气体饱和法是利用一定体积的空气(或惰性气体)以缓慢的速率通过一个易挥发的欲测液体,空气被该液体蒸气饱和。分析混合气体中各组分的量以及总压,再按道尔顿分压定律求算混合气体中蒸气的分压,即是该液体的蒸气压。此法亦可测定固态易挥发物质如碘的蒸气压。它的缺点是通常不易达到真正的饱和状态,因此实验测量值偏低。故这种方法通常只用来求溶液蒸气压的相对降低。

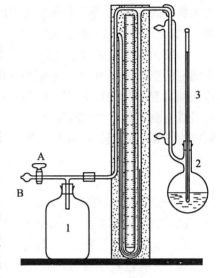

图 2.27　动态法蒸气压装置
1—缓冲瓶;2—圆底烧瓶;3—温度计;A—活塞

12　蔗糖水解反应速率常数的测定

12.1　实验目的

(1) 了解旋光仪的结构和测定旋光物质旋光本领①的原理,正确掌握旋光仪的使用方法。

(2) 测定蔗糖在 HCl 的催化作用下的反应速率常数,并计算活化能。

12.2　实验原理

蔗糖水溶液在有氢离子存在时,将产生水解反应

$$C_{12}H_{22}O_{11} + H_2O \xrightarrow{[H^+]} C_6H_{12}O_6 + C_6H_{12}O_6$$
$$\text{蔗糖} \qquad\qquad\qquad \text{葡萄糖} \quad \text{果糖}$$

此反应中,水解速率与氢离子浓度、蔗糖的浓度及水量有关。当氢离子的浓度一定时,因水量很大,在反应过程中变化不大,两者皆视为常数,所以反应视为一级反应,则

$$v = kc_{\text{蔗糖}} \quad \text{或} \quad k = \frac{2.303}{t}\lg\frac{c_0}{c_0 - x}$$

测定不同时间相应的蔗糖浓度,代入上式即可求出该条件下反应速率常数 k。

---

① 旋光度现改为旋光本领。

蔗糖浓度的测定是根据蔗糖的旋光性。因为蔗糖是右旋,水解后产生的葡萄糖也是右旋的,但果糖却是左旋的,而果糖的旋光强度大于葡萄糖,故水解进行中混合液的右旋光度逐渐变小,最后变为左旋,依据旋光度的线性及加合性,从而确定水解过程中蔗糖浓度的变化情况。

设 c_0 为蔗糖溶液的起始浓度,旋光度 β_0;

c_t 为 t 时刻蔗糖溶液浓度,旋光度 β_t。

$x = c_0 - c_t$,x 为 t 时刻蔗糖浓度的减少值,待反应完全后溶液的旋光度为 β_∞。当浓度减少 $x = c_0$ 时,旋光度改变 $\beta_0 - \beta_\infty$;$x = x$ 时,旋光度改变 $\beta_0 - \beta_t$,代入公式

$$k = \frac{2.303}{t}\lg\frac{c_0}{c_0 - x} = \frac{2.303}{t}\lg\frac{\beta_0 - \beta_\infty}{\beta_t - \beta_\infty} \tag{2.38}$$

或

$$t = \frac{2.303}{k}\lg\frac{\beta_0 - \beta_\infty}{\beta_t - \beta_\infty} \tag{2.39}$$

以 t 对 $\lg\frac{1}{\beta_t - \beta_\infty}$ 作图得直线,从直线的斜率可求反应速率常数。

12.3 实验仪器与药品

旋光仪 1 台,天平 1 台,恒温槽 1 套,烧杯(500、100 mL)各 1 个,秒表 1 块,锥形瓶(250 mL)3 个,试管(50 mL)10 只,容量瓶(250 mL)1 个,冰水冷却器 1 个,移液管(100、50、20、10、5 mL)各 1 支,温度计 1 支。

蔗糖,HCl(4 mol·L^{-1})溶液。

12.4 实验步骤

(1) 称 50 g 蔗糖溶于少量水中(不净则应过滤),稀释于 250 mL 容量瓶中,取 20 mL 溶液测蔗糖初始浓度的 β_0(如何测?)。

(2) 取 100 mL 蔗糖溶液于磨口锥形瓶中,连同另一装有 4 mol·L^{-1} HCl 的锥形瓶放入恒温槽中在 25 ℃ 恒温 10 min。

(3) 用 50 mL 移液管取 HCl 溶液注入蔗糖溶液中,当放入 HCl 的量为 25 mL 时,计时开始,作为反应开始时间,注完后将盖盖紧,摇混均匀。

(4) 分别在第 5、10、15、20、30、40 min 取反应液 20 mL,注入事先在冰水里冷却的试管中,当溶液放出 10 mL 时记为反应终止时间,然后分别测定其旋光度。

(5) 反应器中剩余液放在低于 60 ℃ 的水中加热 30 min 后,放入冰水中冷却,测旋光度 β_∞。

(6) 同法测 35 ℃ 时反应的有关数据。

12.5 实验数据处理

(1) 在同一张图上绘出不同温度下的时间 t 对 $\lg\frac{1}{\beta_t - \beta_\infty}$ 的图,由直线斜率求反应速

率常数。

(2) 根据公式 $k = \dfrac{2.303}{t} \lg \dfrac{\beta_0 - \beta_\infty}{\beta_t - \beta_\infty}$，求不同 t 时反应速率常数，求其平均值。

(3) 根据公式 $\lg \dfrac{k_2}{k_1} = \dfrac{E_a}{2.303R}\left(\dfrac{1}{T_1} - \dfrac{1}{T_2}\right)$ 计算反应活化能。

(4) 求不同温度时的反应半衰期。

12.6 思 考 题

(1) 旋光度 β_t 与哪些因素有关？实验中如何控制？

(2) 温度不严格控制行不行？为什么？取反应液时为什么要迅速注入事先冰冷的试管中？

(3) 实验中反应开始与终止时间如何记录？为什么如此记录？

12.7 讨 论

(1) 蔗糖在纯水中水解反应速率较慢，但在催化剂作用下反应会迅速加快，且水解反应速率与催化剂的种类及其浓度都有关。本实验采用"H^+"作催化剂，也可用糖化酶作催化剂，其蔗糖的催化反应速率是"H^+"的几十倍。

(2) 由范特霍夫公式可知，温度对测定反应速率常数的影响较大，所以要减少实验误差，必须严格控制反应温度。测 β_∞ 时，需将反应液在60℃下恒温，但需要控制好温度，不能高于60℃，否则会产生副反应，使反应液变黄。因为蔗糖是由葡萄糖的苷羟基与果糖的苷羟基之间缩合而成的二糖，在 H^+ 离子催化下，除了苷键断裂转化、反应外，高温还会发生脱水反应，从而影响反应的测试结果。

13 乙酸乙酯皂化反应速率常数的测定

13.1 实 验 目 的

(1) 掌握电导法测定化学反应速率常数的方法。
(2) 了解二级反应的特点，学会用图解法求二级反应的速率常数及其活化能。
(3) 熟悉电导率仪的使用。

13.2 实 验 原 理

乙酸乙酯的皂化反应是二级反应，其反应式为

$$CH_3COOC_2H_5 + OH^- \longrightarrow CH_3COO^- + C_2H_5OH$$

设在时间 t 时生成物的浓度为 x，则该反应的动力学方程式为

$$\dfrac{\mathrm{d}x}{\mathrm{d}t} = k(a-x)(b-x) \tag{2.40}$$

式中　　a、b——乙酸乙酯和碱(NaOH)的起始浓度；

　　　　k——反应速率常数，若 $a = b$，则上式变为

$$\frac{dx}{dt} = k(a-x)^2 \tag{2.41}$$

积分,得

$$k = \frac{1}{t} \cdot \frac{x}{a(a-x)} \tag{2.42}$$

由实验测得不同 t 时的 x 值,则可依上式计算出不同 t 时的 k 值。如果 k 值为常数,则可证明反应是二级的。通常是用 $\frac{x}{a-x}$ - t 作图,若为一直线,也说明是二级反应,并可以从直线的斜率求出 k 值。

不同时间下生成物的浓度可用化学分析法测定(如分析反应液中 OH^- 的浓度),也可用物理法测定(如测量电导),本实验即用电导法测定。其根据是:

(1) 溶液中 OH^- 离子的电导率比 CH_3COO^- 的电导率大得多,因此在反应进行过程中,电导率大的 OH^- 逐渐为电导率小的 CH_3COO^- 所取代,溶液的电导率也就随着下降。

(2) 在稀溶液中,每种强电解质的电导率与其浓度成正比,而且溶液的总电导率就等于组成溶液的电解质的电导率之和。

根据以上两点,乙酸乙酯皂化反应的生成物和反应物只有 NaOH 和 NaAc 是强电解质。如果在稀溶液下反应,则

$$L_0 = A_1 a \quad L_\infty = A_2 a \quad L_t = A_1(a-x) + A_2 x$$

式中 A_1、A_2—— 与温度、溶剂、电解质(NaOH 及 NaAc)的性质有关的比例常数;

L_0、L_∞—— 反应开始和终了时溶液的总电导率(此时只有一种电解质);

L_t—— 时间 t 时溶液的总电导率。

由以上三式可得

$$x = \left(\frac{L_0 - L_t}{L_0 - L_\infty}\right) a \tag{2.43}$$

若乙酸乙酯与 NaOH 的起始浓度相等,将式(2.43)代入式(2.42),得到

$$k = \frac{1}{at} \cdot \frac{L_0 - L_t}{L_t - L_\infty} \tag{2.44}$$

由实验测得 L_0、L_∞ 和 t 时的 L_t 可计算速率常数 k;也可以将式(2.44)变换成不同的直线化方程作图(表 2.7),由直线的斜率即可求得 k 值。

反应速度常数 k 与温度 T 的关系一般符合阿累尼乌斯方程,即

$$\frac{d\ln k}{dT} = \frac{E_a}{RT^2} \tag{2.45}$$

积分得

$$\ln k = -\frac{E_a}{RT} + c \tag{2.46}$$

式中 c—— 积分常数;

E_a—— 反应的表观活化能。

显然在不同的温度下测定速率常数 k,以 $\ln k$ 对 $1/T$ 作图,应得一直线,由直线的斜率可算出 E_a 值;也可以测定两个温度的速率常数,再用式(2.47)计算 E_a,即

$$\ln\frac{k_2}{k_1} = -\frac{E_a}{R}\left(\frac{1}{T_2} - \frac{1}{T_1}\right) \tag{2.47}$$

表 2.7 几种直线化方程及作图变量

序号	直线化方程	作图变量 Y	作图变量 X	斜率 (A)	截距 (B)	测量参数
1	$L_t = \frac{1}{ak} \cdot \frac{L_0 - L_t}{t} + L_\infty$	L_t	$\frac{L_0 - L_t}{t}$	$\frac{1}{ak}$	L_∞	L_0, L_t, t
2	$\frac{L_0 - L_t}{L_t - L_\infty} = akt$	$\frac{L_0 - L_t}{L_t - L_\infty}$	t	ak	0	L_0, L_∞, L_t
3	$\frac{1}{L_t - L_\infty} = ak\frac{t}{L_0 - L_\infty} + \frac{1}{L_0 - L_\infty}$	$\frac{1}{L_t - L_\infty}$	$\frac{t}{L_0 - L_\infty}$	ak	$\frac{1}{L_0 - L_\infty}$	L_∞, L_t, t
4	$L_t = -ak(L_t - L_\infty)t + L_0$	L_t	$(L_t - L_\infty)t$	$-ak$	L_0	L_∞, L_t, t
5	$\frac{1}{L_0 - L_t} = \frac{1}{ak(L_0 - L_\infty)t} + \frac{1}{L_0 - L_\infty}$	$\frac{1}{L_0 - L_t}$	$\frac{1}{t}$	$\frac{1}{ak} \times \frac{1}{L_0 - L_\infty}$	$\frac{1}{L_0 - L_\infty}$	L_0, L_t, t

13.3 实验仪器与药品

DDS - 11A 型电导率仪 1 台(附 DJS - 1 型铂黑电导电极),计算机、打印机、恒温装置 1 套,微量进样器(100 μL)1 支,移液管(10 mL)3 支,叉形电导池 2 个,大试管 2 个,容量瓶 (50 mL)1 个,洗耳球 1 个,烧杯(250 mL)3 个,移液管架 1 个,橡皮塞 2 个,小滴管 1 支。

$CH_3COOC_2H_5$(M = 88.1, ρ = 0.899 8 ~ 0.900 6,纯度 99.5%),NaOH(0.020 0 mol·L^{-1});NaAc(0.010 0 mol·L^{-1})。

13.4 实验步骤

1. 恒温槽调节及溶液的配制

调节恒温槽温度为 25℃,用微量进样器配制 0.020 0 mol·L^{-1} $CH_3COOC_2H_5$ 溶液 50 mL。将叉形电导池及两个大试管洗净烘干放入恒温槽中,在一大试管中加入 10 mL 0.020 0 mol·L^{-1} NaOH 溶液与同体积蒸馏水混合均匀,待测;另一大试管中加入 20 mL 0.010 0 mol·L^{-1} NaAc 溶液,恒温;在叉形电导池的直管中加入 10 mL 0.020 0 mol·L^{-1} $CH_3COOC_2H_5$,在支管中小心加入 10 mL 0.020 0 mol·L^{-1} NaOH,用橡皮塞盖好恒温。(以上溶液都要用橡皮塞盖好,为什么?)

2. L_0 的测量

参看第三篇 4.1,熟悉电导率仪的使用方法。接好线路,将"校正"-"测量"开关扳向"校正"位置,打开电源开关,指示灯亮,预热 3 min,待指针稳定后调节"调正"旋钮使电表满刻度,将高、低开关扳到"高",将"常数"旋钮旋至电极常数值对应位置上,"量程"开关放在"×10^3"红点挡,将电极插入电导池插口内,旋紧插口螺丝,再将电极小心浸入大试管的测 L_0 溶液中,再次调节"调正"旋钮,使电表满刻度,将校正-测量开关扳向"测量",此时表盘上(0~3.0)的读数乘以"10^3"即为 0.01 mol·L^{-1}NaOH 溶液的电导率 L_0。

本实验不需读电导率值,而是由"输出"插口引出,数据直接通过 A/D 转换,由计算机程序控制绘制出 $\frac{L_0 - L_t}{L_t - L_\infty} - t$ 的图(也可用台式记录仪测出反应过程中 L_t 的变化情况,手工绘制此图)。L_0 测量完毕,将电导电极取出冲洗干净,用滤纸吸干后放入下一支待测试管中,将 NaOH 溶液用橡皮塞盖好,待 35℃时用。

3. L_∞ 的测量

将电导电极冲洗干净,吸干后放入装有 0.010 0 mol·L^{-1}NaAc 溶液的大试管中,恒温几分钟,开始测试,计算机上显出 L_∞ 的具体数值(如用台式记录仪,当经过 5~10 min 画出一条水平线时,停止测试),取出电导电极,将橡皮塞盖好,留等 35℃再用。

4. L_t 的测量

将电导电极插入叉形电导池中恒温 10 min 后将侧支管中溶液全部倒入直管中,将叉形管中溶液在二支管中往返几次使溶液混合均匀,同时开始测量 L_t,40 min 后计算机自动停止实验。

将电极冲洗干净,吸干,放入装有 0.010 0 mol·L^{-1}NaOH 大试管中,将叉形管中废液倒掉洗干净,烘干待用,取干燥过的叉形电导池,同 2、3、4 步骤,加入 0.020 0 mol·$L^{-1}CH_3COOC_2H_5$ 和 0.020 0 mol·L^{-1}NaOH 溶液,盖好,调节恒温槽至 35℃,测 L_0、L_t、L_∞。

实验结束后,关闭电源,取出电导电极,用蒸馏水冲洗干净,放入蒸馏水中。将叉形电导池及 0.010 0 mol·L^{-1}NaOH 大试管的溶液倒掉,洗净放到气流烘干机上烘干备用。

13.5 实验数据处理

(1) 通过计算机截取反应平稳的 40 min 区间作图,求出反应速率常数 k。
(2) 通过 25℃、35℃的 k 值求反应的活化能。

13.6 思考题

(1) 为何本实验要在恒温下进行?而且 NaOH 和 $CH_3COOC_2H_5$ 溶液混合前要预先恒温?
(2) 各溶液在恒温及其他操作时为什么要盖好?
(3) 如何从实验结果验证乙酸乙酯皂化反应为二级反应?

(4) 在保证电导与离子浓度成正比的前提下，NaOH 与乙酸乙酯浓度高些好还是低些好？

13.7 仪器操作参考

(1) 输入"班号、姓名"。
(2) 选择两个组分的"实验温度"。
以上信息将出现在打印结果中，必须在开始实验前填写和选择。
(3) 执行"开始实验"命令，等待实验自动结束，或者适时手动"结束实验"。
(4) 对实验结果进行处理。
① 选择计算区间。在电导率曲线的视图中，单击鼠标左键确定计算区间的一个边界，移动鼠标到另一边界处，再次单击鼠标，将出现一蓝色区域，该区域就是直线化方程的计算区间。单击鼠标右键可以取消选取计算区间。
② 打印 k 线图。选定打印区间台，加装 B5 打印纸，将打印机的分配器转换到所操作计算机，然后执行"打印 k 线图"命令，等待打印完毕。
③ 保存文件，执行"文件→保存文件"命令，将保存所测试的实验结果。

14　H_2O_2 分解反应(一级反应)速率常数的测定

14.1 实 验 目 的

(1) 用静态法测定 H_2O_2 分解反应的速率常数和半衰期。
(2) 了解浓度、温度和催化剂等因素对一级反应速率常数的影响。
(3) 学会用图解法计算反应的速度常数。

14.2 实 验 原 理

反应速率只与反应物浓度的一次方成正比的反应为一级反应。过氧化氢是很不稳定的化合物，在没有催化剂作用时也能分解，特别是在中性或碱性水溶液中，但分解速率很慢。当加入催化剂时能促使过氧化氢较快分解，分解反应为

$$H_2O_2 \longrightarrow H_2O + \frac{1}{2}O_2 \uparrow \tag{2.48}$$

在介质和催化剂种类、浓度(或质量)固定时，反应为一级反应，其速率方程为

$$-\frac{dc}{dt} = kc$$

积分，得

$$\ln \frac{c}{c_0} = -kt \tag{2.49}$$

式中　c_0——过氧化氢的初始浓度；
　　　c——t 时刻 H_2O_2 的浓度；
　　　k——反应的速率常数。

反应的半衰期为

$$t_{1/2} = \frac{\ln 2}{k} \tag{2.50}$$

在 H_2O_2 催化分解过程中，t 时刻 H_2O_2 的浓度变化可以通过测量在相应时间内分解放出的氧气的体积得出。因为分解过程中，反应放出氧气的体积在恒温恒压下正比于分解了的过氧化氢的物质的量。若以 V_∞ 表示过氧化氢全部分解时放出氧气的体积，V_t 表示过氧化氢在 t 时刻分解放出氧气的体积，则

$$c_0 \propto V_\infty \qquad c \propto (V_\infty - V_t)$$

$$\ln \frac{V_\infty - V_t}{V_\infty} = -kt \tag{2.51}$$

V_∞ 可用下列两种方法求得：

(1) 加热法。在测量若干个 V_t 的数据后，将 H_2O_2 溶液加热至 50～55℃，保持约 15 min，即可认为 H_2O_2 已基本分解完全，待冷却至室温后，记下量气管的读数，即为 V_∞。

(2) 外推法。以 $V_t - y_t$ 作图。将直线部分外推至 $\frac{1}{t} = 0$ 处，其截距即为 V_∞。

测量一系列不同时刻的 V_t 及 V_∞，根据式(2.51)可知，以 $\ln(V_\infty - V_t)$ 对 t 作图，由直线斜率可求得反应的表观速率常数 k。

根据阿仑尼乌斯方程，在测得两个以上 k 值时，可计算反应的活化能 E_∞。

在水溶液中能加快过氧化氢分解反应速率的催化剂有很多种，如 KI、Pt、Ag、MnO_2、$FeCl_3$ 等。本实验采用碘化钾为催化剂，在室温条件下测定过氧化氢分解反应的速率常数和半衰期。根据图 2.20，H_2O_2 分解放出的氧气压低量气管的液面，在不同的时刻调节水准瓶液面，使其与量气管的液面相平，同时记录时间和量气管的示值，即得每个时刻放出氧气的体积。

14.3 实验仪器与药品

电磁搅拌器 1 台，锥形瓶(250 mL)1 个，量气管，水位瓶，大烧杯(1 000 mL)1 个，橡皮塞，温度计 1 支，移液管(50 mL)各 1 支。

H_2O_2 溶液(质量分数为 30%)，KI(0.1 mol·L^{-1})溶液。

14.4 实验步骤

实验装置如图 2.28 所示。

(1) 用吸液管量取 1.00 mL 质量分数为 30% 的 H_2O_2 溶液，放入 100 mL 容量瓶中，加蒸馏水稀释至刻度，配制成质量分数为 0.3% 的 H_2O_2 溶液。

(2) 用移液管吸取新配制的质量分数为 0.3% 的 H_2O_2 溶液 50.00 mL，放入 250 mL 锥形瓶中，并放入一个磁子，塞好瓶塞。

(3) 试漏。旋转三通活塞 4，使系统与外界相通，举高水准瓶，使液体充满量气管。然后旋转三通活塞 4，使系统与外界隔绝，降低水准瓶，使量气管与水准瓶水位相差 10 cm 左右，若保持 3 min 不变，即表示不漏气；否则应找出系统漏气原因，并设法排除之。然后让

系统通大气,调节水准瓶,使量气管和水准瓶的水位相平并处于上端刻度为零处。

(4) 加入 $0.1\ mol\cdot L^{-1}$ KI 溶液 10 mL,迅速将塞塞紧。打开电磁搅拌器(不能打开加热开关),同时记录反应起始时间,旋转三通活塞,使系统与大气隔绝,每隔 1 min 读取量气管读数 1 次,共读 18~20 组数据。

(5) 将锥形瓶加热至 50~55℃,保持 15~20 min,再冷却至室温后,读取量气管读数,即为 V_∞。

14.5 实验数据处理

(1) 列出 t、$\dfrac{1}{t}$、V_t、$(V_t - r_t)$ 数据表。

(2) 以 $V_t - \dfrac{1}{t}$ 作图,将直线段外推至 $\dfrac{1}{t} = 0$ 处,其截距为 V_∞,并将其与加热法求得的 V_∞ 进行比较、讨论。

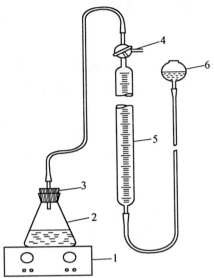

图 2.28　过氧化氢分解速率测定装置
1—电磁搅拌器;2—锥形瓶;3—橡皮塞;
4—三通活塞;5—量气管;6—水准瓶

(3) 以 $\ln(V_\infty - V_t) - t$ 作图,求出直线斜率。
(4) 计算 H_2O_2 分解反应的速率常数 k 和半衰期 $t_{1/2}$ ($t_{1/2} = 0.653/k$)。

14.6 思　考　题

(1) 读取 O_2 体积时,量气管及水准瓶中水面处于同一水平位置的作用何在?
(2) 反应过程中为什么要匀速搅拌?搅拌速率对测定结果会产生怎样的影响?
(3) H_2O_2 和 KI 溶液的初始浓度对实验结果是否有影响?应根据什么条件选择它们?

14.7 讨　论

在实验中 V_∞ 也可用化学分析法测定。先在酸性溶液中用标准 $KMnO_4$ 溶液滴定法求出过氧化氢的起始浓度。反应为

$$2MnO_4^- + 6H^+ + 5H_2O_2 = 2Mn^{2+} + 5O_2\uparrow + 8H_2O$$

过氧化氢的物质的量浓度可由下式求得

$$c(H_2O_2) = \frac{5c(MnO_4^-)\,V(MnO_4^-)}{2V(H_2O_2)}$$

式中　$V(H_2O_2)$——滴定时取样体积(mL);

$V(MnO_4^-)$——滴定用的 $KMnO_4$ 溶液体积(mL)。

由 H_2O_2 分解反应的化学计量式(2.37)可知,1 mol H_2O_2 分解能放出 $\dfrac{1}{2}$ mol O_2,根据理想气体状态方程可以计算出 V_∞(mL)。

$$V_\infty = \frac{5c(MnO_4^-) \cdot V(MnO_4^-)}{4V(H_2O_2)}\,V'(H_2O_2)\frac{RT}{p}$$

式中　$V'(H_2O_2)$——分解反应所用 H_2O_2 溶液的体积(mL)；
　　　p——氧的分压，即大气压减去实验温度下水的饱和蒸气压(kPa)；
　　　T——实验温度(K)；
　　　R——气体常数。

15　甲醇分解催化剂活性的测定

15.1　实验目的

(1) 测定氧化锌催化剂对甲醇分解反应的催化活性。
(2) 了解用流动法测定催化剂活性的特点和实验方法。
(3) 掌握流速计、流量计、稳压管等的使用。

15.2　实验原理

催化剂的活性是衡量催化剂催化能力的重要指标之一，通常用单位质量或单位体积催化剂对反应物的转化百分率来表示。

测定催化剂活性的实验方法分为静态法和流动法两类。静态法是反应物和催化剂放入一封闭容器中，测量体系的组成与反应时间关系的实验方法。流动法是使流态反应物不断稳定地经过反应器，在反应器中发生催化反应，离开反应器后反应停止，然后设法分析产物种类及数量的一种实验方法。

在工业连续生产中，使用的装置与条件和流动法比较类似。因此在探讨反应速率、研究反应机理的动力学实验及催化活性测定的实验中，流动法使用较广。一般认为，流动法的关键是要产生和控制稳定的流态。如流态不稳定，则实验结果不具有任何意义。流动法的另一个关键是要在整个实验时间内控制整个反应系统各部分实验条件(温度、压力等)稳定不变。

流动法按催化剂是否流动，又可分为固定床和流化床，而按流动的流态情况，又可分为气相和液相，常压和高压。

甲醇可由 CO 和 H_2 作原料合成，反应式为

$$CO + 2H_2 \rightleftharpoons CH_3OH$$

该反应是可逆反应，反应速率很慢，关键是要找到优良的催化剂，但按正向反应进行实验需要在高压下进行，而且还有生成 CH_4 等的副反应，对实验不利。按催化剂的特点，凡是对正向反应优良的催化剂，对逆向反应也同样是优良的催化剂，而甲醇的分解反应可在常压下进行，因此在选择催化剂的(活性)实验中往往利用甲醇的催化分解反应

$$CH_3OH(g) \xrightarrow[300℃ \sim 400℃]{ZnO 催化剂} CO(g) + 2H_2(g)$$

由于反应物和产物可经冷凝而分离，因此只要测量流动气体经过催化剂后体积的增加，便可求算出催化活性。

表示催化剂活性的方法很多，本实验是用单位质量 ZnO 催化剂在一定的实验条件下

使 100 g 甲醇中所分解掉的甲醇克数来表示。

15.3 实验仪器与药品

氮气钢瓶,稳压管,毛细管流速计,干燥管,杜瓦瓶,湿式流量计。
ZnO 催化剂(颗粒 1.5 mm),甲醇(分析纯),KOH(化学纯),食盐。

15.4 实验步骤

(1) 按图 2.29 所示连接仪器,并做好下列准备工作:

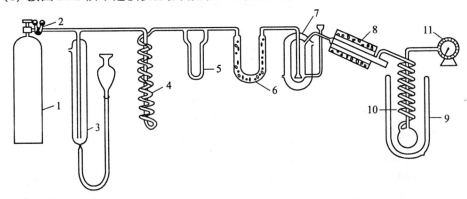

图 2.29　实验装置简图
1—氮气钢瓶;2—减压阀;3—稳压管;4—缓冲管;5—毛细管流速计;6—干燥管;
7—液体挥发器;8—反应器;9—杜瓦瓶;10—捕集器;11—湿式流量计

① 用量筒向各液体挥发器(本实验中为保证甲醇蒸气饱和,共串联三个液体挥发器)内加入甲醇至容积的 2/3。

② 向杜瓦瓶内加食盐和碎冰作为冷却剂。

③ 调节超级恒温槽温度到 40℃±0.1℃,打开循环水的出口,使恒温水沿挥发器夹套进行循环。

④ 调节湿式气体流量计至水平位置。

(2) 检查整个系统有无漏气。其方法为:小心开启氮气钢瓶的减压阀,使小股 N_2 气流通过系统(毛细管流速计上出现压力差),再把湿式气体流量计和捕集器间的导管闭死,若毛细管流速计上的压力差逐渐变小直至为零,则表示系统不漏气,否则要分段检查,直至无漏气为止。

(3) 检漏后,缓缓开启氮气钢瓶的减压阀,调节稳压管内液面的高度,并使气泡不断地从支管经石蜡油逸出,其速率约为每秒 1 个气泡(这时稳压管才起到稳压作用)。根据已校正的毛细管流速计校正曲线,使 N_2 流速率稳定为每分钟 50 mL 和 70 mL,准确读下这时毛细管流速计上的压力差读数,作为下面测量时判断流速是否稳定为某数值的依据。每次测定过程中,自始至终都需要保持 N_2 流速的稳定,这是本实验成败的关键。

(4) 测定。

① 空白曲线的测定。通电加热并调节电炉温度为(573±2)K,在反应管中不放催化

剂，调节 N_2 气流为 50 mL·min^{-1}，稳定后，每 5 min 读湿式气体流量计一次，共计 40 min，以流量读数 v_{N_2} 对时间 t min 作图，得到图 2.30 上的直线 I。

② 样品活性的测定。称取存放在真空干燥器内、粒度为 1.5 mm 左右、经 573 K 焙烧的 ZnO 催化剂约 2 g 装入反应管内，在管两端填放玻璃布，催化剂放在其中。装催化剂时应沿壁轻轻倒入，并把反应管加以转动和震动以装匀，但不宜重震，以免催化剂破碎而阻塞气流，装好后记下催化剂层在反应管内的位置，在插入到电炉中时，催化剂层应在电炉的等温区内。然后接好管道并检漏，打开电炉电源并调节电炉温度到 (573±2) K，调节 N_2 的流速，使

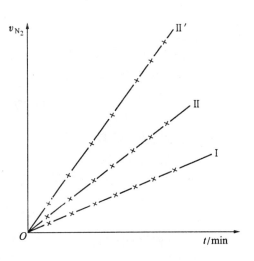

图 2.30 流量和时间关系图

与空白试验 (50 mL·min^{-1}) 时相同 (由毛细管流速计的压力差来指示)，同样每隔 5 min 读一次湿式气体流量计，共 40 min，其 v_{N_2}-t 的直线即线 II。在相同的温度下，再测定 N_2 流速为 70 mL·min^{-1} 的另一条 v_{N_2}-t 直线 II′。

同样方法，在 N_2 流速为 50 mL·min^{-1} 和 70 mL·min^{-1} 的条件下，对经 773 K 焙烧的 ZnO 催化剂进行活性测定。

实验结束后应切断电源后，关掉 N_2 钢瓶，并把减压阀内余气放掉。

15.5 实验注意事项

(1) 保证系统不漏气。

(2) 在实验过程中需保持 N_2 流速的稳定。

(3) 在对比催化剂经不同温度焙烧与不同 N_2 流速的活性时，实验条件 (如装样，催化剂在电炉内的位置等) 需尽量相同。

(4) 在通入 N_2 前，不要打开干燥管上通向液体挥发器的活塞，以防甲醇蒸气或甲醇液体流至装有 KOH 的干燥管，堵塞通路。

(5) 在实验前需检查湿式流量计的水平和水位，并预先运转数圈，使水与气体饱和后方可进行计量。

(6) 实验结束后，需用夹子切断挥发器与反应管和干燥管通道，以免炉温下降时甲醇被倒吸入反应管内。

15.6 实验数据处理

(1) 对比空白和加有催化剂的流量 V_{N_2}-t 曲线，算出在不同 N_2 气流速下，不同焙烧温度的催化剂反应后各增加的 H_2 和 CO 的总体积，并进而算出因反应而分解掉的各甲醇量 (g)。

(2) 由甲醇蒸气压和温度的关系算出在 313 K 时 40 min 内,不同 N_2 流速下通入管内的各甲醇量(g)。

(3) 比较不同 N_2 流速和不同焙烧温度下催化剂的活性(以 1 g 催化剂使 100 g 甲醇中分解掉的甲醇克数表示)。

15.7 思 考 题

(1) 毛细管流速计和湿式流量计两者有何不同?
(2) 流动法测定催化剂活性的特点是什么?
(3) 欲得较低的温度,氯化钠和冰应以怎样的比例混合?

15.8 讨 论

(1) ZnO 催化剂的制备。催化剂的活性因其制备方法的不同而不同。现用的催化剂的制备方法是:取 80 g ZnO(A.R.)加 20 g 高岭土(作粘结剂)和约 50 mL 蒸馏水研压混合使其均匀、成型、弄碎、过筛、取粒度约 1.5 mm(12~14 目)的筛分,在 383.2 K 烘箱内烘 2~3 h,分成两份,分别放入 573 K 和 773 K 的马福炉中焙烧 2 h,取出放入真空干燥器内备用。

(2) 稳定的加料速率,对于挥发性的液体常可采用液体挥发器来实现。其原理是当流速为 v_1 的载气(如 N_2)流经挥发性液体(如甲醇),就被该挥发性的蒸气所饱和。由于液体的挥发,使气流速率由 v_1 增加至 v_2(此即挥发器出口的流速),这一流速的增值($\Delta v = v_2 - v_1$)和 v_2 之比在数值上等于挥发性液体蒸气在载气中所占的分数

$$\frac{\Delta v}{v_2} = \frac{p_S}{p_A}$$

式中 p_A —— 大气压;

p_S —— 实验温度下挥发性液体的蒸气压。

因此只要控制适宜的温度和载气流速,就可以得到稳定的加料速率。

16 丙酮碘化反应

16.1 实 验 目 的

(1) 了解并掌握孤立法确定反应级数的方法。
(2) 采用分光光度法测定酸催化作用下丙酮碘化反应对各组分的分级数。
(3) 采用分光光度法测定酸催化作用下丙酮碘化反应的速率系数和表观活化能。
(4) 通过本实验加深对复合反应特征的理解。

16.2 实 验 原 理

大多数的化学反应并不是简单反应,而是由若干个基元反应所组成的复杂反应,这类复杂反应的反应速率和反应物活度之间的关系通常不能用质量作用定律表示,因此用实

验方法测定反应速率与反应物或产物浓度的关系,即测定反应对各组分的分级数,从而得到复杂反应的速率方程,并以此为基础,推测反应机理、提出反应模式,乃是研究反应动力学的重要内容。

孤立法是动力学研究中常用的一种方法。设计一系列溶液,其中只有某一物质的浓度不同,而其他物质的浓度均相同,借此求得反应对该物质的级数,用同样的方法亦可得到反应对其他各种作用物的级数,从而确定速率方程。本实验通过丙酮碘化反应说明如何应用孤立法确定复杂反应的级数。

丙酮碘化反应为复杂反应,其反应方程式为

$$H_3C-\underset{\underset{O}{\|}}{C}-CH_3 + I_3^- \xrightarrow{H^+} H_3C-\underset{\underset{O}{\|}}{C}-CH_2I + 2I^- \ H^+$$

反应中 H^+ 作为催化剂,同时反应自身也会生成 H^+,因此该反应是一个自催化反应。实验证明该反应为复杂反应,其步骤为

① $CH_3COCH_3 + H^+ \longrightarrow CH_3COH = CH_2$

② $CH_3COH = CH_2 + I_2 \longrightarrow CH_3COCH_2I + H^+ + I^-$

反应 ① 产生丙烯醇,反应进行时需要一定的时间,然后碘与丙烯醇反应生成碘化丙酮;反应 ② 为快速反应并能进行到底,因此丙酮碘化反应速率是由丙酮烯醇化的速率来决定。总反应的速率方程为

$$r = \frac{-dc(A)}{dt} = \frac{-dc(I_3^-)}{dt} = \frac{dc(E)}{dt} = kc^a(A)c^b(I_3^-)c^c(H^+) \qquad (2.52)$$

式中 r——反应速率;

k—— 速率常数;

$c(A)$、$c(I_3^-)$、$c(H^+)$、$c(E)$—— 丙酮、碘、氢离子、碘化丙酮的浓度($mol \cdot L^{-1}$);

a、b、c—— 反应对丙酮、碘、氢离子的分级数。

大量实验表明,当酸的浓度不是很高时,丙酮碘化反应对碘是零级,即 $b = 0$,但与溶液中丙酮和氢离子浓度密切相关。若反应中丙酮和酸大大过量,而所用的碘量很少,则当少量的碘消耗后,反应物丙酮和酸的浓度仍基本保持不变。故此

$$r = \frac{-dc(A)}{dt} = \frac{-dc(I_3^-)}{dt} = \frac{dc(E)}{dt} = kc^a(A) \quad c^c(H^+) = 常数 \qquad (2.53)$$

将 $c(I_3^-)$ 对 t 作图,应为一直线,其斜率即为反应速率 r。

要测定反应的分级数,例如 a,至少需要进行两次实验,在两次实验中,丙酮的初始浓度不同,但 H^+ 和 I_3^- 的浓度相同,若用式(2.52)和式(2.53)分别表示两次实验,则根据式(2.54)可计算丙酮碘化反应对丙酮的分级数 a。

$$\frac{r_1}{r_2} = \frac{kc_B^b c_{A_1}^a}{kc_B^b c_{A_2}^a} = \frac{c_{A_2}^a}{c_{A_1}^a} \qquad (2.54)$$

根据 r_1、r_2 以及 c_{A_1}、c_{A_2},可计算丙酮碘化反应对丙酮的分级数 a。用同样的方法可求得盐酸的分级数 c。

因为碘溶液在可见光区有宽的吸收带,而在此吸收带中,盐酸、丙酮、碘化丙酮和碘化

钾溶液均没有明显的吸收,所以可以采用分光光度法直接测量碘浓度的变化来跟踪反应进程。

根据朗伯－比尔定律

$$A = -\lg T = eLc_{I_2} \tag{2.55}$$

式中　　e——吸光系数;

　　　　L——样品池光径长度。

eL 可通过测定已知浓度的碘溶液的吸光度 A 代入式(2.55)中求得。当 c_A、c_{H^+} 已知时,只要测出不同时刻反应物的吸光度 A,作 $A-t$ 图,根据式(2.53)由直线的斜率可求出丙酮碘化反应速率常数 k 值。

测定两个以上不同温度下的速率常数,根据阿仑尼乌斯公式可计算丙酮碘化反应的表观活化能 E_a 值。

$$\ln\left(\frac{k_2}{k_1}\right) = \frac{E_a}{R}\left(\frac{1}{T_1} - \frac{1}{T_2}\right) \tag{2.56}$$

16.3　实验仪器与药品

722型分光光度计1台,超级恒温槽1台,带有恒温夹层的比色皿(2 cm),秒表1只,比色管,容量瓶(25 mL),移液管(5 mL,刻度),烧杯(50 mL),碘量瓶(100 mL)。

碘溶液(0.050 mol·L^{-1}、$0.005\,0$ mol·L^{-1})。用分析纯的碘和蒸馏水配置所需浓度的碘溶液,由于碘在水中溶解度很小,需加入等物质的量的碘化钾。即碘溶于等物质的量的碘化钾溶液中配置碘溶液。

标准盐酸溶液(2.00 mol·L^{-1})。以浓盐酸配置,并经 $Na_2B_4O_7·10H_2O$ 标定。

丙酮溶液(2.00 mol·L^{-1})。用分析纯丙酮在实验前用称重方法配制丙酮溶液,也可用实验室当时温度下的密度,量体积方法配制。丙酮的密度为

$$d = 0.812\,48 - 1.100 \times 10^{-3}\,t - 8.58 \times 10^{-7}\,t^2$$

16.4　实验步骤

(1) 开启恒温水浴,控制温度为25℃,并将恒温槽的恒温水通入分光光度计的比色水套中,10 min 待温度稳定后方可开始测量。

(2) 在恒温比色皿中分别注入 0.005 mol·L^{-1} 碘溶液和蒸馏水,用蒸馏水做空白调节吸光度零点,在波长 520 nm 处测定吸光度 3 次,取其平均值,根据 $eL = A/c_{I_2}$ 计算仪器的 eL 值。

(3) 酸催化作用下丙酮碘化反应对丙酮、氢离子的分级数的测定。将已在上述恒温槽中恒温好的碘($0.020\,0$ mol·L^{-1})、丙酮($2.500\,0$ mol·L^{-1})、盐酸备用液($2.000\,0$ mol·L^{-1})和蒸馏水按表2.8在 50 mL 的容量瓶中依次配制成不同配比的溶液。

用移液管先取丙酮和盐酸放入 50 mL 的容量瓶中,再放入碘备用液,然后用已恒温好的蒸馏水稀释至刻度(配制溶液过程中动作要迅速),将容量瓶中反应液摇匀后迅速倒入已恒温好的 2 cm 比色皿中(比色皿需用待测溶液荡洗 3 次),用蒸馏水做空白调节吸光度

零点和100%透光度后,开启秒表,每隔1 min测定反应体系的吸光度值,直至读取10～15个数据为止。

表2.8　不同配比的碘化酮反应体系

编号	碘备用液 V/mL	丙酮用液 V/mL	盐酸用液 V/mL
1	10	10	10
2	10	5	10
3	10	10	5
4	10	10	10

(4) 丙酮碘化反应速率系数与表观活化能的测定。将超级恒温槽调制35℃,重复第四号反应液进行测定。分别将25℃、35℃下测得的反应液的吸光度值 A 对 t 作图,求出丙酮碘化反应在25℃、35℃下的速率常数 k 值。根据 $\ln(k_2/k_1) = E_a/R(1/T_1 - 1/T_2)$,求丙酮碘化反应的表观活化能。

16.5　实验数据处理

将数据填入表2.9中。

表2.9　eL 的测量数据(0.005 mol·L^{-1} 碘溶液、25℃)

测量次数	1	2	3	平均值	eL 值
吸光度 A					

根据 $eL = A/c_{I_2}$ 计算仪器的 eL 值。

(1) 丙酮碘化反应分级数的测定。分别将测得的不同反应体系的吸光度数值 A 对 t 作图,从直线的斜率可得不同体系的反应速率,根据式(2.56)可计算丙酮碘化反应对丙酮和盐酸的分级数,将数据填入表2.10中。

表2.10　丙酮碘化反应分级数测定数据

编号	碘溶液 V/mL	丙酮溶液 V/mL	盐酸溶液 V/mL	反应速率 r	丙酮分级数 a	盐酸分级数 c
1	10	10	10			
2	10	5	10			
3	10	10	5			
4	10	10	10			

(2) 不同温度下丙酮碘化反应速率常数及表观活化能的测定。分别将25℃、35℃下测得的4号反应体系的吸光度值 A 对 t 作图,求出丙酮碘化反应在25℃、35℃下的反应速率,求出速率常数 k 值。根据 $\ln(k_2/k_1) = E_a/R(1/T_1 - 1/T_2)$,求丙酮碘化反应的表观活化能,将数据填入表2.11中。

表 2.11 不同温度下丙酮碘化反应速率常数及表观活化能

温度 /℃	反应速率 /(mol·min^{-1})	速率常数 k	速率常数量纲	表观活化能 /(J·mol^{-1})
25				
35				

16.6 实验注意事项

本实验的成败关键是反应物浓度的准确性和测量过程中温度的控制。

(1) 实验中采用孤立法测定丙酮反应中的速率常数,计算 k 时要用到丙酮和酸的初始浓度,因此实验中所用的丙酮和盐酸溶液一定要配准。

(2) 实验中通过测定不同反应时刻体系的吸光度,得到反应速率和速率常数,因此吸光度的测定准确性对最终结果有直接影响,每次测定吸光度数值都应重新调整仪器透光率零点和 100% 透光度。

(3) 实验计算的活化能偏低可能是由于在测吸光度时,两反应物质混合太慢,导致所测数据有较大的偏差。

(4) 学生实验中得到的 a、c 不一定正好等于 1,要计算反应的速率系数 k 必须用 $a=1$、$c=1$ 处理。

16.7 思 考 题

(1) 在动力学实验中,正确计量时间是很重要的。本实验中从反应开始起算反应时间,不算中间一段很短的操作时间,这对实验结果有无影响?为什么?

(2) 影响本实验结果的主要因素是什么?

17 电导法测定水溶性表面活性剂的临界胶束浓度

17.1 实 验 目 的

(1) 掌握电导法测定表面活性剂溶液的临界胶束浓度(CMC)的原理和方法。
(2) 加深对表面活性剂的结构特性及胶束形成原理的理解。
(3) 学习电导率仪的使用方法,掌握用电导法测定十二烷基硫酸钠的临界胶束浓度。
(4) 掌握无机电解质对表面活性剂临界胶束浓度的影响。

17.2 实 验 原 理

具有明显"两亲"性质的分子,即含有亲油的足够长的(大于 10~12 个碳原子)烃基,又含有亲水的极性基团(通常是离子化的),由这一类分子组成的物质称为表面活性剂。表面活性剂分子都是由极性部分和非极性部分组成。若按离子类型分类,可分为三大类:① 阴离子型表面活性剂,如羧酸盐、烷基硫酸盐、烷基磺酸盐等;② 阳离子型表面活性剂,主要是胺盐,如十二烷基二甲基叔胺和十二烷基二甲基氯化铵;③ 非离子型表面活性剂,如聚氧乙烯类。

表面活性剂有两个重要性质：一是在各种界面上的定向吸附；二是在溶液内部能形成胶束。前一种性质是许多表面活性剂用作乳化剂、起泡剂、润湿剂的根据，后一种性质是表面活性剂有增溶作用的原因。

单个的表面活性剂分子溶于水后完全被水分子包围，其亲水基团受到水分子吸引，亲油基受到排斥而有自水中逃离的趋势，这就意味着表面活性剂分子占据溶液表面即在表面上吸附，将其亲油基伸向空气。当表面吸附达到饱和后，如果溶液浓度继续增加，则溶液内部的表面活性剂分子采取另外一种逃离方式，以使体系达到能量最低。此时分子中的亲油基通过分子间的吸引力相互缔合在一起，亲水基朝向水中，形成胶体大小的质点，这种具有表面活性的缔合胶体溶液和一般胶体体系不同，通常称其为"胶束"。以胶束形式存在于水中的表面活性物质是比较稳定的。表面活性物质在水中形成胶束所需的最低浓度称为临界胶束浓度（critical micelle concentration，CMC）。在 CMC 点附近，由于

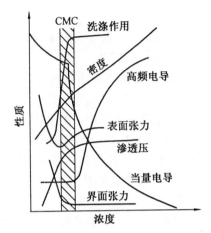

图 2.31 表面活性剂水溶液的一些物化性质随浓度的变化

溶液的结构改变导致其物理及化学性质（如表面张力、电导、渗透压、浊度以及光学性质等）同浓度的关系曲线出现明显的转折，如图 2.31 所示。这个现象是测定 CMC 的实验依据，也是衡量表面活性剂表面活性的一个重要量度。因此，测定 CMC，掌握影响 CMC 的因素，对于深入研究表面活性剂的物理化学性质是至关重要的。

测定 CMC 的方法很多，原则上只要使溶液物理化学性质随着表面活性剂溶液浓度在 CMC 处发生突变，都可以用来测定表面活性剂的 CMC，常用的测定方法有以下几种：电导法（只适于离子型表面活性剂）、表面张力法、浊度法、染料法、折射率法以及增溶法等。本实验采用电导法测定离子型表面活性剂的临界胶束浓度。利用离子型表面活性剂水溶液电导率随浓度的变化关系，从电导率（κ）对浓度（c）曲线或摩尔电导率 $\Lambda_m\sqrt{c}$ 曲线上转折点求 CMC。此法仅对离子型表面活性剂适用，而对 CMC 值较大、表面活性低的表面活性剂因转折点不明显而不灵敏。

对于一般电解质溶液，其导电能力由电导 G，即电阻的倒数（$1/R$）来衡量。若所用电导管电极面积为 A，电极间距为 L，用此管测定电解质溶液电导，则

$$G = \frac{1}{R} = \kappa \frac{A}{L} \tag{2.57}$$

$$\kappa = G \frac{L}{A} \tag{2.58}$$

式中　　κ——电导率（$\Omega^{-1} \cdot m^{-1}$）；

L/A——电导池常数。

电导率 κ 和摩尔电导率 Λ_m 有下列关系

$$\Lambda_m = \frac{\kappa}{c} \tag{2.59}$$

式中　Λ_m——1 mol 电解质溶液的导电能力；
　　　c——电解质溶液的摩尔浓度。

Λ_m 随电解质浓度而变，对强电解质的稀溶液，由柯尔劳许公式得

$$\Lambda_m = \Lambda_m^{\infty}(1 - \beta\sqrt{c}) \tag{2.60}$$

式中　Λ_m^{∞}——浓度无限稀时的摩尔电导率；
　　　β——常数。

对于离子型表面活性剂溶液，当溶液浓度很稀时，电导的变化规律也和强电解质一样；但当溶液浓度达到临界胶束浓度时，随着胶束的生成，电导率发生改变，摩尔电导率出现转折，这就是电导率法测 CMC 的依据。

表面活性剂的 CMC 值通常都比较低，杂质对 CMC 有很大影响。一般有机物、无机物及其他表面活性物质对某一表面活性剂的 CMC 值都有显著影响。本实验只讨论无机盐的影响。由于在工业生产中，未反应完全的十二醇及中和生成的 Na_2SO_4 总是混在十二烷基硫酸钠产品中，因此，无机盐对表面活性剂 CMC 的影响不容忽视。

在水溶液中，电解质存在会导致 CMC 值下降。电解质对阴离子、阳离子型表面活性剂的 CMC 影响较大，对两性表面活性剂的影响次之，对非离子的影响较小。电解质对离子型表面活性剂影响的主要原因是压缩胶团表面双电层厚度，同时也减少胶团中表面活性剂离子之间的相互排斥力，因而更易形成胶团，无机电解质中起决定作用的离子是与表面活性剂电性相反的离子，这些离子价数越高，作用越强烈。

本实验研究 NaCl 对十二烷基硫酸钠临界胶束浓度的影响。

17.3　实验仪器与药品

DDS－ⅡA 型电导率仪 1 台、超级恒温槽 1 台，容量瓶（25 mL 或 50 mL），移液管（1 mL、5 mL）各 1 个。

十二烷基硫酸钠（用乙醇经 2～3 次重结晶提纯），电导水，氯化钠（A.R.）。

17.4　实验步骤

（1）电导率仪的预热准备。

（2）安装好恒温槽，温度调到 (25.0 ± 0.1) ℃。

（3）用 25 mL 容量瓶精确配制浓度范围在 $3 \times 10^{-3} \sim 3 \times 10^{-2}$ mol·L^{-1} 的 8～10 个不同浓度的十二烷基硫酸钠水溶液。配制时最好用新蒸出的电导水。

（4）用电导水准确配制 NaCl 浓度为 0.01 mol·L^{-1} 的系列十二烷基硫酸钠水溶液，浓度同步骤（3）中的浓度。

（5）从低浓度到高浓度依次测定表面活性剂溶液的电导率值。每次测量前电极都要用待测溶液冲洗 2～3 次。

（6）测试完毕，清洗电极。

17.5　实验数据处理

（1）计算各浓度的十二烷基硫酸钠水溶液的电导率和摩尔电导率。

(2) 将数据列表,作 $\kappa - c$、$\Lambda_m - \sqrt{c}$ 图,由曲线转折点确定临界胶束浓度 CMC 值。

17.6 实验注意事项

(1) 配制的溶液必须保证表面活性剂完全溶解。
(2) 电导率的测量要在恒温条件下测试。
(3) 测量 CMC 浓度有一定的范围,不一定是一个具体数值。

17.7 思 考 题

(1) 若要知道所测得的临界胶束浓度是否准确,可用什么实验方法验证?
(2) 非离子型表面活性剂能否用本实验方法测定临界胶束浓度?若不能,可用何种方法?
(3) 查阅文献,了解有机物对表面活性剂 CMC 的影响。

17.8 讨 论

表面活性剂的渗透、润湿、乳化、去污、分散、增溶和起泡作用等基本原理广泛应用于石油、煤炭、机械、化工、冶金、材料及轻工业、农业生产中,研究表面活性剂溶液的物理化学性质(吸附)和内部性质(胶束形成)有着重要意义。而临界胶束浓度(CMC)可以作为表面活性剂的表面活性的一种量度。因为 CMC 越小,则表示这种表面活性剂形成胶束所需浓度越低,达到表面(界面)饱和吸附的浓度越低。因而改变表面性质起到润湿、乳化、增溶和起泡等作用所需的浓度越低。另外,临界胶束浓度又是表面活性剂溶液性质发生显著变化的一个"分水岭"。因此,表面活性剂的大量研究工作都与各种体系中的 CMC 测定有关。

测定 CMC 方法很多,常用的有表面张力法、电导法、染料法、增溶作用法、光散射法等。这些方法原理上都是从溶液的物理化学性质随浓度变化关系出发求得。其中表面张力和电导法比较简便准确。表面张力法是测定不同浓度下表面活性剂溶液的表面张力,在浓度达到 CMC 时发生转折。以表面张力(σ)和表面活性剂溶液浓度的对数($\lg c$)作图,由曲线的转折点来确定 CMC。表面张力法除了可求得 CMC 之外,还可以求出表面吸附等温线,此外还有一个优点,就是无论对于高表面活性还是低表面活性的表面活性剂,其 CMC 的测定都具有相似的灵敏度,此法不受无机盐的干扰,也适合非离子表面活性剂。电导法是经典方法,简便可靠。只限于离子型表面活性剂,此法对于有较高活性的表面活性剂准确性高,但过量无机盐存在会降低测定灵敏度,因此配制溶液应该用电导水。

染料增溶变色法:许多染料在水溶液中和在有机溶液中的颜色不同。先在水中加些染料,然后再往其中滴定较浓的表面活性剂溶液。如果胶束开始生成,则染料将从水相转入胶束的亲油内核,从而使溶液颜色发生改变,此时表示已达到临界胶束浓度。另外,也可基于有些染料的生色有机离子吸附于胶束之上,其颜色发生明显的改变,故可用染料用作指示剂,测定最大吸收光谱的变化来确定临界胶束浓度。

增溶法利用表面活性溶液对有机物增溶能力随浓度的变化,在 CMC 处有明显的改变来确定 CMC 值。

18 铅蓄电池及其电极充放电曲线的测定

18.1 实验目的

(1) 测量铅蓄电池在常温下的充放电曲线。
(2) 掌握在电池放电情况下测定单电极电势的方法。

18.2 实验原理

尽管目前各种电池技术(如锂离子电池、燃料电池)的发展日新月异,但铅蓄电池经过百余年的发展与完善已成为世界上广泛使用的一种化学电源,具有良好的可逆性、电压特性平稳、使用寿命长、适用范围广、原材料丰富及造价低廉等优点。目前主要应用在交通运输、通讯、电力、铁路、矿山、港口、国防、计算机、科研等国民经济各个领域。

铅蓄电池是一种二次电池,其负极为海绵状铅,正极为二氧化铅。隔板为微孔塑料板或橡胶板,电解液为稀硫酸,其电池结构为

$$Pb \mid H_2SO_4(溶液) \mid PbO_2(s) + Pb$$

当电池充放电时,正、负极分别发生下列电化学过程。

负极 $\qquad Pb + SO_4^{2-} \longrightarrow PbSO_4 + 2e$

正极 $\qquad PbO_2 + SO_4^{2-} + 4H^+ + 2e \longrightarrow PbSO_4 + 2H_2O$

电池反应为 $\qquad Pb + 2H_2SO_4 + PbO_2 \longrightarrow 2PbSO_4 + 2H_2O$

电池电动势为

$$E = E^\ominus - \frac{RT}{2F}\ln\frac{a(H_2O)}{a(H_2SO_4)} \tag{2.61}$$

由式(2.61)看出,电池电动势随充电时 H_2SO_4 浓度的增加而升高,放电时随 H_2SO_4 浓度的减小而降低。但在实际充、放电过程中,由于电极反应过程中有极化现象,铅蓄电池两电极间的电势差值与式(2.61)的计算值不一致。

在给定的充电、放电条件下(恒流或恒阻),测定电池充电(或放电)电压随充电时间(或放电时间)的变化称为电池的充电(或放电)曲线。若所测得的充电(或放电)曲线是单电极电势(相对于某一参比电极)随充电时间(或放电时间)的变化,此种曲线称为单电极的充电(或放电)曲线。

铅蓄电池的充放电性能受温度影响很大(见图2.32),图中,20℃时,正、负极放电均达 9 h 以上;-20℃时,正极稳定放电可达 6 h,

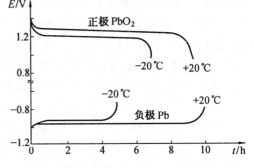

图 2.32 铅蓄电池正、负极的放电曲线

负极稳定放电只能持续 4 h。表明铅蓄电池低温充放电性能差的主要原因在负极。提高蓄电池低温充放电性能的措施,可以通过研究加入添加剂或稀硫酸后电池低温充放电性能

的变化来提出。因此,测定电池和单电极的充放电曲线,对了解和进行电池性能改进研究具有重要的实际意义。

18.3 实验仪器

DC – 5C 电池性能测定仪 1 台,计算机 1 台,铅蓄电池 1 台,$Hg – HgSO_4$ 参比电极 1 支,盐桥,鲁金毛细管。

18.4 实验步骤

(1) 电池充放电曲线的测定。

① 连接电池充放电的测试线路,DC – 5C 电池性能测定仪的红夹子接铅蓄电池的正极,黑夹子接铅蓄电池的负极。按下电池性能测定仪的电源开关。

② 在计算机上启动 DC – 5C 控制程序。

③ 在"设定"菜单下,设定工作参数如下。

样品质量: 数据文件名:
充电电流(在 DC5 面板调节)   放电电流(在 DC5 面板调节)
充电 – V 限制[0(off) ~ 255 mV]:off   充电结束间隔(0 ~ 255 min):0
放电结束间隔(0 ~ 255 min):0   采样间隔(5 ~ 10 mV):20
充电限制电压(0 ~ 4 V):   充电时间(0.017 ~ 99 h):
放电限制(0 ~ 4.0 V/0.017 ~ 99 h):1.00 V 循环次数:1

按"S"键发送设置参数至 DC5,按"F1"键设置下一台 DC5。

相关键的功能说明:Esc—— 退出;F3—— 返回主菜单;← ↑ → ↓ —— 选择项目;回车 —— 确认或运行。

④ 在主菜单下,点击运行并按 DC5 面板上的"RUN",仪器开始运行并自动记录数据。

⑤ DC – 5C 面板显示"ALL d"字样,表示试验结束。

(2) 电池单电极充放电曲线的测定。

测定电池负极的充放电曲线时,将 DC – 5C 的黑夹子(双线)接铅蓄电池的负极,蓝色线(电流线)接铅蓄电池的正极,红棕色线(电势线)接参比电极。

测定电池正极的充放电曲线时,将 DC – 5C 的红夹子(双线)接铅蓄电池的正极,黄(绿)色线(电流线)接铅蓄电池的负极,黑(白)色线(电势线)接参比电极。

接好线后,测量操作步骤按 1 进行。

试验完毕后,抬起记录笔,关掉备仪器电源开关。

18.5 实验数据处理

(1) 运行"DC – 5C 数据、曲线查看、打印软件",查看程序,打印实验结果。

(2) 根据电池充放电曲线及单电极电势曲线,分别标出实验条件下各曲线相应的充电时间和放电时间。

18.6　思　考　题

（1）测量单电极电势变化时选用 Hg – $HgSO_4$ 电极作为参比电极，能否用甘汞电极、Hg – HgO 电极及 Ag – AgCl 电极作为参比电极？

（2）测量电池充、放电过程中单电极的电势变化，采用直流数字电表测量，能否用普通电压表测电势，为什么？

19　恒电流电解分析法测定溶液中的铜和镍的含量

19.1　实　验　目　的

（1）掌握恒电流电解法的基本原理。
（2）学会 44B 型双联电解分析仪的使用方法。
（3）掌握恒电流电解法测定铜和镍含量的分析步骤。

19.2　实　验　原　理

电流通过化学电池时，在电极表面发生氧化 – 还原反应，即产生电解。电解分析法是根据电解原理建立起来的测定和分离金属元素的一种方法，是一种最早的电化学分析方法。

电解分析法是将被测定的试样溶液置于电解装置中进行电解，使被测离子以金属状态或以金属氧化物的形式电沉积在电极上，然后称量在电极上析出的被测物质的质量。因此，电解分析法又称为电重量分析法。

电解分析法按其电解方式的不同，分为恒电流电解分析法和控制电位电解分析法。

1.恒电流电解分析法

恒电流电解分析法也简称为恒电流电解法，它是在恒定的电流条件下进行电解，然后称量电极上析出的被测物质的质量来进行分析测定的一种电重量分析方法。

电解时，通过电解池的电流是恒定的，在实际分析中，一般控制电解电流为 2 ~ 5 A。随着电解的进行，被电解的测定组分不断析出，电解液中该物质的浓度逐渐减小，电解电流也随之降低，因此可增大外加电压，以保持电流的恒定。

恒电流电解法的优点是测定速度快、仪器装置简单、准确度较高，准确度可达 0.2%。该方法的准确度在很大程度上取决于沉积物的物理性质。电解析出的沉积物应牢固地吸附于电极表面，以免在洗涤、烘干和称量等过程中脱落散失。电解时电极表面的电流密度越小，沉积物的物理性质越好；电流密度越大，沉积速度越快。为了得到较好物理性质的沉积物，不能使用太大的电流，并且应充分搅拌电解液，以便控制合适的电解速度，改善电解沉积物的物理性质。

恒电流电解法的缺点是选择性差，只能分离金属活动顺序表中氢以上和氢以下的金属。电解时氢以下的金属首先在阴极上析出，当这类金属被完全分离析出后，再继续电解就析出氢气,因此在金属活动顺序表中氢以上的金属就不能析出。对于铜及铜合金中大量铜的测定,至今仍是常用的精密测定方法。除 Cu 外,用此法还可以测定 Pb、Sb、Bi、Cd、Ag、Fe、Co、Ni、Sn、Zn 等金属。

2. 控制电位电解分析法

控制电位电解分析法简称控制电位电解法。各种金属离子具有不同的分解电压,在电解分析中,金属离子大部分在阴极上析出,要达到分离的目的,必须控制阴极电位。若能控制合适的电极电位,就有可能利用电解法来进行分离。这种方法称为控制电位电解法。但是在实际电解分析工作中,阴极电位(若应用还原反应来进行分离)是在不断地发生变化的,而阳极电位并不是完全恒定的,电流亦在改变,因此借控制外加电压来进行分离,往往达不到好的分离效果。为了用电解法来进行分离、分析,较精密的方法是控制阴极电位。要实现对阴极电位的控制,需要在电解池中插入一参比电极,然后用电位计测量此参比电极与阴极的电位差(图 2.33),以监控电解过程中阴极电位的变化。若有变化,即可调节可变电阻 R,使阴极电位恢复至预选的合适数值。

由于手控装置需要随时测试阴极电位并随时调整外加电压,比较费时、麻烦,有时对电位的控制不够严格,目前大多采用恒电位器的自动控制电极装置,图 2.34 为一种简单的自动控制阴极电位电解装置的示意图。它与恒电流电解的不同之处,在于其具有测量和控制阴极电位的装置。在电解过程中,阴极电位可用电位计或电子毫伏计准确测量,并通过可变电阻 R 来调节电解池的电压,使阴极电位保持为一定值,或使之保持在某一特定的电位范围之内。

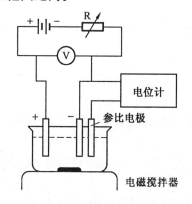
图 2.33 控制电位电解法装置示意图

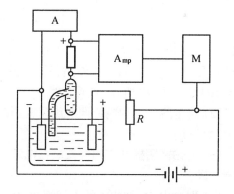
图 2.34 控制阴极电位电解装置
A—辅助电极;Amp—放大器;M—可逆电机

在控制电位电解分析过程中,被电解的只有一种物质,随着电解的进行,该物质在电解液中的浓度逐渐减小,电解电流也随之减小。当该物质被完全电解后,电流趋近于零,因此可以作为电解完成的标志。

控制电位电解法的主要特点是选择性高,但分析时间较长。可用于分离并测定 Ag(与 Cu 分离)、Cu(与 Bi、Pb、Ag、Ni 等分离)、Cd(与 Zn 分离)、Bi(与 Pb、Sn、Sb 等分离)等。

3. 电解分析实验条件

(1) 电流密度。电流密度小,析出物紧密,但电解时间长;电流密度过大,浓差极化大,而且析出物结构疏松,一般采用大面积的电极(如网状 Pt 电极)。

(2) 酸度和配合剂。酸度过低,可能有 H_2 析出;酸度过高,金属水解,可能析出待测物的氧化物。若在碱性条件下电解,可加入络合剂,使待测离子保留在溶液中。

(3) 消除阳极干扰反应。加入去极剂是消除阳极干扰反应的常用方法。改变电极材料或者电解质溶液组成也是常用的消除阳极干扰反应的方法。

(4) 外部因素——搅拌及加热。搅拌及加热能增大离子向电极的扩散速度,在使用较大电流密度时,仍能保持沉积物均匀致密,并且缩短分析时间。一般加热温度为 60 ~ 80 ℃。

本实验采用的是恒电流电解分析法。将试样溶液在恒定的电解电流条件下进行电解,使待测金属元素以单质或氧化物在阴极上或阳极上定量析出。对于铜和镍两种金属元素来说,由于它们在金属活动顺序表中位于氢元素的左右两边,在酸性溶液中,铜可以析出,而镍不会析出,铜析出后加入氨水使其 H^+ 浓度降低,再使镍在电极上电沉积析出。这样就可以利用控制 pH 值来分别测量铜和镍的含量。

19.3　实验仪器与药品

44B 型双联电解分析仪 1 台,铂网阴极 1 支,螺旋状铂阳极 1 支。

铜和镍的未知混合酸性溶液(硫酸浓度为 $2.0\ mol \cdot L^{-1}$)。

19.4　实　验　步　骤

(1) 将铂网阴极及螺旋状阳极置于 1:1 HNO_3(体积比)溶液中 2 ~ 3 min,取出后用自来水冲洗,再用蒸馏水冲洗,然后将铂电极浸入装有无水乙醇的烧杯中,拿出电极,在烘箱中于 100 ℃ 烘干,冷却后,称至恒重。

(2) 将电解仪上的电流调节旋钮旋到起始位置,搅拌开关置于"停"处,直流电源开关置于"断"处。

(3) 将铂网阴极和铂阳极安装在电解分析仪的电极架上,轻轻转动阳极,此时两电极不能相碰。

(4) 取含 Cu^{2+} 和 Ni^{2+} 的未知液 25.00 mL 于 250 mL 高脚烧杯中,加水至 50 mL 左右。将烧杯置于电极下方,使两个电极浸入试液中,而网状电极露出液面 1 cm。

(5) 打开直流电源开关,并将电解仪上的电源极性闸刀置于"正电流"位置。调节电流旋钮至电流表读数为 2 A(电压为 2 ~ 4 V)。开启搅拌开关,电解过程中应保持在 50 ℃ 左右(可随时开启电解仪上的电炉进行加热)。

(6) 当电解液的蓝色褪尽后,应检查是否电解完全。检查的方法是,加少量水于电解杯中,电解 10 ~ 20 min 后,检查升高液面的阴极部分有无铜析出。若无铜析出,则表示电解完全,否则应继续电解,直至铜不再电沉积。

(7) 在不中断电流的情况下,慢慢升高电极,以蒸馏水冲洗电极,中断电流,取下阴极,浸入无水乙醇中片刻,置于洁净的表面皿上,在100℃左右烘干,称重。再将铂网电极(无须除去铜)固定在电解仪电极架上,加浓氨水中和溶液到石蕊变色,再多加氨水15 mL,将两电极浸入试液中,按上法电解镍。电解完全与否可用镍-氨络合物的蓝色消失来判断,也可以取试液2滴,加入丁二酮肟检查。当电解完全后,移去高型烧杯,按电解铜的方式洗涤电极,用蒸馏水洗2次,再用无水乙醇洗1次,在烘箱中干燥5 min,称重。

19.5 实验注意事项

(1) 操作时,手不要触摸铂网,否则因手上油垢使铜镀不上去。

(2) 本实验阳极可不必恒重称量。

19.6 实验数据处理

$$试样含铜量 = \frac{m_1 - m_0}{V_样} \times 10^6 (\text{mg} \cdot \text{L}^{-1})$$

$$试样含镍量 = \frac{m_2 - m_1}{V_样} \times 10^6 (\text{mg} \cdot \text{L}^{-1})$$

式中　　m_0——电解前铂网的质量(g);

m_1——电解铜后铂网的质量(g);

m_2——电解镍后铂网的质量(g);

$V_样$——所取样品的体积(mL)。

19.7 思 考 题

(1) 若有一含铜铅样品,用1∶1 HNO₃溶样,用恒电流法同时测定铜和铅的含量,问铅是否能在阴极析出?

(2) 与控制电位电解法相比较,恒电流电解法有哪些优缺点?

20　电解质的摩尔电导与弱电解质电离常数的测定

20.1 实验目的

(1) 掌握电导的测定方法,学会测定电解质溶液的电导。

(2) 通过实验测定,计算出电解质溶液的电导率、摩尔电导、弱电解质溶液离解度及离解常数。

20.2 实验原理

(1) 与电子导电的金属导体(第一类导体)不同,电解质溶液是靠正负离子迁移来传递电流的,称为第二类导体。导电能力的大小直接与离子的运动速率有关。导电能力由电导 L 这一物理量来衡量,电导的定义为

$$L = \frac{1}{R} \, \Omega^{-1} \tag{2.62}$$

电解质溶液导电能力的大小和介质、温度、电解质的性质、导体的截面积(S)、两极间距离(l)、溶液的浓度、离子数、离子的氧化数以及离子的运动速率等因素有关。当 $S = 1 \text{ m}^2$, $l = 1 \text{ m}$,即 1 m^3 的溶液,其具有的电导称为电导率 $\bar{L}$,由此可知

$$L = \bar{L} \cdot \frac{S}{l} \tag{2.63}$$

其电导率

$$\bar{L} = L \cdot \frac{l}{S} \tag{2.64}$$

当 l 距离为 1 m 的两平行电极间容纳 1 mol 的电解质时,其电导又称为摩尔电导率 λ_m,设距离为 1 m、体积为 V_m 内含有 1 mol 物质的电解质,测得的电导即为 λ_m,则得

$$\lambda_m = \bar{L} \cdot V_m = \frac{\bar{L}}{c} \tag{2.65}$$

式中　c——电解质溶液的浓度(mol·m^{-3})。

对于一个固定的电导电极,$\frac{l}{S}$ 为一常数,称为电极常数(K),通常它是通过测定一个已知电导率($\bar{L}$)的溶液的电导(L),由式(2.64)求出

$$K = \frac{l}{S} = \frac{\bar{L}}{L} \tag{2.66}$$

测得 K 后,任意溶液之 $\bar{L}$ 可通过

$$\bar{L} = KL \tag{2.67}$$

求得,而 L 可通过测定溶液的电阻 $R(R = 1/L)$ 求出。

λ_m 随浓度而变,但其变化规律对强弱电解质是不同的,强电解质的稀溶液为

$$\lambda_m = \lambda_m^\infty - A\sqrt{c} \tag{2.68}$$

式中　c——浓度;

　　　A——常数;

　　　λ_m^∞——无限稀释溶液的摩尔电导率,可从 λ_m 与 $\sqrt{c}$ 的直线关系外推而得。

弱电解质的 λ_m 与 $\sqrt{c}$ 没有直线关系,其 λ_m^∞ 可用下法求得。

根据科尔劳施(kohlraush)离子独立运动定律

$$\lambda_m^\infty = l_m^{\infty +} + l_m^{\infty -} \tag{2.69}$$

式中　l_m^∞——离子电导,上角标(∞)表示无限稀释,因此弱电解质的 λ_m^∞ 可从强电解质的 λ_m^∞ 求出,例如,欲求 HAc 的 $\lambda_{m,\text{HAc}}^\infty$,则可按下式计算

$$\lambda_{m,\text{HAc}}^\infty = \lambda_{m,\text{HCl}}^\infty + \lambda_{m,\text{NaAc}}^\infty - \lambda_{m,\text{NaCl}}^\infty \tag{2.70}$$

弱电解质的离解度与摩尔电导率的关系为

$$\alpha = \frac{\lambda_m}{\lambda_m^\infty} \tag{2.71}$$

对于氧化数为 1 的弱电解质,若起始浓度为 c,则离解常数 K_α 为

$$K_\alpha = \frac{c\alpha^2}{1-\alpha} = \frac{c\lambda_m^2}{\lambda_m^\infty(\lambda_m^\infty - \lambda_m)} \tag{2.72}$$

因此测定不同浓度下的 λ_m，可算出离解度 α 和离解常数 K_α。

(2) 测定电导的实验方法。为避免通电时的电化学反应和极化现象的发生，测量溶液电导时使用交流信号源，由音频振荡器供给，用检流计、耳机或示波器检查。所用电导池由两片镀铂黑的铂电极组成。

电导的测定是根据惠斯登电桥原理，如图 2.35 所示。电流从信号源出来分为四支，它们的电阻分别用 R_1、R_2、R_3、R_4 表示，按电路分支定律，当 $\dfrac{R_1}{R_2} = \dfrac{R_3}{R_4}$ 时，K、L 两点电位相等，电桥里没有电流通过，检流计指针指零点（耳机中无尖叫声或示波器的信号为一直线）。如 R_2、R_3、R_4 全部已知，则可求出 R_1 值，但一般不需要 R_3、R_4 的绝对值，只要知其比值及 R_2，即可算出 R_1，为了方便起见，选择 $\dfrac{R_3}{R_4} = 1$，则改变 R_2 使其电桥平衡，故可得未

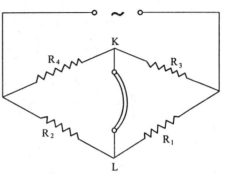

图 2.35　惠斯登电桥

知 $R_1 = R_2$，从而测出电解池溶液的电阻 R_1，由 $L = \dfrac{1}{R}$ 算出溶液的电导 L。

由于采用交流电桥，在交流电路中的电导池是由两铂片组成，存在电容，加上电极的双电层电容，所以 R_x 可看做是一不大的电容（C_1）与一电阻 R_1 并联的等效电路，为使电桥平衡，在 R_2 上亦应并联一可变电容 C_2，调节 $C_2 = C_1$，见图 2.36(b)。

20.3　实验仪器与药品

电导池（大试管）2 个，铂黑电导电极 1 支，电阻箱（1 000 Ω）2 个，电阻箱（10 000 Ω）1 个，电容箱 1 个，音频振荡器（信号发生器）1 个，示波器 1 台，恒温装置 1 套，耳机 1 副，容量瓶（100 mL）4 个，酸式滴定管（50 mL）1 支，屏蔽线若干。

NaCl 溶液（0.02 mol·L^{-1}），KCl（0.02 mol·L^{-1}），HAc 溶液（0.02 mol·L^{-1}）。

20.4　实验步骤

(1) 按图 2.36(a) 连接好线路，R_2、R_3、R_4 分别为电阻箱，C_2 为电容箱，S 为示波器或耳机。

(2) 调节恒温槽至 25 ℃。

(3) 测定电导电极常数 K。将电导池（大试管）及电极用蒸馏水洗净，用 0.02 mol·L^{-1} KCl 溶液洗 2～3 次，倒入 0.02 mol·L^{-1} KCl 溶液，插好电极，在恒温槽中恒温 15 min，打开信号发生器及示波器（示波器的使用方法参看第三篇 4.3），调节信号发生器输出合适的信号，然后调节 $R_3 : R_4 = 1:1$（各 200 Ω），再调节 R_2，使示波器波形尽量为一条直线（耳机中声音最小），此时即达电桥平衡，记下有关数值，再重复做几次，使结果相近。

(4) NaCl 溶液的配制及电导的测定。将 0.02 mol·L^{-1} NaCl 作为原始溶液，分别配制

浓度为 0.01 mol·L^{-1}、0.005 mol·L^{-1}、0.002 5 mol·L^{-1}、0.001 25 mol·L^{-1} 的溶液各 100 mL，然后，按浓度由低到高的顺序，用(3)的测定方法测这五种浓度溶液的电阻(包括原始浓度溶液)。

(5) HAc 溶液的配制及电导的测定。方法与 NaCl 溶液的配制及电导的测定相同。

实验完毕后，电极用蒸馏水冲洗后，仍放在蒸馏水中，关闭电源、拆掉线路，整理好实验仪器。

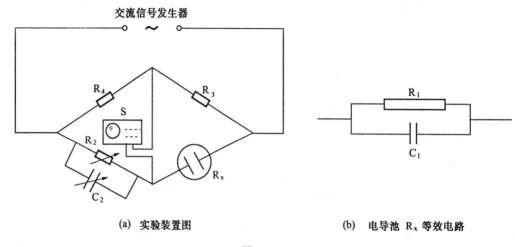

(a) 实验装置图　　　　　　(b) 电导池 R_x 等效电路

图 2.36

20.5　实验数据处理

(1) 计算电导电极常数 K(25℃，0.02 mol·L^{-1} KCl 的摩尔电导率见附录表 4.16)。

(2) 计算不同浓度下的 NaCl、HAc 溶液的摩尔电导率，并绘出 $\lambda_m - \sqrt{c}$ 图，求出 $\lambda_{m,NaCl}^{\infty}$。

(3) 已知 $\lambda_{m,HCl}^{\infty} = 426.2 \times 10^{-4}$ S·m^2·mol^{-1}，$\lambda_{m,NaAc}^{\infty} = 91.07 \times 10^{-4}$ S·m^2·mol^{-1}，用测定的 $\lambda_{m,NaCl}^{\infty}$ 计算 $\lambda_{m,HAc}^{\infty}$。

(4) 计算 HAc 在不同浓度时的离解度及离解常数。

(5) 将公式(2.72)整理成直线化方程

$$c\lambda_m = (\lambda_m^{\infty})^2 K_c \frac{1}{\lambda_m} - \lambda_m^{\infty} K_c$$

以 $c\lambda_m - \dfrac{1}{\lambda_m}$ 作图应得一直线，由其斜率$(\lambda_m^{\infty})^2 K_c$ 求出 K_c，并与(4)算出的结果比较，讨论误差，并根据 HAc 的文献 K_c 值计算误差。

20.6　思考题

(1) 电导测定中蒸馏水(电导率为 $10^{-6}\Omega^{-1}\cdot m^{-1}$)的电导是否应考虑?为什么?

(2) 试分析 NaCl、HAc 的电导测定中随着溶液的稀释，其电阻的变化趋势，并加以解释。

(3) 如果长时间测不出平衡电阻(检流计不为零，耳机交流声大，示波器不为直线)是否影响测量精度?电导池电阻值是否会变?

(4) 为什么电导池要用铂黑作电极?若没有铂黑电极,用什么电极可以代替?

21 电动势的测定及其应用

21.1 实验目的

(1) 掌握对消法测定电池电动势的原理及电子电位差计的使用。
(2) 学会制备二类电极和盐桥。

21.2 实验原理

原电池由两个"半电池"组成,每一个半电池中有一个电极和相应的溶液,由不同的半电池可以组成各式各样的原电池。电池反应中正极起还原作用,负极起氧化作用,而电池反应是电池中电极反应的总和。其电动势为组成电池的两个半电池的电极电势的代数和。

$$E = \varphi_{正} - \varphi_{负} = \varphi_{右} - \varphi_{左} = \left[\varphi_{右}^{\ominus} - \frac{RT}{nF}\ln\frac{(\alpha_{还原态})_{右}}{(\alpha_{氧化态})_{右}}\right] - \left[\varphi_{左}^{\ominus} - \frac{RT}{nF}\ln\frac{(\alpha_{还原态})_{左}}{(\alpha_{氧化态})_{左}}\right] \quad (2.73)$$

若知道一个半电池的电极电势,则其他半电池的电极电势值均可求得。但迄今我们还不能从实验上或理论上来确切地测定单个半电池的电极电势。在电化学中,电极电势是以某一电极为标准而求出其他电极的相对值,公认的标准电极是氢电极(即在 $\alpha_{H}^{+} = 1$, $p_{H_2} = p^{\ominus}$ 时被氢气所饱和的铂电极,并规定它的电极电势为零),把这一氢电极叫做标准电极。由于氢电极的制作和使用都比较麻烦,因此常把具有稳定电势的容易制作的二类电极,如甘汞电极、银 - 氯化银电极等作为参比电极。

通过对电池电动势的测定,可计算某些反应的 $\Delta_r H_m$、$\Delta_r S_m$、$\Delta_r G_m$ 等热力学函数,电解质的平均活度系数 $r_\pm$、难溶盐的溶度积 K_{sp} 和溶液的 pH 值等数值(用电动势的方法求如上数据必须有能够设计成电池的可逆电池,而该电池反应就是所要求的化学反应)。例如用电动势法求 AgCl 的 K_{sp} 需设计成如下的电池

$$(-)Ag - AgCl \mid HCl(c_1) \parallel AgNO_3(c_2) \mid Ag(+)$$

因为该电池的电极反应为

负极反应 $Ag + Cl^- (aq) \rightarrow AgCl + e$

正极反应 $Ag^+ (aq) + e \rightarrow Ag$

电池的总反应 $Ag^+ (aq) + Cl^- (aq) \rightarrow AgCl$

它的电动势

$$E = \varphi_{右} - \varphi_{左} = \left[\varphi_{Ag^+/Ag}^{\ominus} - \frac{RT}{F}\ln\frac{1}{\alpha_{Ag^+}}\right] - \left[\varphi_{AgCl/Ag}^{\ominus} - \frac{RT}{F}\ln\alpha_{Cl^-}\right] = E^{\ominus} - \frac{RT}{F}\ln\frac{1}{\alpha_{Ag^+}\alpha_{Cl^-}}$$

而
$$E^{\ominus} = \frac{RT}{F} \ln \frac{1}{K_{sp}}$$

所以
$$\lg K_{sp} = \lg \alpha_{Ag^+} + \lg \alpha_{Cl^-} - \frac{E \cdot F}{2.303RT} \tag{2.74}$$

式中 $\alpha_{Ag^+} = r_{\pm AgNO_3} \cdot m'_{Ag^+}$ 和 $\alpha_{Cl^-} = r_{\pm HCl} \cdot m_{Cl^-}$，$\alpha_{Ag^+}$、$\alpha_{Cl^-}$ 分别为 Ag^+ 和 Cl^- 离子的活度，故只要测知该电池的电动势，就可通过式(2.74)求得 AgCl 的 K_{sp}。

可逆电池的电动势不能直接用伏特计测量。因为伏特计工作需大电流，这个电流流经电池将发生不可逆电化学反应，使电极产生极化，所测电压不是可逆电池的电动势，所以伏特计测量只是电池的端电压，小于电池的电动势。所以要准确测定电池的电动势只有在无电流通过电池或仅仅只有极微小的电流通过的情况下才能进行，对消法就是根据这一要求而设计的。其简单的线路如图 2.37 所示。标准电池 E_{SC}、待测电池 E_x 和工作电池 E_W 并联，工作电池 E_W 使均匀电阻 AB 上有电流通过并产生均匀的电位降。测定时先将电键 K 扳至与 E_{SC} 相连，移动滑线电阻至接触点 C，使检流计 G 中无电流通过，这时 AC 上的电位降 V_{AC} 正好和标准电池 E_{SC} 的电动势数值相等而相互对消，因此得

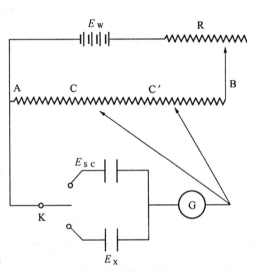

图 2.37　电位差计原理图

$$E_{SC} = V_{AC} = \frac{E_W}{R_{AB}} R_{AC} \tag{2.75}$$

再将 K 扳向与 E_x 相连，用同样方法找出 G 中无电流通过时的平衡点 C'，得

$$E_x = V_{AC'} = \frac{E_W}{R_{AB}} R_{AC'} \tag{2.76}$$

把(2.75)、(2.76)两式相除，得

$$E_x = E_{SC} \frac{R_{AC'}}{R_{AC}} \tag{2.77}$$

已知标准电池 E_{SC} 的值（如 20℃ $E_{SC} = 1.01863$ V），测出 R_{AC} 和 $R_{AC'}$ 后，通过式(2.77)即可求得待测电池的电动势 E_x。

在实际使用的仪器中，为了测定方便，已将 A、B 间的电阻按电阻数的比例标出其刻度，用于表示电阻值（如 100 Ω 处标以 1.00、150 Ω 处标以 1.50 等），所以只要调节可调电阻 R 便有恰当的电流，iR 的值恰好等于所标出的数值（$i = 0.01$ A 在 150 Ω 处其电势就是 $150 \times 0.01 = 1.5$ V），因为电阻 AB 是均匀的，所以校正了某一个刻度也等于校正了所有的刻度。这就是用标准电池来校正电位差计的目的。显然一旦校正后，此可调电阻 R 就不能任意再改动了，但由于在使用过程中工作电池的电势因放电而在一直改变中，所以要求每测一次前都用标准电池校正。

本实验使用的电子电位差计,已将 A、B 间电阻化作电压,用数字电压表直接显示,可直接读出被测电池的电动势。

21.3 实验仪器与药品

电子电位差计 1 台,铂黑电极(216 型)1 支,饱和甘汞电极(212 型)1 支,导线若干,电炉(公用)1 个,盐桥管(U 形管)4 根,烧杯(50 mL)4 个,烧杯(250 mL)2 个,滴管 1 支,玻璃棒 2 根,滤纸。

HCl(0.1000 mol·L^{-1}),AgNO$_3$(0.1000 mol·L^{-1})。

KCl(饱和溶液),醌氢醌(粉末),镀银溶液,琼胶,KNO$_3$ 溶液,HCl(1 mol·L^{-1}),未知 pH 溶液。

21.4 实验步骤

本实验测定三个电池的电动势

(1) Hg – Hg$_2$Cl$_2$|饱和 KCl 溶液 ‖ AgNO$_3$(0.1 mol·L^{-1})|Ag

(2) Ag – AgCl|HCl(0.1 mol·L^{-1}) ‖ AgNO$_3$(0.1 mol·L^{-1})|Ag

(3) Hg – Hg$_2$Cl$_2$|饱和 KCl 溶液 ‖ 饱和醌氢醌的未知 pH 溶液|Pt

1.电极的制备

① 铂电极和甘汞电极系采用现成的商品,不需制备。只要在使用前用蒸馏水淋洗干净即可。若铂片上有油污,应在丙酮中浸泡,然后用蒸馏水淋洗即可使用。

② 银电极、银 – 氯化银电极按第三篇 4.2 的方法制备(可先制备两根银电极,然后进行电池(1)的测定,测定完毕后取其中的一根用蒸馏水淋洗干净再进行银 – 氯化银电极的制备)。镀好的两根银电极之间电势差最好在 1 mV 以内,如果超过此值可将它们短路 10 min 后再测,如仍不符合要求,则需重镀。

③ 醌氢醌电极只要将少量醌氢醌固体加入待测未知 pH 溶液中使其成饱和溶液,然后插入干净的铂电极即成。

每个电极在插入电解质溶液前,需先用该溶液淋洗(注意不要浪费),以保证溶液浓度不变。

2.盐桥的制备

为了消除液接电势,必须使用盐桥,其制备方法是:将琼胶、KNO$_3$ 与蒸馏水以 1.5∶20∶50 的比例加入到锥形瓶中,于热水浴中加热使之溶解,然后用滴管将它灌入已经洗净的 U 形管中(U 形管的中间及两端不能留有气泡)冷却后待用。

3.电动势的测定

按图 2.38 组成三个电池,然后分别接在电位差

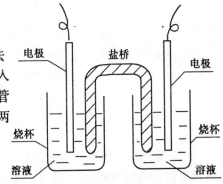

图 2.38 原电池测定装置

计的测量柱上,先用标准电池校正电位差计(此步一般在实验前由指导教师先进行校正。如确实需要再次校正,可按仪器说明书进行)),然后把开关转向未知挡而测定欲测电池的电动势,平行测 2~3 次,取平均值。若数据相差较大,应分析原因,记下室温。

实验完毕后必须把盐桥放在水中加热溶解,并取出洗净。把其他各仪器复原,摆放整齐。

21.5 实验数据处理

(1) 由电池(2)求 AgCl 的 K_{sp}。已知 0℃ 时 0.100 mol·L^{-1}HCl 的平均活度系数 $r_{\pm}^{0℃} = 0.8027$,t℃ 时 $r_{\pm}^{t℃}$ 可通过下式求得 $\lg r_{\pm}^{t℃} = \lg r_{\pm}^{0℃} + 1.62 \times 10^{-4} t + 3.13 \times 10^{-7} t^2$,而 0.1000 mol·L^{-1}AgNO$_3$ 的 $r_{Ag^+} = r_{\pm} = 0.734$。把这些数据和所测得的电动势值代入

$$\lg K_{sp} = \lg a_{Ag^+} + \lg a_{Cl^-} - EF/2.303RT$$

即可算得 AgCl 的 K_{sp}。

(2) 由电池(1)求 $\varphi_{Ag^+/Ag}^{\ominus}$

$$\varphi_{饱和甘汞} = 0.2424 - 7.6 \times 10^{-4}(t - 25℃)$$

已知 $\varphi_{Ag^+/Ag}^{\ominus} = 0.7991 - 9.88 \times 10^{-4}(t - 25℃) - 7 \times 10^{-7}(t - 25℃)^2$,试将 $\varphi_{Ag^+/Ag}^{\ominus}$ 实测值与此值比较求相对误差。

(3) 由电池(3)求未知液的 pH 值

$$\varphi_{醌氢醌} = 0.6994 - 2.4 \times 10^{-4}(t - 25℃)$$

醌氢醌为等摩尔的氢醌与醌组成,其在水中溶解度很小。作为正极时,其反应为

$$\varphi_{右} = \varphi_{醌/氢醌}^{\ominus} - \frac{RT}{2F} \ln \frac{a_{氢醌}}{a_{醌} \cdot a_{H^+}^2} = \varphi_{醌/氢醌}^{\ominus} - \frac{2.303RT}{F} pH$$

因为

$$E = \varphi_{右} - \varphi_{左} = \varphi_{醌氢醌}^{\ominus} - \frac{2.303RT}{F} pH - \varphi_{甘汞}$$

所以

$$pH = \frac{\varphi_{醌氢醌}^{\ominus} - E - \varphi_{甘汞}}{2.303RT/F}$$

在计算中常用到的 $2.303RT/F$ 这一项,可用下式进行计算

$$\frac{2.303RT}{F} = 1.9842 \times 10^{-4}(t + 273.15)$$

21.6 思考题

(1) 如果用氢电极作为参比电极做成电池 Ag | AgNO$_3$(m) ‖ H$^+$ (m) | H$_2$(p),Pt 来测定银电极的电极电势,在实验中会出现什么现象,为什么?

(2) 影响实验测量精确度的因素有哪些?

22 测定离子的迁移数

22.1 实验目的

(1) 掌握离子希托夫法测定离子迁移数的原理和方法。
(2) 进一步了解离子迁移数的意义。

22.2 实验原理

电解质溶液中的离子在通常情况下的运动是无规律的,当电流通过溶液时,正负离子分别向两极迁移,同时在电极上有氧化还原反应发生。反应物质的量与通过的电量的关系服从法拉第定律。假若阳离子和阴离子传递的电量分别为 q_+ 和 q_-,通过的总电量

$$Q = q_+ + q_- \tag{2.57}$$

每种离子搬动的电量占电量的百分数,称为该离子的迁移数,记为 t_i。对于只有两种离子的电解质溶液,其正负离子的迁移数可表示为

$$t_- = \frac{q_-}{Q} \qquad t_+ = \frac{q_+}{Q}$$

$$t_+ + t_- = 1 \tag{2.58}$$

在包含数种阴、阳离子的混合电解质溶液中,t_- 和 t_+ 各为所有阴、阳离子迁移数的总和。

一般增加某种离子的浓度,则该离子传递电量的百分数增加,离子迁移数也相应增加。但对仅含一种电解质的溶液,浓度改变使离子间的引力场改变,离子迁移数也会改变,但变化的大小与正负因不同物质而异。

温度改变,迁移数也会发生变化,一般温度升高时,t_- 和 t_+ 的差别减小。

测定离子迁移数对了解离子的性质具有重要意义。测定离子迁移数的方法有界面移动法、希托夫法和电动势法。本实验采用希托夫法测定离子的迁移数。

电解某电解质溶液时,由于两种离子运动速率不同,因而输送的电量也不同,同时两极附近溶液浓度改变量不同。如图 2.39 所示,两个金属电极 M,浸在含电解质 MA 的溶液中。设 M^+ 和 A^- 的迁移数分别为 t_+ 和 t_-。

假定电解质为 1-1 价的,电极上发生氧化还原反应,反应的量可用法拉第定律求算。在溶液中,阴阳离子输运电荷的数量因它们的淌度不同而不同。如图 2.39(b) 所示。由图可见,通电电解后,阳极区浓度减少的数值等于阴离子输运的电量的法拉第数。同样,阴极区浓度减少的数值也等于阳离子输运的电量的法拉第数。

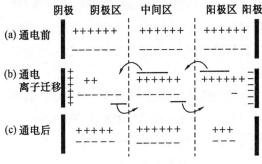

图 2.39 离子迁移示意图

根据定义,某离子的迁移数就是该离子输送的电量与通过的总电量之比。而离子输送的电量的法拉第数又等于同名电极区浓度减少的量。通过的总量的法拉第数又等于库仑计中沉积物的量。因此,迁移数即可通过下式算出

$$t_+ = \frac{\text{阳极 MA 减少的量}}{\text{库仑计中沉积物的量}} \tag{2.80}$$

$$t_- = 1 - t_+ \tag{2.81}$$

22.3 实验仪器与药品

毫安表(0~50 mA)1台,直充稳压电源(45 V)1台,滑线电阻(500 Ω)1个,迁移数测定仪1套,铜电量计1台,锥形瓶(500 mL)5个,量筒(10 mL)1个,酸式滴定管(50 mL)2支。

$CuSO_4$(A.R.),$AgNO_3$(0.1 mol·L^{-1})溶液,HNO_3(6 mol·L^{-1})溶液,硫酸铁铵饱和溶液,KCNS 饱和溶液。

22.4 实验步骤

(1) 实验装置如图2.40所示。

准备好电量计,为使铜在阴极上沉积牢固,先使阴极首先镀上一层铜。方法是把铜阴极用水洗净,放入含15 g $CuSO_4·5H_2O$、5 mL 浓硫酸、5 mL 乙醇与 100 mL 水配制成的电解液,在电流密度为 10~15 mA/cm^2 下电镀1 h。取出用蒸馏水清洗后,再用乙醇清洗。在空气中吹干,温度不能太高,以免铜氧化。然后在分析天平上称重得 g_1,仍放回库仑计中。

用少量 0.1 mol·L^{-1} $AgNO_3$ 溶液荡洗迁移管两次后,将迁移管中充满 0.1 mol·L^{-1} $AgNO_3$ 溶液。注意:切勿让气泡留在管中。准备好后,通电。

调节可变电阻,使线路中电流保持在 10~15 mA 之间。通电1 h后,停止通电。立即关上活塞 A 和 B(防止扩散)。将阴阳两区溶液放入已知质量的 50 mL 锥形瓶中称重(准确至0.01 g)。先取 25 mL 中间区硝酸银溶液,分析其浓度,若与原来浓度相差很大,实验要重做。

将两极区溶液分别移入 250 mL 锥形瓶中,加入 5 mL 6 mol·L^{-1} HNO_3 溶液和 1 mL 硫酸铁铵饱和溶液,用 KCNS 溶液滴定,至溶液呈浅红色,用力摇荡不褪色为止。

再取 25 mL 原始溶液称重后,分析。

停止通电后,立即取出铜库仑计中的阴极,按前述方法洗净,干燥后称重得 g_2。

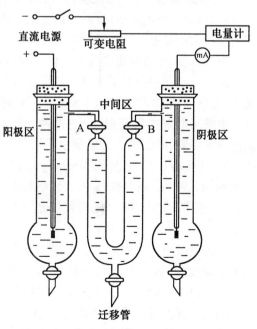

图 2.40 离子迁移数测定装置

(1) 由库仑计中铜阴极的增重计算总电量,公式为

$$Q = \frac{g_2 - g_1}{M(\frac{1}{2}Cu)}$$

式中　　$M(\frac{1}{2}Cu)$——基本单元 $\frac{1}{2}Cu$ 的摩尔质量；

　　　　F——法拉第常数。

(2) 由阳极区溶液的质量和分析结果计算阳极区的 $AgNO_3$ 的量及溶剂质量。
(3) 由原溶液之质量和分析结果计算与阳极部分同质量溶剂相当的 $AgNO_3$ 的量。
(4) 从上面结果算出 Ag^+ 和 NO_3^- 的迁移数。

22.5　思　考　题

(1) 实验中哪些步骤容易引起误差。
(2) 电流过大或过小对结果有何影响？
(3) 若通电前后中间区浓度改变,为什么要重做实验？

22.6　讨　论

希托夫法测迁移数至少包含了两个假定：① 电的输送者只是电解质的离子,溶剂(水)不导电,与实际情况较接近。② 离子不水合,否则,离子带水一起运动,而阴阳离子带水不一定相同,则两极区浓度改变,部分是由于水分子迁移所致。这种不考虑水合现象测得的迁移数称为表观或希托夫迁移数。若考虑到水的迁移对浓度的影响,算出阳离子或阴离子实际上迁移的数量,这种迁移数称为真实迁移数。

界面移动法是直接测定电解时溶液界面在迁移管中移动的距离求出迁移数。主要问题是如何获得鲜明的界面以及如何观察界面移动。为了获得鲜明的界面,首先必须防止对流的扩散。所以实验温度不能太高,管内温度应均匀,时间不能太长,电流密度不能太大,并选用毛细管作为迁移管,以减少两液体的接触面。其次,使用一个适当的跟随离子,它在单位电势梯度时的移动速率要小于被测离子。

23　最大气泡压力法测定液体表面张力

23.1　实验目的

(1) 熟悉用最大气泡压力法测定表面张力的原理和方法。
(2) 了解一定温度下浓度对表面张力的影响及一定浓度下温度对表面张力的影响。
(3) 掌握利用吉布斯(Gibbs)吸附方程式计算吸附量与浓度的方法。

23.2　实验原理

表面张力是物质的一种特性,对液体尤为显著和重要。从热力学观点来看,液体表面

缩小为一自发过程,是体系总吉布斯自由能减少的过程。如欲使液体产生新的表面积 ΔA,就需消耗一定量的功 W_r,其大小与 ΔA 成正比: $-W_r = \sigma \Delta A$,而等温、等压下 $\Delta G = -W_r$,如果 $\Delta A = 1 \text{ m}^2$,则 $-W_r = \sigma = \Delta G_{表}$,表面在等温下形成 1 m^2 的新表面所需的可逆功,即为吉布斯自由能的增加,故亦叫比表面吉布斯自由能。其单位习惯上多用 J/m^2 表示。从物理学的角度来看,是作用在单位长度界面上的力,故亦称表面张力,其单位习惯上用 N/m 表示。

表面张力的产生是由于表面分子受力不均衡引起的,当一种物质掺入后,对某些液体(包括内部和表面)及固体的表面结构会带来强烈的影响,则必然引起表面张力,即比表面吉布斯自由能的改变。根据吉布斯自由能最小原理,溶质能降低液体(溶剂)的表面吉布斯自由能时,表面层溶质的浓度比内部大;反之,若使表面吉布斯自由能增加,则溶质在表面的浓度比内部小。这两种现象都叫溶液的表面吸附,显然在指定温度和压力下,溶质的吸附量与溶液的表面张力和溶液的浓度有关。从热力学方法可导出它们之间的关系式,即吉布斯(Gibbs)等温吸附方程式

$$\Gamma = -\frac{c}{RT}\left(\frac{\partial \sigma}{\partial c}\right)_T \tag{2.82}$$

式中　　Γ——吸附量($\text{mol} \cdot \text{m}^{-2}$);

σ——比表面吉布斯自由能($J \cdot m^{-2}$)或称表面张力($N \cdot m^{-1}$);

T——绝对温度(K);

c——溶液浓度($\text{mol} \cdot \text{m}^{-3}$);

R——气体常数($8.314 \text{ J} \cdot \text{mol}^{-1} \cdot \text{K}^{-1}$)。

当 $\left(\frac{\partial \sigma}{\partial c}\right)_T < 0$ 时,$\Gamma > 0$,称为正吸附;当 $\left(\frac{\partial \sigma}{\partial c}\right)_T > 0$ 时,$\Gamma < 0$,称为负吸附。

溶于溶剂中能使其比表面吉布斯自由能 σ 显著降低的物质称为表面活性物质(即产生正吸附的物质);反之,称为表面惰性物质(即产生负吸附的物质)。

通过实验应用吉布斯方程式可作出浓度与吸附量的关系曲线。先测定在同一温度下各种浓度溶液的 σ,绘出 $\sigma - c$ 曲线,将曲线上某一浓度 c 对应的斜率 $\left(\frac{d\sigma}{dc}\right)_T$ 代入吉布斯公式,就可求出吸附量。

测定各平衡浓度下的相应表面张力 σ,作出 $\sigma - c$ 曲线(图 2.41),并在曲线上指示浓度的点 L 作一切线交纵轴于点 N,再通过点 L 作一条平行横轴线交纵轴于点 M,则有如下的关系式

$$-c_1 \frac{d\sigma}{dc} = \overline{MN} \quad 即 \quad \Gamma_1 = \frac{\overline{MN}}{RT}$$

由上法算出适当间隔(浓度)的对应 Γ 值,便可作出 $\Gamma - c$ 曲线,如图 2.42,标有 Γ_∞ 的虚线表示吸附已达饱和,此时溶质的浓度再增加,表面浓度也不再增加,其表面张力也不继续下降。

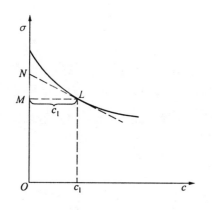
图 2.41　σ–c 曲线

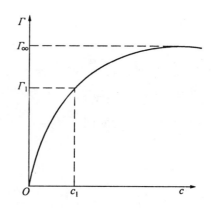
图 2.42　Γ–c 曲线

测量表面张力的方法很多,如毛细管上升法、滴重法、拉环法等,而以最大气泡压力法较方便,应用较多,实验装置如图 2.43。基本原理是将欲测表面张力的液体装于试管 2 中,使毛细管 1 的端口与液体表面刚好接触,液面沿毛细管上升,打开滴液漏斗 6 的玻璃活塞 5,滴液的加入可达到缓慢增压目的,此时毛细管 1 内液面上受到一个比管 2 内液面上大的压力,当此压力差稍大于毛细管端产生的气泡内的附加压力时,气泡就冲出毛细管。此压力差 Δp 和气泡内的附加压力 $p_{附}$ 始终维持平衡。压力差 Δp 可由压力计读出。

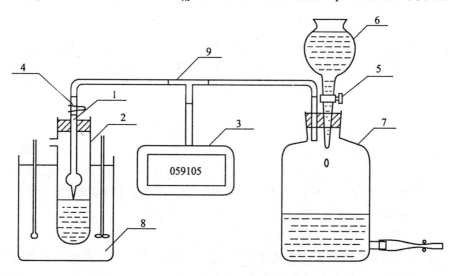

图 2.43　表面张力测试装置
1—玻璃毛细管;2—带支管试管;3—数字式微压差测量仪;4—夹子;5—玻璃活塞;
6—滴液漏斗;7—增压瓶;8—恒温容器;9—T 形管

气泡内的附加压力

$$p_{附} = \frac{2\sigma}{\gamma} \tag{2.83}$$

式中　γ——气泡的曲率半径;

σ——溶液的表面张力。

由于 $\Delta p = p_{附}$,则

$$\sigma = \frac{\gamma}{2} \cdot \Delta p \tag{2.84}$$

因为只有气泡半径等于毛细管半径时,气泡的曲率半径最小,产生的附加压力最大,此时压力计上的 Δp 也最大。所以在测得压力计上的最大 Δp 对应的即为毛细管半径。毛细管半径不易测得,但对同一仪器又是一常数,即 $\frac{\gamma}{2}$ = 常数,设为 K,称做仪器常数,则式(2.84)变为

$$\sigma = K\Delta p \tag{2.85}$$

用已知表面张力 σ_0 的液体测其最大压力差 Δp,则 $K = \frac{\sigma_0}{\Delta p}$,代回上式可测任何溶液的 σ 值。

23.3 实验仪器及药品

恒温水浴容器,数字式微压差测量仪,玻璃毛细管,滴液漏斗,增压瓶。

蒸馏水,正丁醇溶液:$0.0125\ mol \cdot L^{-1}$,$0.025\ mol \cdot L^{-1}$,$0.05\ mol \cdot L^{-1}$,$0.10\ mol \cdot L^{-1}$,$0.20\ mol \cdot L^{-1}$,$0.30\ mol \cdot L^{-1}$,$0.40\ mol \cdot L^{-1}$,$0.50\ mol \cdot L^{-1}$(除此浓度外,其他浓度的正丁醇溶液需自行配制)。

23.4 实 验 步 骤

(1) 仪器的清洗。将表面张力测试装置中的1、2用洗液浸泡数分钟后,用自来水及蒸馏水冲洗干净,不要在玻璃面上留有水珠,使毛细管有很好的润湿性。

(2) 仪器常数的测定。在滴液漏斗中装满水,塞紧塞子。使夹子4处于开放状态。在管2中注入少量蒸馏水,装好毛细管,并使其尖端处刚好与液面接触(多余液体可用洗耳球吸出),使夹子处于关闭状态。为检查仪器是否漏气,打开滴水增压,在微压差计上有一定压力显示,关闭开关,停 1 min 左右,若微压差计显示的压力值不变,说明仪器不漏气。再打开活塞5继续滴水增压,空气泡便从毛细管下端逸出,控制使空气泡逸出速率每分钟20个左右,可以观察到,当空气泡刚破坏时,微压差计显示的压力值最大,读取微压差计压力值至少3次,求平均值。由已知蒸馏水的表面张力 σ_0(可查附表4.15)及实验测得的压力值 Δp_0,可算出仪器常数 K 值。

(3) 正丁醇溶液系列表面张力的测定。先夹上夹子4,然后把表面张力仪中的蒸馏水倒掉,用少量待测溶液将内部及毛细管冲洗 2~3 次,然后倒入要测定的正丁醇溶液。从最稀溶液开始,依次测较浓的溶液。此后,按照与测量仪器常数的相同操作进行测定。

将正丁醇溶液测完后,洗净管子及毛细管,依法重测 1 次蒸馏水的表面张力,与实验前测的蒸馏水的表面张力值进行比较,并加以分析。

(4) 改变恒温水浴温度,按上述步骤测定 35 ℃ 下正丁醇系列浓度的表面张力。

23.5 实验数据处理

(1) 将实验数据及结果填入表 2.12 中。

表 2.12　　室温：　　℃，水的表面张力 σ_0：

c(正丁醇)/(mol·L^{-1})	1	2	3	平均	$K = \dfrac{\sigma_0}{\Delta p_0}$	σ	Γ
0(纯水)							
0.0125							
0.025							
0.050							
0.100							
0.200							
0.300							
0.400							
0.500							
0(纯水)							

(2) 按表列和计算的数据画出正丁醇的"$\sigma - c$"图。

(3) 在"$\sigma - c$"图上用切线法求各适当间隔的浓度的值，并作出"$\Gamma - c$"吸附等温线。

(4) 作出 35℃ "$\Gamma - c$" 吸附等温线，并与 25℃ 线比较得出温度影响结论。

23.6　思考题

(1) 为什么不需要知道毛细管尖口的半径？

(2) 为什么不能将毛细管插进液体里去？

(3) 液体表面张力的大小与哪些因素有关。

(4) 欲求出一表面活性剂的临界胶束浓度，应怎样设计实验步骤。

24　流动吸附色谱法测定固体比表面积

24.1　实验目的

(1) 用色谱法测定固体比表面积。

(2) 了解流动吸附色谱法测定固体比表面的基本原理和方法。

(3) 掌握气相色谱的基本操作技能。

24.2　实验原理

在多孔吸附剂和催化剂的理论研究和生产制备中，固体物质的比表面积是一个重要的结构参数。气相色谱法的研究表明，色谱峰形及其保留指数与吸附剂(载体)、吸附物(被分析物)的性质和结构有密切关系。可用色谱法来研究吸附剂和催化剂的表面性质和结构性质，如比表面积、孔径分布、微孔结构、有效扩散系数以及吸附热等。

色谱法测定比表面积的方法有许多种，其共同特点是设备简单、操作及计算简易、迅速，且能自动记录。其中应用较广的有以下两种类型，共三种方法。

(1) 保留体积法。此法无需利用 BET 公式，可由对单位吸附剂表面的绝对保留体积直接求出比表面积。

(2) 由色谱图求出吸附等温线,再用 BET 公式计算出比表面。

① 用迎头法或冲洗法测定吸附等温线。

② 连续流动法(也称热脱附法)。

上述方法中,以连续流动法应用最广,测量比表面积的范围可从 0.01 ~ 1 000 m²/g。理论上不要求作任何假定,其结果准确度相对较高。基本原理及实验方法如下。

流动吸附色谱法测比表面积,以 BET 理论为基础。利用式(2.86)

$$\frac{p/p_0}{V_a(1-p/p_0)} = \frac{1}{V_m C} + \frac{(C-1)}{V_m C} \times \frac{p}{p_0} \tag{2.86}$$

求出 V_m,再应用下式求得样品的比表面积

$$S = V_m N_A \sigma / m \times 22\,400 \tag{2.87}$$

式中　　p——N_2 的分压(Pa);

p_0——在液氮的温度下 N_2 的饱和蒸气压(Pa);

V_a——平衡吸附的体积(m³);

V_m——吸附剂上吸满单分子层所需的气体体积(m³);

C——与吸附热、凝聚热、温度有关的常数;

m——样品的质量(g);

N_A——Avogadro 常数;

σ——N_2 分子的截面积(m²)。

流动吸附色谱法是用惰性气体 He 或 H_2 作为载气,N_2 作为吸附物,其简单流程如图 2.44 所示。

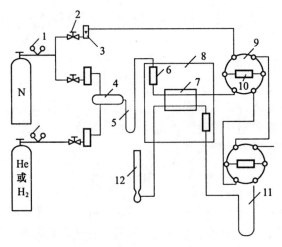

图 2.44　色谱法测定比表面积流程图

1—减压阀;2—稳压阀;3—流量计;4—混合器;5—冷阱;6—恒温管;7—热导池;8—油箱;9—六通阀;10—定体积管;11—样品吸附管;12—皂膜流量计

一定流速的载气和氮气在混合器混合后,依次通过液态氮冷阱、热导池参考臂、平面

六通阀、样品管、热导池测量臂,最后经过皂膜流速计放空。另一路氮气作为校准用,流经两个平面六通阀后放空。两种气体以一定的比例混合通过样品管,在室温下,载气和 N_2 气不被样品所吸附,热导池桥路处于平衡状态,记录器基线为一直线。当样品管放入液氮中,N_2 气发生物理吸附作用,而作载气的惰性气体 He(或 H_2) 则不被吸附。此时热导池桥路失去平衡,记录器上出现一个氮吸附峰,见图 2.45,取走液氮后,吸附的 N_2 就从样品中脱附出来,这样记录器上又出现一个与吸附峰方向相反的脱附峰。最后转动六通阀,在混合气中注入已知体积的纯 N_2,又可得到一个标样峰。根据标样峰和脱附峰的面积,即可算出在此分压下样品的吸附量。改变 N_2 和载气的混合比例,就可测出几个不同 N_2 分压下的吸附量,然后应用 BET 公式算出比表面积。

24.3 实验仪器与药品

BC-1 型(或其他型号)比表面测定仪 1 台,氮气钢瓶 1 个,氢气钢瓶 1 个,氧蒸气压力计 1 支,加热炉 1 个,分子筛。

24.4 实验步骤

本实验所用载气为 H_2,仪器为 BC-1 型比表面积测定仪。氮饱和蒸气压的测定用氧蒸气压力计,如图 2.46 所示。

(1) 准确称取 110 ℃烘干的样品 3 g 放于样品管中,并接到仪器样品管接头上。将放有液氮的保温杯套在冷阱上(在侧门内)。六通阀转到测试位置,用加热炉将样品管加热到 200 ℃,用 H_2 扫 1 h,停止加热,冷至室温。

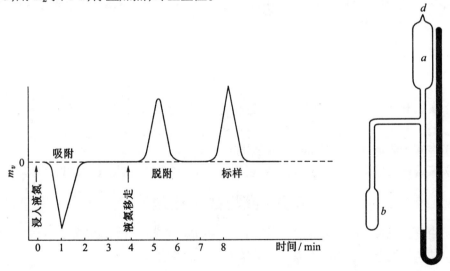

图 2.45 氮的吸附、脱附和标样峰　　图 2.46 氧蒸气压力计

(2) 调节载气流速约 40 mL·min^{-1},待流速稳定后,用皂膜流量计准确测定其流速,以后在测量过程中载气流速保持不变。

(3) 调节 N_2 流速(约 5 mL·min^{-1}),待流速稳定,两种气体混合均匀后,用皂膜流量计

准确测定混合气体总流速 R_T，由此可求出氮的分流速

$$R_{N_2} = R_T - R_{H_2} \tag{2.88}$$

以及氮的分压

$$p = p_B \cdot R_{N_2}/R_T \tag{2.89}$$

式中 p_B——大气压。

（4）仪器接通电源（注意一定要在样品管通气后，才能接通电源），调节"电流调节"电位器，将电流调到 100 mA，电压表指示为 20 V。逆时针转动记录器调零旋钮转到尽头，衰减比放在 1/16 处，调节"粗"、"细"调节旋钮，使记录器指针处于零位，也就是调节电桥的输出为零，最后再调"记录器调零"旋钮，此时，记录器的指针可以从零调到最大即为正常。

（5）如条件不变，可采用 1/8（或 1/4）衰减比，待记录器基线确实走稳后，将液氮保温杯套到样品管上。片刻后就在记录纸上出现吸附峰。

（6）记录器回到原来基线后，将液氮保温杯移走，在记录纸上出现一个与吸附峰方向相反的脱附峰，并计算出峰面积（峰高 × 半宽度）。

（7）脱附完毕，记录器基线回到原来位置后，将六通阀转至标定位置（在测量过程中，六通阀始终在测量位置），记录纸上记下标样峰，并计算出峰面积。

（8）将液氮保温杯套到氧蒸气压力计的小玻璃球上，记下两边水银面的高度差，再查附录中的表 4.17 氮及氧在 77～84 K 时的饱和蒸气压，求出氮饱和蒸气压 p_0。

（9）以上完成了在一个 N_2 平衡压力下吸附量的测定，改变 N_2 的流速（每次较前次增加 3 mL·min^{-1}），使相对压力 p/p_0 不超过 0.05～0.35。按步骤 5、6、7、8、9 重复 3 次，即完成一个样品的测量工作。

（10）记录实验时的大气压及室温。

24.5 实验注意事项

（1）实验开始时，应先通载气再开色谱仪电流；实验结束后，应先关色谱仪电流再断开载气。

（2）在整个测量过程中保持载气流速恒定。

（3）实验样品必须干燥再装入仪器，否则会使水蒸气聚集在热导池附近而影响测定。

24.6 实验数据处理

（1）由皂膜流量计测量的数据，计算出 R_{H_2} 和 R_T，并求出 R_{H_2} 及其分压 p 值。

（2）从色谱图上分别求出在氮的各分压下相应的吸附量

$$V' = 1.06 \times A/A_{标}$$

再换算成标准状态下的

$$V_a = V' \times 273 p_B/760 T$$

式中 A——脱附峰面积；

$A_{标}$——标样峰面积；

1.06——六通阀管体积；

T——室温(K)；

p_B——大气压。

(3) 由氧气压力计读出的 p_{O_2},查附录中的表 4.17 变换成 p_0(在液氮温度下,N_2 的饱和蒸气压)。

(4) 以 p/p_0 对 $V_a(1-p/p_0)p/p_0$ 作图,求出直线斜率和截距,从斜率和截距求出 V_m。

(5) 将 V_m 代入式(2.68),求出比表面积 S。

24.7 思考题

(1) 在实验中为什么要控制 $\dfrac{p}{p_0}$ 在 0.05～0.35 之间?

(2) 分析影响本实验的误差因素,如何提高实验的准确度?

24.8 讨论

一般 BET 重量法或容量法测定比表面积虽然再现性、可靠性都较好,但设备复杂,需要高真空系统,并且使用大量汞。而流动吸附法测定固体比表面设备简单,操作简易迅速,且灵敏度高,不需要测定死体积,更适合于测定低比表面积的固体物质。

25 BET静态重量法测定固体物质的比表面积

25.1 实验目的

(1) 用 BET 静态重量法测定硅胶对甲醇蒸气的吸附等温线,并计算其比表面积。

(2) 了解多分子层吸附理论及 BET 公式,掌握测定比表面积的原理和方法,并熟悉高真空实验技术。

25.2 实验原理

1.比表面积的推导

固体物质比表面积的测定已经成为了解物性的重要手段之一,因此,比表面积的测定已被广泛应用于科研和生产实际中。测定固体比表面积常用的方法是BET法。它可分为静态吸附法和动态吸附法;静态吸附法又分为重量法和容量法。重量吸附法是利用测高仪来测量一定的量的吸附剂样品,在不同的吸附压力下吸附气体(吸附质)后,由于质量的变化而引起石英弹簧长度的变化,它能用称量的方法显示出吸附量,并用BET公式计算比表面积。BET法是基于物理吸附概念,经过一些假设,给出了在恒温条件下吸附量与吸附质的相对压力间的关系式

$$V = \frac{V_m C_p}{(p_0 - p)[1 + (C-1)p/p_0]} \tag{2.90}$$

式中　p—— 吸附达到平衡时的压力(Pa);
　　　p_0—— 吸附温度下,吸附质的饱和蒸气压(Pa);
　　　V—— 平衡压力时,每克吸附剂所吸附的吸附质的量(g·g^{-1});
　　　V_m—— 在每克吸附剂表面上形成一个单分子层所需的吸附质的量(g·g^{-1});
　　　C—— 与温度、吸附热及汽化热有关的常数。

式(2.90)可以改写为线性形式

$$\frac{p}{V(p_0-p)} = \frac{1}{V_m C} + \frac{C-1}{V_m C} \times \frac{p}{p_0} \tag{2.91}$$

该公式通常只适用于比压(p/p_0)在 0.05~0.36 之间。这是因为比压小于 0.05 时,压力太小建立不起多分子层吸附的平衡,甚至连单分子层物理吸附也还未完全形成。在比压大于 0.36 时,由于毛细管凝聚变得显著起来,因而破坏了吸附平衡。

假设石英弹簧秤空载时吊篮所处的长度为 l_0,加上吸附剂并经过脱气后的长度为 l_1,吸附平衡时的长度为 l_2,则平衡吸附量 V 可表示为

$$V = \frac{k(l_2-l_1)}{k(l_1-l_0)} = \frac{l_2-l_1}{l_1-l_0} \tag{2.92}$$

式中　k—— 弹力系数;
　　　(l_2-l_1)—— 被吸附气体的质量;
　　　(l_1-l_0)—— 吸附剂的质量。

则式(2.91)可变为

$$\frac{l_1-l_0}{l_2-l_1} \times \frac{p}{p_0-p} = \frac{1}{V_m C} + \frac{C-1}{V_m C} \times \frac{p}{p_0} \tag{2.93}$$

用 $\frac{l_1-l_0}{l_2-l_1} \times \frac{p}{p_0-p}$ 对 $\frac{p}{p_0}$ 作图得一直线,从直线的斜率 $A = \frac{C-1}{V_m C}$ 和截距 $B = \frac{1}{V_m C}$ 可求得

$$V_m = \frac{1}{A+B} \tag{2.94}$$

根据所求得的 V_m,可利用下式计算吸附剂的比表面积 S_0(m^2·g^{-1})

$$S_0 = \frac{N_A V_m \sigma}{M 10^{20}} \tag{2.95}$$

式中　N_A—— 阿伏伽德罗常数;
　　　σ—— 被吸附气体分子的截面积(本实验用甲醇作吸附质,在 20~25℃ 时,甲醇分子的截面积 σ = 25 nm^2);
　　　M—— 被吸附气体的摩尔质量。

2.吸附等温线

此外,保持温度不变,显示吸附量与比压之间的关系曲线称为吸附等温线。从吸附等温线可以反映出吸附剂的表面性质、孔分布以及吸附剂与吸附质之间的相互作用等有关信息。常见的吸附等温线有如图 2.47 所示的五种类型(横坐标是比压 p/p_0,p 是吸附质蒸气的平衡压力,p_0 是吸附温度时吸附质的饱和蒸气压)。

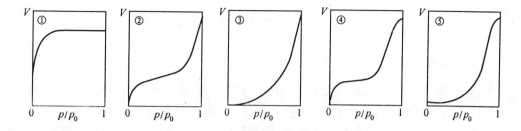

图 2.47 常见的五种吸附等温线

① 在 2.5 nm 以下微孔吸附剂上的吸附等温线属于这种类型。

② 常称为 S 型等温线。吸附剂孔径大小不一,发生多分子层吸附。在比压接近 1 时,发生毛细管和孔凝聚现象。

③ 这种类型较少见,当吸附剂和吸附质相互作用很弱时,会出现这种等温线。

④ 多孔吸附剂发生多分子层吸附时,会有这种等温线。当比压较高时,有毛细管凝聚现象。

⑤ 发生多分子层吸附,有毛细管凝聚现象。

3. 吸附滞后

孔型固体的吸附等温线在某一压力范围内吸附曲线大多与脱附曲线分离的现象称为吸附滞后。吸附曲线与脱附曲线分离部分构成的循环称为吸附滞后圈(环)。从环的类型可以推测孔的大致形貌。如图 2.48 所示。

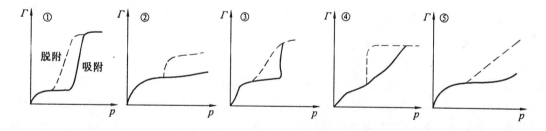

图 2.48 常见的五种吸附滞后等温线

① 两端开口,孔径均匀。

② 平行板夹缝。

③ 锥形或双锥形孔。

④ 口小腔大的孔。

⑤ 四面隔板交错重叠的缝隙。

25.3 实验仪器与药品

真空系统(包括玻璃系统、真空机组、复合真空计、加热炉)1 套,测高仪 1 台,超级恒温水浴 1 个。

甲醇(A.R.),硅胶,高真空活塞油。

25.4 实验步骤

1. 实验装置

如图2.49所示，A为水银压力计，B为吸附质的样品管，C为带磨口的玻璃套管，D为悬挂于套管中的石英弹簧，E为悬挂于弹簧下端盛吸附剂的样品筐。抽真空用真空机组，它由机械泵和油扩散泵组成。C管加热，在脱附活化时用电炉加热。室温下恒温吸附用超级恒温水浴。读取压力计读数用测高仪。

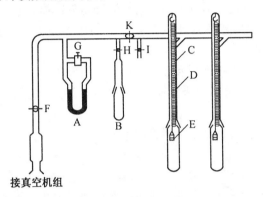

图2.49　重量法测定比表面积装置示意图

2. 样品处理

(1) 吸附质甲醇的精制。实验前首先测定甲醇的折光率，如不符合标准，则应进行提纯。然后将合格的甲醇装入B管，用液氮冷冻使其凝固，打开活塞H抽真空，除去混于其中的不溶性气体杂质，关闭活塞H，撤走液氮，使甲醇自然融化。再用液氮冷冻，待甲醇凝固后，打开活塞抽真空。如此重复2～3次。待用（实验前已处理）。

(2) 吸附剂硅胶的处理。将硅胶用分子筛（60～80目）筛选后，于120℃下烘烤2 h，然后放入干燥器中备用（实验前已处理）。

3. 比表面积的测定

(1) 测定弹簧秤空载时的长度 l_0。测量前检查密封情况，开动机械真空泵，当体系的真空度达1.33 Pa时，用测高仪测定弹簧秤的空载时的长度 l_0。

(2) 样品的活化和 l_1 的测定。根据弹簧秤的使用范围和可能的吸附量用台秤称取约0.2～0.3 g硅胶。将装有硅胶的样品筐小心地挂在弹簧秤上，并套上套管。按照"真空获得"与"真空测量"进行操作。关闭活塞I，旋开活塞F、K和G，并对系统进行抽真空。抽至0.013 Pa（10^{-4} mmHg）左右后（用复合真空泵测量），用筒式电炉加热到150℃进行活化1 h。然后停止加热，撤去加热器，让套管自然冷却至室温关闭活塞F、G，使系统封闭。在玻璃套管外用超级恒温槽进行循环水恒温。当温度恒定在20～25℃时，用测高仪测定弹簧秤的伸长度 l_1。

(3) 吸附量和吸附平衡压力的测定。关闭活塞 K 以后，缓慢地旋开活塞 H，使吸附质缓慢地进入系统中。然后关闭活塞 H，缓慢打开活塞 K，如此反复几次，直至系统达到预期的压力为止（一般为 532.8 ~ 666 Pa）。最后，将活塞 H 关闭，K 打开，每隔数分钟读取一次压力。如在 30 min 内压力读数不变时，即可认为达到吸附平衡。记下吸附管温度和平衡压力，并用测高仪测定此时弹簧伸长度。改变 p 值，重复上述操作。要求至少测定 4 ~ 5 个不同的 p 值。

实验结束后，缓缓打开活塞 G，使压力计两边水银面达到平衡，再缓缓地打开活塞 I，使系统与大气相通，关闭恒温水浴。

注意：在进样时，应特别注意不能同时打开活塞 H 和 K，应交替地开和关，并要十分缓慢地旋动活塞，否则会造成严重后果。轻则将会把吸附剂吹出样品筐，重则会损坏石英弹簧秤。随意旋开或关闭活塞 G，也会造成重大事故。

25.5 实验数据处理

将所得数据列于表 2.13 中。

(1) 由平衡压力 p，并查出吸附温度下甲醇的饱和蒸气压 p_0，计算表中各量。

$l_0 =$　　　　$l =$　　　　$p_0 =$　　　　吸附温度：

表 2.13　实验数据记录表

平衡压力 p/Pa			l_2/mm	$(l_2 - l_1)$/mm	$\dfrac{l_1 - l_0}{l_2 - l_1} \times \dfrac{p}{p_0 - p}$	$\dfrac{p}{p_0}$
$H_{左}$	$H_{右}$	ΔH				

(2) 用 $\dfrac{l_1 - l_0}{l_2 - l_1} \times \dfrac{p}{p_0 - p}$ 对 $\dfrac{p}{p_0}$ 作图。

(3) 由截距和斜率求出 V_m。

(4) 由公式(2.95)求出 S_0。

25.6 思考题

(1) 吸附剂与吸附质为什么要脱气？如何脱气？

(2) 在实验中 $\dfrac{p}{p_0}$ 值为什么必须控制在 0.05 ~ 0.36 之间？

(3) 为什么可用物理吸附现象测定比表面积？

(4) 分析引进误差的因素有哪几方面？如何减小误差，以提高精确度？

26　沉降法测定粒度分布

26.1　实验目的

(1) 用扭力天平测定白土的粒度分布。

(2) 掌握粒度分布的数据处理方法。

(3) 了解计算机与电子天平联用测绘沉降曲线、拟合曲线方程、研究粒度分布的原理与方法。

26.2 实验原理

粒度分布测定是指使一悬浮液中的粒子在重力场作用下沉降,从不同时间内的沉降量求得不同半径粒子相对量的分布。其测定理论根据是基于斯托克斯(Stokes)定律的力平衡原理:假设半径为 r 的球形粒子在重力作用下,在黏度为 η 的均相介质中以速度 v 作等速运动,则粒子所受到的阻力(摩擦力)f 由下式决定

$$f = 6\pi\eta r v \tag{2.96}$$

由于粒子作等速运动,所以这一摩擦力应等于粒子所受的重力,即 $\frac{4}{3}\pi r^3(\rho - \rho_0)g$,故

$$6\pi\eta r v = \frac{4}{3}\pi r^3(\rho - \rho_0)g \tag{2.97}$$

式中　η——介质粘度(Pa·s);

v——粒子沉降速度(m·s^{-1});

ρ——粒子密度(kg·m^{-3});

ρ_0——介质密度(kg·m^{-3});

g——重力加速度(m·s^{-2})。

由式(2.97)可得

$$r = \sqrt{\frac{9}{2}\frac{\eta v}{(\rho - \rho_0)g}} \tag{2.98}$$

若已知 η、ρ、ρ_0,则测定粒子沉降速度 v,就可算得粒子半径 r 值。

设沉降前不同半径的粒子均匀地分布在介质中,而且半径相同的粒子沉降速度都相等。

若悬浮液中只有一种同样大小的粒子,在沉降天平中测定该悬浮液在不同时间 t 内沉降在盘中的粒子质量 m,作出的 $m - t$ 曲线(沉降曲线)应该是一条通过原点的直线 OA,如图2.50(a)所示。当时间至 t_1 时,处在液面的粒子亦已沉降到盘上,即沉降完毕,其

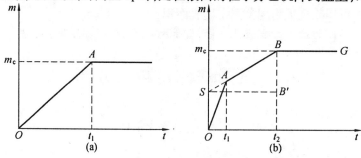

图 2.50　简单的沉降曲线

总沉降量为 m_c。此后 BG 即成为平行于横轴的直线。根据盘至液面的距离 h 和时间 t_1，可以算出这种粒子的沉降速度 v，即

$$v = \frac{h}{t_1} \tag{2.99}$$

将此式代入式(2.98)，则粒子的半径

$$r = \sqrt{\frac{9}{2} \frac{\eta h}{(\rho - \rho_0) g t_1}} \tag{2.100}$$

相应的沉降时间为

$$t_1 = \frac{9 \eta h}{2 g (\rho - \rho_0) r^2} \tag{2.101}$$

对于含有两种不同半径粒子的系统，其沉降曲线形状如图 2.50(b) 所示。在大粒子沉降时总是伴随着小粒子的沉降，OA 段反映了大粒子和一部分小粒子的共同沉降，因此斜率较大。至 t_1 时，大粒子全部沉降完毕。此后只剩下较小的粒子继续沉降，因此沉降曲线发生转折，沿 AB 段上升。至 t_2 时，小粒子也沉降完毕。m_c 为两种粒子在沉降盘上的总质量。

为了求两种粒子的相对含量，可将线段 AB 延长，交纵轴于 S。OS 即为第一种(较大的)粒子的质量，$m_c S$ 即为第二种(较小的)粒子的质量。因为线段 AB 是表示只剩下第二种粒子时的沉降曲线，所以其斜率 $\frac{BB'}{SB'}$ 为这种粒子在单位时间内的沉降量 $\frac{\Delta m}{\Delta t}$。显然，在 t_2 时间内沉降的小粒子质量应为 $\frac{BB'}{SB'} \times Ot_2 = BB' = m_c S$。将总量减去小粒子的量，即为第一种大粒子的量，所以 $OM_c - m_c S = OS$ 即为第一种粒子的沉降量。

实际上所遇到的悬浮液均为粒子半径连续分布的体系，即多级分散体系。其沉降曲线如图 2.51 所示。在某一时间 t_1，已沉降的粒子质量为 m_1，按大小可分为两部分：一部分半径大于 $r_1 (r_1 = \sqrt{\frac{9}{2} \frac{\eta h}{(\rho - \rho_0) g t_1}})$ 的粒子已全部沉降；另一部分半径小于 r_1 的粒子仍在继续沉降。过点 A 作切线与纵轴交与 S_1，则 $m_1 S_1$ 表示半径小于 r_1 的粒子在 t_1 时间内的沉降量，而 OS_1 则表示半径大于 r_1 的粒子全部沉降的量。至 t_2 时，可作点 B 切线与纵轴交与 S_2，OS_2 表示半径大于 r_2 的粒子全部沉降的量，$m_2 S_2$ 表示半径小于 r_2 的粒子在 t_2 时间内沉降的量。同理，OS_3 表示半径大于 r_3 的粒子全部沉降的量，等等。

因此，$OS_2 - OS_1 = S_1 S_2 = \Delta S_{1\sim 2}$ 表示半径处于 r_1 和 r_2 之间的粒子的量。同样，$S_2 S_3 = \Delta S_{2\sim 3}$ 表示半径处于 r_2 和 r_3 之间的粒子的量。若沉降总量为 m_c，则 $\frac{\Delta S_{1\sim 2}}{m_c} \times 100\%$ 表示半径处于 r_1 和 r_2 之间的粒子的量占粒子总量的百分数，依次类推。定义 $\frac{\Delta S}{m_c \Delta r}$ 为分布函数，以分布函数对 r 作图，即可得到如图 2.52 所示的粒度分布图。

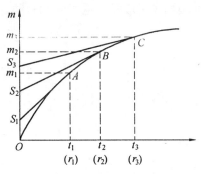 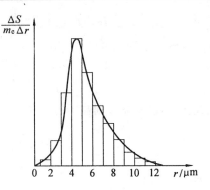

图 2.51 多级沉降曲线　　　　　图 2.52 粒度分布图

26.3　实验仪器与药品

JN-B-500 精密扭力天平 1 台,超级恒温槽 1 台,密度瓶 1 支。

白土,去离子水。

26.4　实验步骤

(1) JN-B-500 精密扭力天平及实验装置如图 2.53 所示。称取约 2.5 g 400 目白土在沉降筒内,加 500 mL 去离子水配置成沉降液。

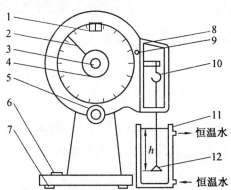

图 2.53　JN-B-500 精密扭力天平及实验装置示意图
1—平衡指针;2—读数指针;3—保护壳;4—读数旋钮;5—制动旋钮;6—水准器;7—垫脚;8—计量盒;9—提手;10—悬挂臂与钓钩;11—恒温沉降筒;12—沉降盘

(2) 开启超级恒温槽,使沉降筒达到实验指定温度。

(3) 查看扭力天平是否放置水平,不然则调整之。逆时针关闭天平上的制动旋钮 5,小心挂上沉降盘。注意勿碰悬挂臂,因为这样会造成天平损坏。

(4) 打开磁力搅拌器,激烈搅拌沉降液,务必使所有的粒子都均匀悬浮在介质中。

(5) 关闭搅拌器,立即使用玻璃棒搅拌悬浮液,消除由于磁力搅拌所产生的离心作用。

(6) 迅速放好沉降筒,悬挂沉降盘,并开启扭力天平的制动旋钮,旋转读数旋钮,使天平指针1指在中线位置,并且指针与镜子中的影像重合,记录下读数指针2所指的读数。((5)、(6)两步操作应在关闭搅拌器后20 s内完成)

(7) 旋转读数按钮,跟踪沉降盘的质量变化,使平衡指针始终处于中线位置,且与镜中影像重合。开始时每隔1 min读数一次,8次后,读数间隔增为2 min,再过6次后,读数间隔增为3 min,再过5次后,读数间隔增为5 min,读数8次。

(8) 待沉降完毕,记下系统温度并测量沉降高度 h(即悬浮液液面到沉降盘的距离)。

(9) 白土密度测定。首先称量洁净干燥的空比重瓶质量为 m_0。注满蒸馏水后放入恒温槽恒温。15 min后用滤纸吸去瓶塞上毛细管口溢出的液体,称得质量 m_1。倒去水后将比重瓶吹干,放入适量白土称得质量为 m_2。然后在比重瓶中注入适量蒸馏水,待白土完全湿润后,再将比重瓶注满蒸馏水恒温后,同时操作,称得质量为 m_3。按式(2.102)计算白土的密度

$$\rho = \frac{m_2 - m_0}{(m_1 - m_0) - (m_3 - m_2)} \rho_0 \tag{2.102}$$

式中 ρ_0—— 实验温度下水的密度(kg·m^{-3})。

26.5 实验数据处理

(1) 沉降曲线的绘制。以沉降量 m 为纵坐标、时间 t 为横坐标作出沉降曲线。

(2) 作切线求各半径范围粒子的相对含量。按式(2.101)计算粒子半径 r 分别为 8 μm、6 μm、5 μm、4 μm、3.5 μm、3 μm、2.5 μm 的沉降时间。然后在沉降曲线上找到相应的点,用镜面法作过这些点的切线,得到沉降量轴上各截距(如 OS_1、OS_2…)。根据各截距值计算粒子半径为 8~6 μm、6~5 μm、5~4 μm、4~3.5 μm、3.5~3 μm、3~2.5 μm、2.5~0 μm 等不同粒度范围内的相应沉降量 ΔS 值。

(3) 沉降总量的计算。在悬浮液中,半径很小的粒子全部沉降完毕需要很长的时间。为此,可用如图2.54所示的外推法求得沉降总量。即在沉降曲线下方,以沉降曲线的末端高分散度颗粒沉降量的原截距对 $\frac{A}{t}$ (A 为任意整数,如取 A = 1 000)作图,得一直线,延长此直线与沉降量轴的交点 G 即相当于总沉降量。

(4) 作粒度分布图。计算一系列分布函数 $\frac{\Delta S}{m_c \Delta r}$ 值,以此为纵坐标,粒子半径为横坐标,画出一系列长方形,如图2.52所示,即得粒度分布图。

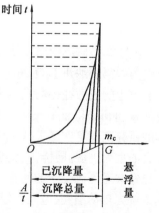

图2.54 沉降曲线与沉降总量的计算

26.6 思考题

(1) 粒子的分布应与温度无关,为什么本实验要在恒温下进行?

(2) 为什么要在搅拌后调节天平的平衡?若搅拌过猛,在沉降盘下出现气泡,对实验结果有何影响?

(3) 若悬浮液中粒子较大,以致沉降速度太快,可采取什么措施减慢其沉降速度?

(4) 某半径范围的粒子分布函数和它的相对含量有何关系？如何换算？

26.7 讨　论

(1) 为做好此实验，在配制沉降液时应注意如下问题。

① 分散介质的选择。对密度较小的细粒子，分散介质可选用（如去离子水或甲醇、苯等）黏度较小的液体。对密度较大的粗粒子，可选用（如正丁醇、豆油等）黏度较大的液体。

② 分散剂的选择。为防止某些试样粒子的凝聚黏结而改变粒子的大小，在悬浮液中必须加一定量的分散剂。如以水为介质时，常加质量分数为 0.2% 的六偏磷酸钠或亚甲基双萘磺酸钠等。

③ 试样的用量。应根据试样的密度、天平的称量范围与沉降所需要的时间来确定试样的用量。

(2) 沉降分析的理论基础是以球形颗粒为前提的斯托克斯定律。但在实际试样中例子多为形状不一的多面体。所以作为计算结果的粒子半径及其分布只能看作是相当于球形的当量半径及其相对分布。

27　牙膏流变曲线的绘制与流变性质的研究

27.1　实验目的

(1) 了解牛顿型流体与非牛顿型流体的力学特性及其黏度的测定方法。
(2) 熟悉旋转黏度计的结构特点和使用方法。
(3) 测定并绘制牙膏流变曲线。

27.2　实验原理

流变学是研究物质流动和变形的一门学科，即研究其流变性质。"流变学"这一术语是美国印第安纳州 Lafayette 学院 Binghan 教授发明的。物质的流变性质非常实用，许多产品和过程的成败往往与其是否具有适宜的流变性质有密切关系。在20世纪20年代开始已对沥青、润滑剂、油漆、塑料和橡胶等广泛不同材料的流变性质进行了初步研究。现在流变学的研究范围更广泛了，在生物流变学、高分子流变学和悬浮体流变学方面，已取得了有意义的重大进展。同样，流变学在化学加工工业中的重要性也有高度的评价。在日常生活中也经常遇到流变学的问题，例如用涂料刷墙时，既要求涂料有良好的流平性，刷子留下的痕迹会自动消失，但又希望涂料未干时不会从墙上淌下来，即具有良好的触变性。又如一些血栓症起因于血液黏度异常，因而导致微循环和组织的新陈代谢出现障碍。血液黏度的测量有助于病情的诊断，以便及时采取措施。除了广泛的实际应用之外，流变学方法的基础研究也很重要。由于流变学所研究的流动和变形是普遍存在的，与不同学科的研究对象和内容总是相互重叠，包括从非常数学化的理论到非常实用的应用研究，同时涉及宏观和微观的众多复杂现象和性质，因而现今流变学已发展称为一门涉及范围很广的多学科交叉科学。

牙膏是由多种物质组成的一种混合物,是标准的稳定体系、浓厚悬浮体系、多成分体系。从胶体上面来说是属于分散体系,即固相分散于液相中的一种浓悬浮体,分散介质和分散相之间存在着界面,有很大的界面能,是一种不稳定体系。在制作牙膏时,为了防止分散粒子在分散介质中聚集沉降,通常采用羧甲基纤维素等作增稠剂来与水溶液形成胶体,增加分散介质的黏度,避免分散粒子沉降,这是牙膏首先应具有的稳定性。牙膏具有一定的稠度,理想的稠度是牙膏易于从软管挤出,而且成条,在牙刷上保持一定形状,刷牙时,既能覆盖牙齿(具有良好分散性),又不至飞溅,这些性能与流变学密切相关。牙膏是一种假塑性流体,它的流变性关系到牙膏在使用时的黏性、弹性、挤出压力、分散性、光泽等一系列物理特性以及对牙膏在生产时的输送、混合、灌装等一系列工艺和设备上的要求。黏性和触变性是牙膏研制、生产、运输、贮存的一个重要参数。触变性是物质的一种弹性效果,牙膏如果没有足够的弹性,就不可能是一种稳定的胶性凝胶,这样的膏体存在于软管内不久就会分离或变硬。

1. 牛顿黏度定律

可以把一个流体设想为无数个相互接触着的流动层面组成的整体,各层面的流速不同,所以液层之间将存在相互运动。流动得快的液层将对流动较慢的液层施以拉力,而后者将对前者施以阻力,这种力称为内摩擦力,或称黏滞力,作用力方向与液层相互垂直,即与液层切面相一致,故又称剪切力,通常以 F 表示

$$F = \eta A \frac{d\nu}{dr} \tag{2.103}$$

式中 F——剪切力(N);

A——相邻两液层的接触面积(m^2);

$d\nu$——相距 dr 的两层液体的流动速度差;

$d\nu/dr$——液层法线(切线)方向的速度梯度,这个梯度值称为剪切速率,用 $D(s^{-1})$ 表示;

η——流体的动力黏度系数,或称为流体黏度($Pa \cdot s$)。

实际上:

$$\eta = \frac{\tau}{D} \tag{2.104}$$

τ 定义为作用在单位表面积上的力,称剪切应力,即

$$\tau = \frac{F}{A} = \eta D \tag{2.105}$$

此式称为牛顿黏度定律。

2. 牛顿型与非牛顿型流体

流体的流动是一种极为复杂的现象,黏度是液体在层流时流变性质的主要特征,黏度的大小不仅与流体的化学性质、物理性质及其温度有关,还与流动时所受的作用力大小有关。在一定温度下和较宽的剪切速率范围内,黏度值保持恒定的称为牛顿型流体,如水、常见溶剂、低分子溶液和某些高分子稀溶液等;相反,当一种液体的黏度值随剪切应力或剪

切速率的变化而改变时,这种流体则称为非牛顿型流体,如高分子熔融体、非牛顿型流体涂料、油墨、糨糊及许多树脂流体等均属非牛顿型流体。

非牛顿型流体的 τ/D 值已不再保持恒定,但仍可称为表观黏度,常以 η_a 表示。

(3) 流变曲线。实际流体中,非牛顿型流体居多,所以用测定不同剪切速率时的表观黏度来研究流体的特性就显得十分重要,所谓流变曲线就是一些用来表征流体特性的曲线,常见的有剪切速率与剪切应力之间的关系曲线、黏度与剪切速率之间的关系曲线、黏度或剪切应力与温度的关系曲线等。

如以 D 对 τ 作图,可得牛顿体、假塑体、胀流体、塑性体四种类型,如图2.55所示。若稀溶液中粒子移动完全自由,D 与 τ 成过原点的线性关系,如曲线1,其斜率与 D、τ 无关。这种流体称为理想流体或牛顿型流体。在某些情况下,分散相粒子不自由,粒子位置被固定时,称它为形成结构。在高速流动时,结构被破坏,D 与 τ 不成直线关系,即黏度与 D、τ 有关,这就是非牛顿体。非牛顿体有三种不同类型流动:曲线2的表观黏度随剪切速率增加而增大,称为假塑体;曲线3的表观黏度随剪切速率增加而变小,称为胀流体;曲线4的表观黏度非常高,直至外力达到某一临界值后,黏度陡然下降,此类型称塑性体。τ_c 值称静切力或屈服值。

以上曲线表明各种流变性质皆与时间无关。但有些体系,剪切应力作用的时间长短对体系的流变性质有影响,而且 $D-\tau$ 曲线也往往不从零点开始,这类体系称为触变流性。

牛顿流体的流变特性是一条过原点的直线,牛顿流体各点的黏度值均相同,所以黏度点能表现出牛顿流体的特性;而非牛顿流体的流变特性则是曲线或不过原点的线。在线上某点的正切值即为黏度。

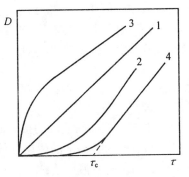

图 2.55 流体的流变特性
1—牛顿体;2—假塑体;3—胀流体;4—塑性体

$$\eta = \frac{\tau}{D_s} \quad (2.106)$$

测定上述流型的方法很多,所用仪器也各不相同。实验采用旋转黏度计,虽然旋转黏度计构造比较复杂,但用它测定流型的特性却十分适宜。

27.3 实验仪器与试剂

旋转黏度计(NXS-11A型)1台,恒温水浴1台,螺丝刀1支,加热电炉1台,烧杯,牙膏。

27.4 实验步骤

(1) 仪器安装(略)。

(2) 选定系统后,清洗并干燥系统各部分。将外筒底密封固紧,然后将外筒放入保温筒中的密封垫上并用螺母旋紧,要求连接处不得有漏水现象。

(3) 调节底座水平。

(4) 装样。把预先洗净并吹干的套筒安装在托架上，取适量的被测液体缓慢倒入筒内（选用 A 系统，外筒已安装好，只需将 20 mL 样品装入即可）。

(5) 安装测量系统。将上好内筒的测量头垂直插入外筒中，到位后用螺套固定。液面应完全浸没转筒的工作高度，一般认为有少量液体溢入转筒上部的凹槽中为宜。

(6) 请注意：装好后应松开立柱上的夹持器，以避免测量头手把处承受恒温水套的重量而导致损坏。

(7) 准备工作。通入恒温水，将测量头上旋钮扳向"工作"（注意：测量头不用时，应将旋钮红点对正"制动"位置，制动时刻度盘在零位制动才起作用），合上电器箱上电源开关，选择适当的转速并接通电机电源。将速度由"0"逐渐增加，仪器常数随即发生改变。通常控制读数在 20～90 格范围为宜。

(8) 测量。通过套筒上的温度计确认体系已恒定至所需温度，记下在不同转速（即不同剪切速率）时的扭矩刻度盘读数。

(9) 同法测定其他四个温度下的实验数据（选做的温度为 25 ℃、30 ℃、35 ℃、40 ℃、45 ℃）。

(10) 注意：换挡时应先关掉调速控制箱开关，以防测量弹簧损坏。

27.5 实验数据处理

(1) 从有关手册中查出相应的转角常数 Z 和 D 填入表 2.13；根据公式 $\tau = Za$ 计算出各转速时的剪切应力 τ；再根据公式 $\eta_a = Ka$，查出相应的仪器常数 K，求出表格黏度 η_a。

(2) 绘制 $\eta_a - D$ 和 $\tau - D$ 的曲线图（可作在一个坐标中）；并在一个 D 值时作 $\eta_a - T$ 图。研究牙膏的流变性质。

表 2.13 数据记录格式

测量系统	转角常数 Z/(Pa/格)	温度 T/℃
转速挡		
刻度读数 a/格		
剪切应力 $\tau(Za)$/Pa		
速度梯度 D/s^{-1}		
表观黏度 η_a/(Pa·s)		

27.6 思 考 题

(1) 流体的黏度的大小与哪些因素有关？

(2) 非牛顿体有三种不同类型流动，它们的特点分别是什么？牙膏属于哪一种？

27.7 讨 论

(1) 牙膏体系的重要流变学参数。与牙膏有关的最重要的流变学概念包括黏度、假塑性、触变性和塑变性。

假塑性是一种与时间有关的流变现象，剪切变稀是牙膏的重要性质。在低剪切速率时,牙膏黏度必须足够高,以防止牙膏从膏管流出或下陷入牙刷毛之间,在高剪切速率时,如刷牙时,黏度下降使牙膏容易从口腔中分散。

牙膏触变性可用流变曲线来描述,当用剪切速率对剪切应力作图时,触变性流体形成一条滞后回线,滞后回线所包含面积大小给出体系触变性程度。滞后回线下降部分下降越急剧,液体的结构对剪切作用越敏感。一般来说,溶剂体系中水含量越少,触变性越大,即滞后回线所包围面积小。包围面积越大,恢复原有结构所需时间越长。触变性是三维聚合物结构性能的标志。

塑变性定义为流动将开始以前必须施加的剪切应力。施加超过塑变值的足够应力(如挤压)会对液体流变特性产生影响。在牙膏配方中,有高塑变值的体系、触变性,同时具有塑变值的液态体系特别有用。

(2) 牙膏配方组分对流变特性的影响。较好的牙膏结构代表着相互联系流变特性的平衡。其结构不是只依赖于单一、独立的流变特性。例如,简单地增加黏度,可配制出稳定的产品,稳定性以高塑变值为基础,如果牙膏的塑变值很低,进入口就会很稀,不适合使用。建立一种代表各流变特性(黏度、假塑性、触变性和塑变值)的平衡是发展优质牙膏配方的关键。

牙膏组分中的保湿剂、黏结剂/增稠剂、研磨剂和表面活性剂等对于牙膏流变特性都有影响。

28 胶体的制备、性质及电泳速度的测定

28.1 实验目的

(1) 掌握凝聚法制备 $Fe(OH)_3$ 溶胶和纯化溶胶的方法。
(2) 观察溶胶的电泳现象,了解其电学性质,掌握电泳法测定胶粒电泳速度和溶胶 ζ 电势的方法。
(3) 熟悉叔采－哈迪规则和高分子化合物对溶胶的保护作用。

28.2 实验原理

溶胶是一个多相体系,其分散相胶粒的大小约在 1~100 nm 之间。由于本身的电离或选择性地吸附一定量的离子以及其他原因,使胶粒表面具有一定量的电荷,胶粒周围的介质分布着反离子。反离子所带电荷与胶粒表面电荷符号相反、数量相等,整个溶胶体系保持电中性。胶粒周围的反离子由于静电引力和热扩散运动的结果形成了两部分——紧密层和扩散层,紧密层约有一两个分子层厚,紧紧吸附在胶核表面上,而扩散层的厚度则随外界条件(温度、体系中电解质浓度及其离子的价态等)而改变,扩散层中的反离子分布符合玻尔兹曼分布。由于离子的溶剂化作用,紧密层结合有一定数量的溶剂分子,在电场的作用下,它和胶粒作为一个整体移动,而扩散层中的反离子则向相反的电极方向移动,这种在电场作用下分散相粒子相对于分散介质的运动称为电泳。发生相对移动的界面称为切动面,切动面与液体内部的电势差称为电动电势或 ζ 电势,而作为带电粒子的表面与

液体内部的电势差,称为质点的表面电势,常用 φ_0 表示。如图 2.56,图中 AB 为切动面。

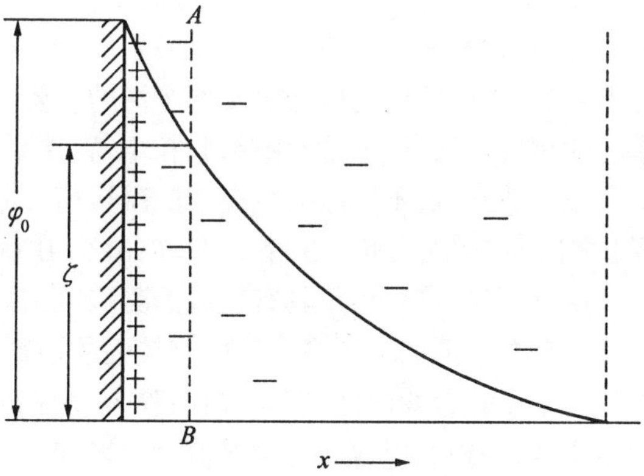

胶粒电泳速度除与外加电场的强度有关外,还与 ζ 电势的大小有关。而 ζ 电势的大小主要取决于胶体粒子的性质。

ζ 电势是表征胶体特性的重要物理量之一,胶体的稳定性与 ζ 电势有直接关系。ζ 电势绝对值越大,表明胶粒荷电越多,胶粒间排斥力越大,胶体越稳定。反之则表明胶体越不稳定。当 ζ 电势为零时,胶体的稳定性最差,此时可观察到胶体的聚沉。

图 2.56 扩散双电层模型

本实验是在一定的外加电场强度下通过测定 $Fe(OH)_3$ 胶粒的电泳速度,计算出 ζ 电势。实验用拉比诺维奇 – 付其曼 U 形电泳仪,如图 2.57 所示。

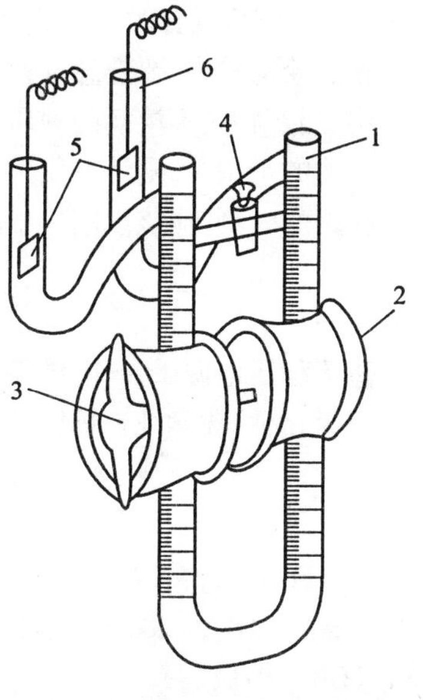

活塞 2、3 以下盛待测的溶胶,以上盛辅助液。

在电泳仪两极间接上电势差 E 后,在 t 时间内溶胶界面移动的距离为 D m,即胶粒电泳速度 u m·s^{-1} 为

$$u = \frac{D}{t} \quad (2.106)$$

相距为 l m 的两极间的电势梯度平均值 H V·m^{-1} 为

$$H = \frac{E}{l} \quad (2.107)$$

如果辅助液的电导率 $\overline{L_0}$ 与溶胶的电导率 $\overline{L}$ 相差较大,则在整个电泳管内的电位降是不均匀的,这时需用下式求 H

$$H = \frac{E}{\frac{\overline{L}}{\overline{L_0}}(l - l_k) + l_k} \quad (2.108)$$

图 2.57 拉比诺维奇 – 付其曼 U 形电泳仪
1—U 形管;2、3、4—活塞;
5—电极;6—弯管

式中　l_k——溶胶两界面间的距离。

从实验求得胶粒电泳速度后,可按下式求出 ζ 电势

$$\zeta = \frac{K\pi\eta}{\varepsilon H} u \quad (2.109)$$

式中　K——与胶粒形状有关的常数(对于球形粒子 $K = 5.4 \times 10^{10} V^2 \cdot s^2 \cdot kg^{-1} \cdot m^{-1}$;对于棒形粒子 $K = 3.6 \times 10^{10} V^2 \cdot s^2 \cdot kg^{-1} \cdot m^{-1}$,本实验胶粒为棒形);

η——介质的粘度($kg \cdot m^{-1} \cdot s^{-1}$);

ε——介质的介电常数。

溶胶粒子在溶液中吸附了某种离子,因而获得了电荷和溶剂化层,达到相对稳定的状态。当由于某种原因而破坏了稳定因素后,胶粒即凝结为比表面积较原来小的大粒子而沉降下来。加入电解质是破坏溶胶稳定性的主要方法。所加入的电解质,只有那些和胶粒所带电荷相反的离子,才是起中和胶粒电势(电动电势)的离子。该离子的电荷数对凝聚速率有很大的影响,不同电荷数离子的凝聚值(即引起凝聚作用所需最低限度的电解质的浓度)之比为 1 价 : 2 价 : 3 价 = 1 : 0.013 : 0.001 7。

由此可见,高价离子具有较高的凝聚能力。这一规律,称为叔采 – 哈迪规则。

高分子物质的分子在溶液中有较强的溶剂化作用,所以其溶液比溶胶要稳定得多。如果把高分子化合物溶液(例如,白明胶 – 兽胶的溶液)加入溶胶之中,可以大大增加溶胶的稳定性,表现在电解质的凝聚值大为增加,这一作用称为高分子物质对胶体的保护作用(不过,如果高分子溶液加得很少,常常反而使溶胶更不稳定)。

带不同电荷的溶胶也可以相互发生凝聚作用,例如带负电的 As_2S_3 溶胶和带正电的 $Fe(OH)_3$ 溶胶相混合时,也像溶胶遇到带相反电荷的离子一样,很快发生沉淀。

在这个实验中,要熟悉观察分辨透明和混浊的液体(悬浊液和乳浊液)。在许多液相反应中,当产物是不溶解的物质时,液体首先变为混浊,然后出现凝聚下降的沉淀物。如果不溶物的量很少,则溶液仅出现混浊。因为溶胶的浓度一般都很小,因而我们确定溶胶发生凝聚的时刻,应该以刚一出现混浊时为准,而不要以出现沉淀时为准。

28.3 实验仪器与药品

直流稳压电源 1 台,电导率仪 1 台,电泳仪 1 个,铂电极 2 个,电炉 1 个。
三氯化铁(化学纯),棉胶液(化学纯)。

28.4 实验步骤

(1) $Fe(OH)_3$ 溶胶的制备。将 0.5 g 无水 $FeCl_3$ 溶于 20 mL 蒸馏水中,在搅拌的情况下将上述溶液滴入 200 mL 沸水中(控制在 4~5 min 内滴完),然后再煮沸 1~2 min,即制得 $Fe(OH)_3$ 溶胶。

(2) 珂珞酊袋的制备。将约 20 mL 棉胶液倒入干净的 250 mL 锥形瓶内,小心转动锥形瓶,使瓶内壁均匀铺展一层液膜,将多余的棉胶液直接缓慢的倾入装棉胶液的试剂瓶内,倾入过程中应不断转动锥形瓶,以使瓶口均匀铺上棉胶液,最好将铺上棉胶液的锥形瓶倒置于铁圈上,待溶剂挥发完(此时胶膜已不粘手,约需 3~5 min),将蒸馏水注入胶膜与瓶壁之间,使胶膜与瓶壁分离,将其从瓶中取出,然后注入蒸馏水检查胶袋是否有漏洞,如无,则浸入蒸馏水中待用。

(3) 溶胶的纯化。将冷至约 50℃的 $Fe(OH)_3$ 溶胶转移到珂珞酊袋,用约 50℃的蒸馏水渗析,约 10 min 换水 1 次,渗析 3~4 次。可用试管取净化好的胶体少许观察其乳光现象。

(4) 将渗析好的 $Fe(OH)_3$ 溶胶冷至室温,测其电导率,用 0.1 $mol·L^{-1}$ KCl 溶液和蒸馏水配制辅助液,使辅助液的电导率是溶胶电导率的 $\frac{1}{4} \sim \frac{1}{6}$ 之间。

(5) 测定 Fe(OH)$_3$ 的电泳速度。

① 用洗液和蒸馏水把电泳仪清洗干净(3 个活塞均需涂好凡士林)。

② 用少量 Fe(OH)$_3$ 溶胶洗涤电泳仪 2~3 次,然后注入 Fe(OH)$_3$ 溶胶直至液面高出活塞 2、3 少许,关闭两活塞,倒掉多余的溶胶。

③ 用蒸馏水把电泳仪活塞 2、3 以上的部分荡洗干净后在两管内注入辅助液至支管口,并把电泳仪固定在支架上。

④ 如图 2.36 将两铂电极插入支管内(不能太紧,以使产生的气体逸出)并连接电源,开启活塞 4,使管内两辅助液面等高,关闭活塞 4,缓缓开启活塞 2、3(勿使溶胶液面搅动)。然后打开稳压电源,将电压调至 150 V,观察溶胶液面移动现象及电极表面现象。记录 30 min 内界面移动的距离,用绳子和尺子量出两电极间及溶胶两界面间的距离。

(6) 胶体的凝聚。

① KCl 的聚沉值。

Ⅰ 取 5 支试管编号,用移液管向 1 号加 10 mL 2.5 mol·L^{-1} KCl 溶液,2~5 号用移液管各加 9 mL 蒸馏水。

Ⅱ 从 1 号中用移液管取出 1 mL,加入到 2 号内,振荡后由 2 号移取 1 mL 到 3 号内,依次类推,直到从 5 号试管中取 1 mL,倒入废液缸中。

Ⅲ 用 5 mL 移液管取 5 mL Fe(OH)$_3$ 溶胶,依次向 1~5 号中各加入 1 mL,并振荡均匀(各试管中 Fe(OH)$_3$ 粒子浓度、KCl 浓度各为何值)。

Ⅳ 将 1~5 号放到试管架上,静置。

以同法进行②、③。

② K$_2$CrO$_4$ 的聚沉值(用 0.1 mol·L^{-1} K$_2$CrO$_4$ 溶液)。

③ K$_3$[Fe(CN)$_6$] 的聚沉值(用 0.01 mol·L^{-1} K$_3$[Fe(CN)$_6$]溶液)。

④ 重复③的操作,但不加 Fe(OH)$_3$ 溶胶,再另取 5 支干净试管,分别加 1 mL Fe(OH)$_3$ 溶胶及 10 滴质量分数为 0.05% 的明胶溶液,振荡后,分别加入到已配制好的装有 K$_3$[Fe(CN)$_6$]电解质溶液的 5 支试管中,观察凝聚情况。

⑤ 随时观察各试管的聚沉情况,直至 15 min 后,记录实验结果。

28.5 实验注意事项

(1) 在制备珂锣酊袋时,加水的时间应适中,如加水过早,因胶膜中的溶剂还未完全挥发掉,胶膜呈乳白色,强度较差易漏。如加水过迟,则胶膜变干、变脆,不易取出且易破。

(2) 溶胶的制备条件和净化效果均影响电泳速度。制胶过程应很好控制浓度、温度、搅拌和滴加速度。渗析时应控制水温,常搅动渗析液,勤换渗析液。这样制备得到的溶胶胶粒大小均匀,胶粒周围的反离子分布趋于合理,基本形成热力学亚稳定态体系,所得的 ζ 电势准确,重复性好。

(3) 渗析后的溶胶必须冷至与辅助液大致相同的温度(室温),避免打开活塞时产生热对流而破坏了溶胶界面。

28.6 实验数据处理

(1) 计算电泳速率 u 和平均电势梯度 H。

(2) 将 u、H 和介质粘度及介电常数代入式(2.109),求 ζ 电势。
(3) 根据胶粒电泳时的移动方向确定其所带电荷符号。
(4) 计算各电解质的凝聚值。

28.7 思考题

(1) 电泳速度与哪些因素有关?
(2) 写出 $FeCl_3$ 的水解反应式。解释 $Fe(OH)_3$ 胶粒带何种电荷,取决于什么因素。
(3) 说明反离子所带电荷符号及两电极上的反应。
(4) 高分子溶液对憎液溶胶有何影响,如何理解叔采-哈迪规则?

28.8 讨论

(1) 电泳的实验方法有多种。本实验方法称为界面移动法,适用于溶胶或大分子溶液与分散介质形成的界面在电场作用下移动速度的测定。此外还有显微电泳法和区域电泳法。显微电泳法用显微镜直接观察质点电泳的速度,要求研究对象必须在显微镜下能明显观察到,在质点本身所处的环境下测定,适用于粗颗粒的悬浮体和乳状液。区域电泳是以惰性而均匀的固体或凝胶作为被测样品的载体进行电泳,以达到分离与分析电泳速度不同的各组分的目的。该法简便易行、分离效率高、用样品量少,还可避免对流影响,现已成为分离与分析蛋白质的基本方法。

电泳技术是发展较快、技术较先进的实验手段,其不仅用于理论研究,还有广泛的实际应用,如陶瓷工业的粘土精选、电泳涂漆、电泳镀橡胶、生物化学和临床医学上的蛋白质及病毒的分离等。

(2) 界面移动法电泳实验中辅助液的选择十分重要,因为 ζ 电势对辅助液成分十分敏感,最好是用该胶体溶液的超滤液。1-1 型电解质组成的辅助液多选用 KCl 溶液,因为 K^+ 与 Cl^- 的迁移速率基本相同。此外,要求辅助液的电导率是溶胶电导率的 $\frac{1}{4} \sim \frac{1}{6}$ 之间。

(3) 由化学反应得到的溶胶都带有电解质,而电解质浓度过高,则会影响胶体的稳定性。通常用半透膜来提纯溶胶,称为渗析。半透膜孔径大小以允许电解质通过而胶粒则不能通过为宜。此外本实验用热水渗析是为了提高渗析效率,保证纯化效果。

(4) 如果被测溶胶没有颜色,其与辅助液的界面用肉眼观察不到,可通过胶体的光学性质——乳光或利用紫外光的照射而产生荧光来观察其界面的移动。

29 黏度法测定高聚物相对分子质量

29.1 实验目的

(1) 掌握用黏度法测定高聚物平均摩尔质量的原理及方法。
(2) 用奥氏黏度计测量聚己烯醇的摩尔质量。

29.2 实验原理

单体分子经聚合反应便可合成高聚物。并非高聚物每个分子的大小都相同,即聚合度不一定相同,所以高聚物的摩尔质量是一个统计平均值。对于聚合和解聚过程机理和动力学的研究,以及为了改良和控制高聚物产品的性能,高聚物摩尔质量是必须掌握的重要数据之一。

高聚物溶液的特点是黏度特别大,原因在于其分子链长度远大于溶剂分子,加上溶剂化作用,使其在流动时受到较大的内摩擦阻力。

黏性液体在流动过程中,必须克服内摩擦阻力而做功。黏性液体在流动过程中所受阻力的大小可用黏度系数 η(简称黏度)来表示($kg \cdot m^{-1} \cdot s^{-1}$)。

测定高聚物摩尔质量的方法很多,而不同方法所得的平均摩尔质量也有所不同。黏度法是常用的测定高聚物摩尔质量的方法之一,用黏度法求得的摩尔质量称为黏均摩尔质量。

高聚物的黏度 η 一般要比纯溶剂的黏度 η_0 大得多。其黏度增加的分数称为增比黏度 η_{sp},其定义为

$$\eta_{sp} = \frac{\eta - \eta_0}{\eta_0} \tag{2.110}$$

而溶液黏度与纯溶剂黏度的比值称做相对黏度,记作 η_r

$$\eta_r = \frac{\eta}{\eta_0} \tag{2.111}$$

η_r 反映的也是溶液的黏度行为,而 η_{sp} 则意味着已扣除了溶剂分子间的内摩擦效应,仅反映了高聚物分子与溶剂分子间和高聚物分子间的内摩擦效应。

高聚物溶液的增比黏度 η_{sp} 往往随浓度 c 的增加而增加。为了便于比较,将单位浓度下所显示的增比黏度 η_{sp}/c 称为比黏度,而 $\ln \eta_r/c$ 则称为比浓对数黏度。当溶液无限稀释时,高聚物分子彼此相隔甚远,它们的相互作用可以忽略,此时有关系式

$$\lim_{c \to 0} \eta_{sp}/c = \lim_{c \to 0} \ln \eta_r/c = [\eta] \tag{2.112}$$

$[\eta]$ 称为特性黏度,它反映的是无限稀释溶液中高聚物分子与溶剂分子间的内摩擦,其值取决于溶剂的性质及高聚物分子的大小和形态。由于 η_r 和 η_{sp} 均是无因次量,所以 $[\eta]$ 的单位是浓度 c 单位的倒数。

在足够稀的高聚物溶液里,η_{sp}/c 与 c 和 $\ln \eta_r/c$ 与 c 之间分别符合下述关系式

$$\eta_{sp}/c = [\eta] + K'[\eta]^2 c \tag{2.113}$$

因此,利用 $\frac{\eta_{sp}}{c} - c$ 作图,由外推法可求出 $[\eta]$。

当 $c \to 0$ 时,$\frac{\ln \eta_r}{c}$ 的极限值也等于 $[\eta]$,可证明

$$\frac{\ln \eta_r}{c} = \frac{\ln(1 + \eta_{sp})}{c} = \frac{\eta_{sp}}{c}\left(1 - \frac{\eta_{sp}}{2} + \frac{\eta_{sp}^2}{3} - \cdots\right) \tag{2.114}$$

当浓度 c 很小时,忽略高次项,则得

$$\lim_{c \to 0} \frac{\ln \eta_r}{c} = \lim_{c \to 0} \frac{\eta_{sp}}{c} = [\eta] \tag{2.115}$$

可以将经验公式表示为

$$\frac{\ln \eta_r}{c} = [\eta] + \beta[\eta]^2 \tag{2.116}$$

这样以 $\frac{\eta_{sp}}{c}$ 及 $\frac{\ln \eta_r}{c}$ 对 c 作图(图 2.58),得到两条直线,这两条直线在纵坐标轴上相交同一点,可求出 $[\eta]$ 的值。$[\eta]$ 是浓度单位的倒数。随溶液浓度的表示法不同而异,文献中常用 100 mL 溶液中所含高聚物的质量克数来表示浓度。

在一定温度和溶剂条件下,特性黏度 $[\eta]$ 与高聚物的摩尔质量 M 间的关系通常用 (2.117) 经验方程表示

$$[\eta] = K\overline{M}^a \tag{2.117}$$

式中 K 和 a 是与温度、溶剂及高聚物本性有关的常数。通常对于每种高聚物溶液,用已知平均摩尔质量的高聚物求得 K、a 值及这种溶液的特性黏度实验值,即可求得给定高聚物的平均摩尔质量。而在确定 K、a 值时,依据的平均摩尔质量则需要用其他方法测得。对于许多高聚物溶液,前人已做了这项工作,在有关手册或书中可查得它们的 K、a 值。聚乙烯醇在 25℃ 时,它的 K 值为 2.0×10^{-4},a 值为 0.76。

测定高聚物溶液的黏度,最方便的方法是使用毛细管黏度计(见第三篇 3.1 节液体黏度)。常用的毛细管黏度计有乌氏和奥氏,同一种黏度计,由于生产厂家不同,其外观形状也略有差异,但功能相同,本实验所用的奥氏黏度计如图 2.59 所示。奥氏黏度计的最大优

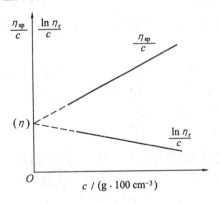

图 2.58 外推法求特性黏度 (η)

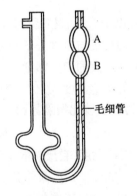

图 2.59 奥氏黏度计

点是溶液的体积对测定没有影响。液体的黏度一般用黏度系数来表示,简称为黏度。当液体在毛细管中流动时,其黏度可通过下式计算

$$\eta = \frac{\pi r^4 hg\rho t}{lV} \tag{2.118}$$

式中　V—— 流经毛细管液体的体积;
　　　r—— 毛细管半径;
　　　ρ—— 液体密度;
　　　l—— 毛细管的长度;

t—— 流出时间；

h—— 作用于毛细管中溶液上的平均液柱高度；

g—— 重力加速度。

对于同一黏度计，h、r、l、V 是常数，则式(2.118) 有

$$\eta = K\rho t \tag{2.119}$$

考虑到通常测定是在高聚物的稀溶液下进行，溶液密度 ρ 与纯溶剂的密度 ρ_0 可视为相等，则溶液的相对黏度就可表示为

$$\eta_r = \frac{\eta}{\eta_0} = \frac{K\rho t}{K\rho_0 t_0} = \frac{t}{t_0} \tag{2.120}$$

式中　t—— 测定溶液黏度时液面从 A 刻度流至 B 刻度的时间；

t_0—— 纯溶剂流过的时间。

29.3　实验仪器与药品

恒温槽，分析天平，奥氏黏度计，移液管(5、10、25、50 mL)各1支，量筒(10 mL)1个，容量瓶(100 mL)1个，烧杯(100 mL)6个。

聚乙烯醇 0.5 g/100 mL，正丁醇(去泡剂)，蒸馏水。

29.4　实验步骤

(1) 测定溶剂流经毛细管的时间。调节恒温槽温度为 25℃。将黏度计垂直放入恒温槽，固定好。将已恒温的蒸馏水用移液管吸取 10 mL，恒温 10 min，用洗耳球吸起，使之超过刻线，然后放开，任其自然流下，记录自上刻线流至下刻线所需的时间 t_0，平行做 3 次。

(2) 测定溶液流经毛细管的时间。取 6 个已经烘干的小烧杯，编上序号。在每个烧杯中各加入 10 mL 已配好的聚乙烯醇水溶液，依次在小烧杯中注入 0、5、10、15、25、35 mL 蒸馏水，混合均匀，使溶液浓度依次为 c_1、c_2、c_3、c_4、c_5、c_6，恒温后，将上述溶液由稀至浓依次取出 10.00 mL，放入黏度计中，在恒温槽中恒温 10 min 后，分别测出不同浓度的溶液流经毛细管的 t_1、t_2、t_3、t_4、t_5、t_6。实验完毕后，将黏度计用蒸馏水清洗干净，以防毛细管堵塞。

29.5　实验注意事项

聚乙烯醇很容易形成泡沫，而泡沫的存在直接影响流过时间的测定，因此，在聚乙烯醇溶液中加入几滴正丁醇以消除泡沫。也应在溶剂蒸馏水中加入同样多的正丁醇。同时，在实验中，抽吸液体必须缓慢，避免气泡的形成。

29.6　实验数据处理

(1) 将每次的浓度 c(以 100 mL 溶液中所含高聚物的克数表示)和相应流经毛细管的时间 t 以及不同浓度溶液的 η、η_r、η_{sp}、$\frac{\ln \eta_r}{c}$、$\frac{\eta_{sp}}{c}$ 列表。

(2) 作 $\frac{\ln \eta_r}{c}$ 对 c 及 $\frac{\eta_{sp}}{c}$ 对 c 的图，外推至 $c \to 0$，求出 $[\eta]$。

(3) 由式(2.117)计算聚乙烯醇的平均摩尔质量 $\overline{M}$。

29.7 思考题

(1) 高聚物溶液的 η_r、η_{sp}、η_{sp}/c 和 $[\eta]$ 的物理意义是什么？
(2) 黏度法测定高聚物的摩尔质量有何局限性？该法适用的高聚物质量范围是多少？
(3) 分析 $\eta_{sp}/c - c$ 及 $\ln \eta_r/c - c$ 作图缺乏线性的原因。

29.8 讨 论

(1) 黏性液体在毛细管中流出受各种因素的影响，如动能改正、末端改正、倾斜度改正、重力加速度改正、毛细管内壁粗度改正、表面张力粗度改正等等，其中影响最大的是动能改正项。考虑了动能改正后的 Poiseuille 公式为下式，式中 m 为仪器常数

$$\eta = \frac{\pi h \rho g r^4 t}{8 l V} - \frac{m V \rho}{8 \pi l t}$$

本实验忽略了上述诸因素的影响，它的使用必须满足以下条件：
① 液体流动属于牛顿型流动，即液体的黏度与流动的切变速率无关。
② 液体的流动呈层流状态，没有湍流存在，要求液体流动速率不能太大。根据所用溶剂选择 V 和 r，并使溶剂流出时间 t_0 大于 100 s。
③ 液体在毛细管管壁上没有滑动。

(2) 高聚物的平均摩尔质量可因测定方法不同而异，因为不同方法的测定原理和计算方法有所不同。本实验采用的黏度法具有设备简单、操作方便的特点，准确度可达 ±5%。各种高聚物平均摩尔质量的测定方法和适用范围见表 2.14。

表 2.14 各种平均摩尔质量测定法的适用范围

方 法 名 称	适用摩尔质量范围	平均摩尔质量类型	方 法 类 型
端基分析法	3×10^4 以下	数均	相对法
沸点升高法	3×10^4 以下	数均	相对法
冰点降低法	5×10^3 以下	数均	相对法
气相渗透压法(VPO)	3×10^4 以下	数均	相对法
膜渗透压法	$2 \times 10^4 \sim 1 \times 10^6$	数均	绝对法
光散射法	$2 \times 10^4 \sim 1 \times 10^7$	重均	绝对法
超速离心沉降速度法	$1 \times 10^4 \sim 1 \times 10^7$	各种平均	绝对法
超速离心沉降平衡法	$1 \times 10^4 \sim 1 \times 10^6$	重均、数均	绝对法
黏度法	$1 \times 10^4 \sim 1 \times 10^7$	粘均	相对法
凝胶渗透色谱法	$1 \times 10^3 \sim 5 \times 6$	各种平均	相对法

据近年文献报道，可利用脉冲核磁共振仪、红外分光光度计和电子显微镜等实验技术测定高聚物的平均摩尔质量。

30 摩尔折射率的测定

30.1 实验目的

(1) 了解阿贝折射仪的构造和工作原理,正确掌握其使用方法。
(2) 测定某些化合物的折射率和密度,求化合物、基团和原子的摩尔折射率,判断各化合物的分子结构。

30.2 实验原理

摩尔折射率(R)是由于在光的照射下分子中电子(主要是价电子)云相对于分子骨架运动的结果。R 可作为分子中电子极化率的量度,其定义为

$$R = \frac{n^2 - 1}{n^2 + 2} \times \frac{M}{\rho} \tag{2.121}$$

式中 n——折射率;
M——摩尔质量($\text{g} \cdot \text{mol}^{-1}$);
ρ——密度($\text{g} \cdot \text{cm}^{-3}$)。

摩尔折射率与波长有关,若以钠光D线为光源(属于高频电场,$\lambda = 589\ 3\ \text{nm}$),所测得的折射率以 n_D 表示,相应的摩尔折射率以 R_D 表示。物质的介电常数 ε 和折射率 n 之间的关系是

$$\varepsilon(\lambda) = n^2(\lambda) \tag{2.122}$$

ε 和 n 均与波长 λ 有关。将上式代入式(2.121),得

$$R = \frac{\varepsilon - 1}{\varepsilon + 2} \times \frac{M}{\rho} \tag{2.123}$$

ε 通常是在静电场或低频电场(λ 趋于 ∞)中测定的,因此折射率也应该用外推法求波长趋于 ∞ 时的 n_∞,其结果才更准确。这时摩尔折射率以 R_∞ 表示。R_D 和 R_∞ 一般较接近,相差约百分之几,只对少数物质例外,例如,水 $n_D^2 = 1.75$,而 $\varepsilon = 81$。

摩尔折射率有单位,通常以 cm^3 表示。实验结果表明,摩尔折射率具有加和性,即摩尔折射率等于分子中各原子折射率及形成化学键时折射率的增量之和。离子化合物其摩尔折射率等于其离子折射率之和。利用物质摩尔折射率的加和性,根据物质的化学式算出其各种同分异构体的摩尔折射率,并与实验测定结果作比较,从而探讨原子间的键型及分子结构。表 2.15 列出常见原子的折射率和形成化学键时折射率的增量。

表 2.15　原子折射率及形成化学键折射率的增量

原　子	R_D	原　子	R_D
H	1.028	S(硫化物)	7.921
C	2.591	CN(腈)	5.459
O(酯类)	1.764	键的增量	
O(缩醛类)	1.607	单键	0
OH(醇)	2.546	双键	1.575
Cl	5.844	叁键	1.977
Br	8.741	三元环	0.614
I	13.954	四元环	0.317
N(脂肪族的)	2.744	五元环	－0.19
N(芳香族的)	4.243	六元环	－0.15

30.3　实验仪器与药品

阿贝折射仪 1 台。

四氯化碳(A.R.)，乙醇(A.R.)，乙酸甲酯(A.R.)，乙酸乙酯(A.R.)，二氯乙烷(A.R.)。

30.4　实验步骤

(1) 使用阿贝折射仪测定上述物质的折射率。
(2) 用密度管法测定上述物质的密度。

30.5　实验注意事项

(1) 阿贝折射仪的使用方法见第三篇 3.4。
(2) 密度管法测定液体密度的方法见第三篇 3.2。

30.6　实验数据处理

(1) 求所测各化合物的密度，并结合所测化合物的折射率数据由式(2.121)求出其摩尔折射率。
(2) 根据有关化合物的摩尔折射率，求出 CH_2、Cl、C、H 等基团或原子的摩尔折射率。

30.7　思考题

(1) 按表 2.15 数据，计算上述各化合物的摩尔折射率的理论值，并与实验结果作比较。
(2) 讨论摩尔折射率实验值的误差来源，估算其相对误差。

30.8　讨　论

(1) 对于共价键化合物，摩尔折射率的加和性还表现为分子的摩尔折射率等于分子中各化学键摩尔折射率之和。表 2.16 列出了一些摩尔键折射率数据。

表 2.16　共价键的摩尔键折射率

键	R_D	键	R_D	键	R_D
C—C	1.296	C—Cl	6.51	C≡N	4.82
C—C(环丙烷)	1.50	C—Br	9.39	O—H(醇)	1.66
C—C(环丁烷)	1.38	C—I	14.61	O—H(酸)	1.80
C—C(环戊烷)	1.26	C—O(醚)	1.54	S—H	4.80
C—C(环己烷)	1.27	C—O(缩醛)	1.46	S—S	8.11
C⋯C (苯环)	2.69	C=O	3.32	S—O	4.94
C=C	4.17	C=O(甲基酮)	3.49	N—H	1.76
C≡C (末端)	5.87	C—S	4.61	N—O	2.43
C芳香—C芳香	2.69	C=S	11.91	N=O	4.00
C—H	1.676	C—N	1.57	N—N	1.99
C—F	1.45	C=N	3.75	N=N	4.12

对于同一化合物,由表 2.15 和表 2.16 的数据求得的摩尔折射率有微小差异。

对于某些化合物,由表中数据求得的结果与实验测定结果相差较大,可能是因为表中数据只考虑到相邻原子间的相互作用,而忽略了不相邻原子间的相互作用,或忽略了分子中各化学键间的相互作用。如作相应的修正,二者结果将趋于一致。

(2) 折射法的优点是快速、精确度高、样品用量少且设备简单。摩尔折射率在化学上除了可鉴别化合物和确定化合物的结构外,还可分析混合物的成分,测量浓度、纯度,计算分子的大小,测定摩尔质量,研究氢键和推测配合物的结构等。此外根据摩尔折射率与其他物理化学性质的关系可推出这些性质的数据。

31　偶极矩的测定

31.1　实 验 目 的

(1) 掌握用电桥法测定极性物质在非极性溶剂中的介电常数和分子偶极矩的方法。
(2) 了解溶液法测定偶极矩的原理、方法,熟悉偶极矩与分子电性质的关系。

31.2　实 验 原 理

1. 偶极矩与极化率

分子呈电中性,但由于空间构型的不同,正、负电荷中心可能重合,也可能不重合,正

负电荷中心重合的称为非极性分子,反之为极性分子,分子极性大小常用偶极矩 μ 来度量,其定义为

$$\mu = qd \tag{2.124}$$

式中　　q——正、负电荷中心所带的电荷量;
　　　　d——正、负电荷中心间距离;
　　　　μ——向量,其方向规定为从正电荷中心到负电荷中心,因为分子中原子间距离的数量级为 10^{-10}m,电荷数量级为 10^{-20}C,所以偶极矩的数量级为 10^{-30}C·m。

极性分子具有永久偶极矩,在没有外电场存在时,由于分子热运动,偶极矩指向各方向机会均等,故其偶极矩统计值为零。

若将极性分子置于均匀的外电场中,分子会沿电场方向作定向转动,同时分子中的电子云对分子骨架发生相对移动,分子骨架也会变形,这叫分子极化,极化的程度可由摩尔极化率(p)来衡量。因转向而极化称为摩尔转向极化率($p_{转向}$)。由变形所致的为摩尔变形极化率($p_{变形}$),而 $p_{变形}$ 又是电子极化($p_{电子}$)和原子极化($p_{原子}$)之和。显然

$$p = p_{转向} + p_{变形} = p_{转向} + (p_{电子} + p_{原子}) \tag{2.125}$$

已知 $p_{转向}$ 与永久偶极矩 μ 的平方成正比,与绝对温度成反比。即

$$p_{转向} = \frac{4}{9}\pi N_0 \frac{\mu^2}{kT} \tag{2.126}$$

式中　　k——玻尔兹曼常数;
　　　　N_0——阿伏伽德罗常数。

对于非极性分子,因 $\mu = 0$,其 $p_{转向} = 0$,所以 $p = p_{电子} + p_{原子}$。

外电场若是交变电场,则极性分子的极化与交变电场的频率有关。当处于电场频率小于 10^{10}s^{-1} 的低频电场下时,极性分子产生的摩尔极化率为转向极化率与变形极化率之和。若在电场频率为 $10^{12} \sim 10^{14}$s^{-1} 的中频电场下(红外光区)时,因为电场交变周期小于偶极矩的松弛时间,极性分子的转向运动跟不上电场变化,即极性分子无法沿电场方向定向,即 $p_{转向} = 0$,此时分子的摩尔极化率 $p = p_{变形} = p_{电子} + p_{原子}$。当交变电场的频率大于 10^{15}s^{-1}(即可见光和紫外光区)时,极性分子的转向运动和分子骨架变形都跟不上电场的变化,此时 $p = p_{电子}$。所以如果我们分别在低频和中频的电场下求出欲测分子的摩尔极化率,并把这两者相减,即为极性分子的摩尔转向极化率 $p_{转向}$,然后代入式(2.126),即可算出其永久偶极矩 μ。

因为 $p_{原子}$ 只占 $p_{变形}$ 中 5% ~ 15%,而实验时由于条件的限制,一般总是用高频电场来代替中频电场。所以通常近似地把高频电场下测得的摩尔极化率当做摩尔变形极化率。

$$p = p_{电子} = p_{变形} \tag{2.127}$$

2. 极化率与偶极矩的测定

对于分子间相互作用很小的体系,Clausius – Mosotti – Debye 从电磁理论推得摩尔极化率 p 与介电常数 ε 之间的关系为

$$p = \frac{\varepsilon - 1}{\varepsilon + 1} \frac{M}{\rho} \tag{2.128}$$

式中 M—— 摩尔质量；

ρ—— 密度。

因上式是假定分子与分子间无相互作用而推导出来的。所以它只适用于温度不太低的气相体系。然而，测定气相介电常数和密度在实验上困难较大，对于某些物质，气态根本无法获得，于是就提出了溶液法，即把欲测偶极矩的分子溶于非极性溶剂中进行。但在溶液中测定总要受溶质分子间、溶剂与溶质分子间以及溶剂分子间相互作用的影响。若以测定不同浓度溶液中溶质的摩尔极化率并外推至无限稀释，这时溶质所处的状态就和气相时相近，可消除溶质分子间相互作用。于是在无限稀释时，溶质的摩尔极化率 p_2^∞ 就可看做式(2.128)中的 p，即

$$p = p_2^\infty = \lim_{x_2 \to 0} p_2 = \frac{3\alpha\varepsilon_1}{(\varepsilon_1 + 2)^2} \frac{M_1}{\rho_1} + \frac{\varepsilon_1 - 1}{\varepsilon_1 + 2} \frac{M_2 - \beta M_1}{\rho_1} \tag{2.129}$$

式中 $\varepsilon_1 \, , M_1 \, , \rho_1$—— 溶剂的介电常数、摩尔质量和密度；

M_2—— 溶质的摩尔质量；

$\alpha \, , \beta$—— 两常数，它可由下面两个稀溶液的近似公式求出

$$\varepsilon_{溶} = \varepsilon_1(1 + \alpha x_2) \tag{2.130}$$

$$\rho_{溶} = \rho_1(1 + \beta x_2) \tag{2.131}$$

式中 $\varepsilon_{溶} \, , \rho_{溶}$ 和 x_2—— 溶液的介电常数、密度和溶质的摩尔分数。因此，从测定纯溶剂的 $\varepsilon_1 \, , \rho_1$ 以及不同浓度 (x_2) 溶液的 $\varepsilon_{溶} \, , \rho_{溶}$，代入式(2.129)就可求出溶质分子的总摩尔极化率。

根据光的电磁理论，在同一频率的高频电场作用下，透明物质的介电常数 ε 与折射率 n 的关系为

$$\varepsilon = n^2 \tag{2.132}$$

常用摩尔折射率 R_2 来表示高频区测得的极化率。此时 $p_{转向} = 0, p_{原子} = 0$，则

$$R_2 = p_{变形} = p_{电子} = \frac{n^2 - 1}{n^2 + 2} \frac{M}{\rho} \tag{2.133}$$

同样测定不同浓度溶液的摩尔折射率 R，外推至无限稀释，就可求出该溶质的摩尔折射率，其公式为

$$R_2^\infty = \lim_{x_2 \to 0} R_2 = \frac{n_1^2 - 1}{n_1^2 + 2} \frac{M_2 - \beta M_1}{\rho_1} + \frac{6n_1^2 M_1 \gamma}{(n_1^2 + 2)^2 \rho_1} \tag{2.134}$$

式中 n_1—— 溶剂折射率；

γ—— 常数，它可由下式求出

$$n_{溶} = n_1(1 + \gamma x_2) \tag{2.135}$$

式中 $n_{溶}$—— 溶液的折射率。

综上所述，可得

$$p_{转向} = p_2^\infty - R_2^\infty = \frac{4}{9}\pi N \frac{\mu^2}{KT} \tag{2.136}$$

$$\mu = 0.012\,8\sqrt{(p_2^\infty - R_2^\infty)T}\ (D) = 4.26 \times 10^{-32}\sqrt{(p_2^\infty - R_2^\infty)T}\ (C \cdot m) \tag{2.137}$$

3. 介电常数的测定

通过测定某液体的电容,计算其介电常数

$$\varepsilon = \frac{C}{C_0} \tag{2.138}$$

式中　　C_0——电容器两极板间处于真空的电容量;

　　　　C——充以电介质时的电容量。

由于小电容测量仪测定电容时,除电容池两极间的电容 C 外,整个测试系统中还有分布电容 C_d 的存在,所以实测的电容应为 C 和 C_d 之和,即

$$C_x = C + C_d \tag{2.139}$$

C 值随介质而异,但 C_d 对同一台仪器而言是一个定值。故实验时,需先求出 C_d 值,并在各次测量中扣除,才能得到 C_0 值。求 C_d 的方法是通过测定一已知介电常数的物质来求得。

31.3　实验仪器与药品

PCM-1A 型精密电容测定仪 1 台,密度管 1 只,阿贝折射仪 1 台,容量瓶(25 mL)5 只,注射器(5 mL)1 支,超级恒温槽 1 台,烧杯(10 mL)5 个,移液管(5 mL 刻度)1 支,滴管 5 根。环己烷(A.R.),乙酸乙酯(A.R.)。

31.4　实　验　步　骤

1. 溶液配制

配制摩尔分数 x_2 为 0.05、0.10、0.15、0.20 的乙酸乙酯的环己烷溶液各 25 mL。为了配制方便,先计算出所需乙酸乙酯的毫升数,算出溶液的正确浓度,操作时注意防止溶液的挥发和吸收极性较大的水气。

2. 折射率的测定

在 25℃ ± 0.1℃ 条件下,用阿贝折射仪测定环己烷以及 4 个溶液的折射率。

3. 密度测定

取一洗净干燥的密度管先称空瓶质量,然后称量水及 4 个溶液的质量,代入下式

$$\rho_i^{t℃} = \frac{m_i}{m_{H_2O}}\rho_{H_2O}^{t℃}$$

式中　　m_{H_2O}——水的质量;

　　　　m_i——溶液质量;

$\rho_1^{t\,℃}$——在 $t\,℃$ 时溶液的密度；

$\rho_{H_2O}^{t\,℃}$——在 $t\,℃$ 时水的密度，查附录表 4.11。

4. 介电常数的测定

(1) C_d 的测定。以环己烷为标准物质，其介电常数与温度关系式为

$$\varepsilon_{环己烷} = 2.052 - 1.55 \times 10^{-3} t$$

式中 t——测定时的温度(℃)。

用洗耳球将电容池样品室吹干，并将电容池与电容测定仪连线接上，开启电容测定仪工作电源，预热 10 min，用调零旋钮调零，并进行测量，待数显稳定后记录显示值，此即是 $C'_空$。

用移液管或注射器量取 1 mL 环己烷缓慢注入电容池样品室(防止产生气泡)，至数显稳定后，记录 $C'_{环己烷}$(注意样品不可多加，样品过多会腐蚀密封材料渗入恒温腔，实验无法正常进行)。然后用注射器抽去样品室内样品，再用洗耳球吹扫，至数显的数字与 $C'_空$ 的值相差无几(< 0.02 pF)，否则需再吹。

(2) 按上述方法分别测定各浓度溶液的 $C'_溶$，每次测 $C'_溶$ 后均需复测 $C'_空$，以检验样品室是否还有残留样品。

31.5　实验注意事项

(1) 乙酸乙酯易挥发，配制溶液时动作应迅速，以免影响浓度。
(2) 盛溶液的器皿需干燥，溶液应透明不发生混浊现象。
(3) 测定电容时，应防止溶液的挥发及吸收空气中极性较大的水气影响测定值，因此，操作应熟练快捷。
(4) 电容池各部件的连接应注意绝缘。
(5) 请用移液管加入样品，且每次加入的样品量必须严格相同。
(6) 利用阿贝折射仪测定溶液的折射率时，由于溶质和溶剂的挥发性不同，故样品的放置一定要迅速，防止溶液浓度改变，造成测量结果失真。

31.6　实验数据处理

(1) 计算各溶液的摩尔分数 x_2。
(2) 以各溶液的折射率对 x_2 作图，求出 γ 值。
(3) 计算出环己烷及各溶液的密度 ρ，作 $\rho - x_2$ 图，求出 β 值。
(4) 计算出各溶液的 ε，作 $\varepsilon_溶 - x_2$ 图，求出 α 值。
(5) 代入公式求出 ρ_2^∞ 及 R_2^∞，计算偶极矩 μ 值。
(6) 从手册中查出乙酸乙酯 $\mu_{手册}$，以此为真值，计算实验的相对误差。

31.7　思　考　题

(1) 准确测定溶质摩尔极化率和摩尔折射率时，为什么要外推至无限稀释？

(2) 试分析实验中引起误差的因素,如何改进?

31.8 讨 论

(1) 从偶极矩的数据可以了解分子的对称性,判别其几何异构体和分子的主体结构等问题。偶极矩一般是通过测定介电常数、密度、折射率和浓度来求算的。介电常数的测定除电桥法外,主要还有拍频法和谐振法。对于气体和电导很小的液体以拍频法为好;有相当电导的液体用谐振法较为合适;对于有一定电导但不大的液体用电桥法较为理想。虽然电桥法不如拍频法和谐振法精确,但设备简单,价格便宜。

测定偶极矩的方法除由对介电常数等的测定来求算外,还有多种其他的方法,如分子射线法、分子光谱法、温度法以及利用微波谱的斯塔克效应等。

(2) 溶液法测得的溶质偶极矩和气相测得的真空值之间存在着偏差,造成这种偏差现象主要原因是由于在溶液中存在有溶质分子与溶剂分子以及溶剂分子与溶剂分子间的溶剂效应。

32 磁化率的测定

32.1 实 验 目 的

(1) 掌握古埃(Gouy)法测定磁化率的原理和方法。
(2) 通过测定一些配合物的磁化率,求算未成对电子数和判断配合离子的配位键类型。

32.2 实 验 原 理

1.磁化率

在外磁场作用下,物质会被磁化产生一附加磁场。物质的磁感应强度 B 满足以下关系

$$B = B_0 + B' = \mu_0 H + B' \tag{2.140}$$

式中　B_0——磁场的磁感应强度;
　　　B'——附加磁感应强度;
　　　H——外磁场强度;
　　　μ_0——真空磁导率,其数值等于 $4\pi \times 10^{-7} N/A^2$。

物质的磁化可用磁化强度 M 来描述,M 也是矢量,它与磁场强度成正比。

$$M = \chi H \tag{2.141}$$

式中　χ——物质的体积磁化率。在化学上常用质量磁化率 χ_m 或摩尔磁化率 χ_M 来表示物质的磁性质。

$$\chi_m = \frac{\chi}{\rho} \tag{2.142}$$

$$x_M = M x_m = \frac{xM}{\rho} \tag{2.143}$$

式中　ρ、M——物质的密度和摩尔质量。

2. 分子磁矩与磁化率

物质的磁性与组成物质的原子、离子或分子的微观结构有关，当原子、离子或分子中的两个方向自旋电子数不等，即有未成对电子时，物质就具有永久磁矩。由于热运动，永久磁矩指向各个方向的概率相同，所以该磁矩的统计值等于零。在外磁场作用下，具有永久磁矩的原子、离子或分子除了其永久磁矩会顺着外磁场的方向排列(其磁化方向与外磁场相同，磁化强度与外磁场强度成正比)，表现为顺磁性外，还由于其内部的电子轨道运动有感应的磁矩，其方向与外磁场相反，表现为逆磁性，此类物质的摩尔磁化率 x_M 是摩尔顺磁化率 $x_{顺}$ 和摩尔逆磁化率 $x_{逆}$ 的和。

$$x_M = x_{顺} + x_{逆} \tag{2.144}$$

对于顺磁性物质，$x_{顺} \gg |x_{逆}|$，可作近似处理，则有 $x_M = x_{顺}$。对于逆磁性物质，则只有 $x_{逆}$，所以它的 $x_M = x_{逆}$。

第三种情况是物质被磁化的强度与外磁场强度不存在正比关系，而是随着外磁场强度的增加而急剧增加，当外磁场消失后，它们的附加磁场并不立即随之消失，这种物质称为铁磁性物质。

磁化率是物质的宏观性质，分子磁矩是物质的微观性质，用统计力学的方法可以得到摩尔顺磁化率 $x_{顺}$ 和分子永久磁矩 μ_m 间的关系

$$x_{顺} = \frac{N_0 \mu_m^2 \mu_0}{3kT} = \frac{C}{T} \tag{2.145}$$

式中　N_0——阿佛伽德罗常数；

　　　k——波尔兹曼常数；

　　　T——绝对温度。

物质的摩尔顺磁化率与热力学温度成反比这一关系，称为居里定律，是居里(P. Curie)首先在实验中发现，C 为居里常数。

物质的永久磁矩 μ_m 与它所含有的未成对电子数 n 的关系为

$$\mu_m = \sqrt{n(n+2)}\ \mu_B \tag{2.146}$$

式中　μ_B——玻尔磁子，其物理意义是单个自由电子自旋所产生的磁矩。

$$\mu_B = \frac{eh}{4\pi m_e} = 9.274 \times 10^{-24}\ \text{J/T} \tag{2.147}$$

式中　h——普朗克常数；

　　　m_e——电子质量。

因此，只要实验测得 x_M，即可求出 μ_m 及未成对电子数。这对于研究某些原子或离子的电子组态，以及判断配合物分子中配位键的类型是很有意义的。

3. 磁化率的测定

古埃法测定磁化率装置如图 2.60 所示。将装有样品的圆柱形玻管悬挂在两磁极中

间,使样品底部处于两磁极的中心。亦即磁场强度最强区域,样品的顶部则位于磁场强度最弱,甚至为零的区域。这样,样品就处于一不均匀的磁场中,设样品管的截面积为 A,样品管中装样品高度为 dL 的体积(AdL)在非均匀磁场中所受到的作用力 dF 为

$$dF = x\mu_0 HAdL \frac{dH}{dL} \quad (2.148)$$

式中 $\frac{dH}{dL}$ ——磁场强度梯度。

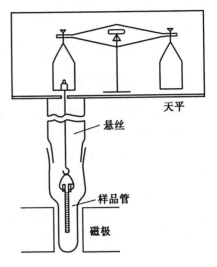

图 2.60 古埃磁天平示意图

对于顺磁性物质的作用力,指向场强度最大的方向,反磁性物质则指向场强度弱的方向,当不考虑样品周围介质(如空气,其磁化率很小)和 H_0 的影响时,整个样品所受的力为

$$F = \int_{H=H}^{H_0=0} x\mu_0 AH dL \frac{dH}{dL} = \frac{1}{2} x\mu_0 H^2 A \quad (2.149)$$

当样品受到磁场作用力时,天平的另一臂加减砝码使之平衡,设 Δm 为施加磁场前后的质量差,则

$$F = \frac{1}{2} x\mu_0 H^2 A = g\Delta m = g(\Delta m_{空管+样品} - \Delta m_{空管}) \quad (2.150)$$

由于 $x = x_m \rho$,将 $\rho = \frac{m}{hA}$ 代入式(2.113),整理得

$$x_M = \frac{2(\Delta m_{空管+样品} - \Delta m_{空管})hgM}{\mu_0 mH^2} \quad (2.151)$$

式中 h——样品高度;
m——样品质量;
M——样品摩尔质量;
ρ——样品密度;
μ_0——真空磁导率,$\mu_0 = 4\pi \times 10^{-7} N/A^2$。

在严格的测定实验中,还应考虑物质的反磁化率及空气磁化率的影响,故需对 x_m 加以校正,本实验为了简化计算过程,对此不做考虑。

磁场强度 H 可用"特斯拉计"测量,或用已知磁化率的标准物质进行间接测量。例如用莫尔盐[$(NH_4)_2SO_4 \cdot FeSO_4 \cdot 6H_2O$],已知莫尔盐的 x_m 与热力学温度 T 的关系式为

$$x_m = \frac{9\,500}{T+1} \times 4\pi \times 10^{-9} \; m^3 \cdot kg^{-1} \quad (2.152)$$

32.3 实验仪器与药品

古埃磁天平1台,特斯拉计1台,样品管1支。
$(NH_4)_2SO_4 \cdot FeSO_4 \cdot 6H_2O$(A.R.),$FeSO_4 \cdot 7H_2O$(A.R.),$K_4Fe(CN)_6 \cdot 3H_2O$(A.R.),

$K_3Fe(CN)_6$(A.R.)。

32.4 实验步骤

(1) 将特斯拉计的探头放入磁铁的中心架的中间,套上保护套,调节特斯拉计的数字显示为"0"。

(2) 取下保护套,把探头平面垂直置于磁场两极中心,打开电源,调节"调压旋钮",使电流增大至特斯拉计上显示约"0.3"T,调节探头上下、左右位置,观察数字显示值,把探头位置调节至显示值为最大的位置,此乃探头最佳位置。用探头沿此位置的垂直线,测定离磁铁中心 $H_0 = 0$ 时的高度,这也是样品管内应装样品的高度。关闭电源前,应调节调压旋钮,使特斯拉计数字显示为零。

(3) 用莫尔盐标定磁场强度。取 1 支清洁的干燥的空样品管悬挂在磁天平的挂钩上,使样品管的底部正好与磁极中心线相平(样品管不可与磁极接触,并与探头有合适的距离),准确称取空样品管质量($H = 0$),得 $m_1(H_0)$;调节旋钮,使特斯拉计数显为"0.300T"(H_1),迅速称量,得 $m_1(H_1)$,逐渐增大电流,使特斯拉计数显为"0.350T"(H_2),称量得 $m_1(H_2)$,然后略微增大电流,接着退至(0.350T)H_2,称量得 $m_2(H_2)$,将电流降至数显为"0.300T"(H_1)时,再称量得 $m_2(H_1)$,再缓慢降至数显为"0.000T"(H_0),又称取空管质量得 $m_2(H_0)$。这样调节电流由小到大,再由大到小的测定方法是为了抵消实验时磁场剩磁现象的影响。

$$\Delta m_{空管}(H_1) = \frac{1}{2}[\Delta m_1(H_1) + \Delta m_2(H_1)]$$

$$\Delta m_{空管}(H_2) = \frac{1}{2}[\Delta m_1(H_2) + \Delta m_2(H_2)]$$

式中
$$\Delta m_1(H_1) = m_1(H_1) - m_1(H_0)$$
$$\Delta m_2(H_1) = m_2(H_1) - m_2(H_0)$$
$$\Delta m_1(H_2) = m_1(H_2) - m_1(H_0)$$
$$\Delta m_2(H_2) = m_2(H_2) - m_2(H_0)$$

取下样品管,用小漏斗装入事先研细并干燥过的莫尔盐,并不断让样品管底部在软垫上轻轻碰击,使样品均匀填实,直至达到所要求的高度,一般为 10.5 cm(用尺准确测量)。按前述方法将装有莫尔盐的样品管置于磁天平上称量,重复称空管时的步骤,得

$$m_{1空管+样品}(H_0), m_{1空管+样品}(H_1), m_{1空管+样品}(H_2),$$
$$m_{2空管+样品}(H_2), m_{2空管+样品}(H_1), m_{2空管+样品}(H_0)$$

求出 $\Delta m_{空管样品}(H_1)$ 和 $\Delta m_{空管+样品}(H_2)$。

(4) 在同一样品管中,采取相同方法,测定 $FeSO_4 \cdot 7H_2O$、$K_3Fe(CN)_6$ 和 $K_4Fe(CN)_6 \cdot 3H_2O$ 的 $\Delta m_{空管+样品}(H_1)$ 和 $\Delta m_{空管+样品}(H_2)$。

测定后的样品均倒回试剂瓶,可重复使用。

32.5 实验注意事项

(1) 所测样品应事先研细,放在装有浓硫酸的干燥器中干燥。

(2) 空样品管需干燥洁净,装样时应使样品均匀填实。

(3) 称量时,样品管应正好处于两磁极之间,其底部与磁极中心线齐平,悬挂样品管的悬线勿与任何物件相接触。

(4) 霍尔探头是易损元件,必须防止其受压、挤扭、变曲和碰撞等,以免损坏元件。

(5) 使用前应检查霍尔探头铜管是否松动,如有松动,应紧固后使用。

(6) 霍尔探头不宜在局部强光下照射或高于60℃的温度时使用,也不宜在腐蚀性气体场合下使用。

(7) 磁场极性判别。在测试过程中,特斯拉计数字显示若为负值,则探头的N极与S极位置放反,需纠正。

(8) 霍耳探头平面与磁场方向要垂直放置。

(9) 实验结束后应将霍尔探头套上保护金属套。

(10) 样品倒回试剂瓶时,注意瓶上所贴标志,切忌倒错瓶子。

32.6 实验数据处理

(1) 由莫尔盐的单位质量磁化率和实验数据计算磁场强度值。

(2) 计算 $FeSO_4 \cdot 7H_2O$、$K_3Fe(CN)_6$ 和 $K_4Fe(CN)_6 \cdot 3H_2O$ 的 x_M、μ_m 和未成对电子数。

(3) 根据未成对电子数讨论 $FeSO_4 \cdot 7H_2O$ 和 $K_4Fe(CN)_6 \cdot 3H_2O$ 中 Fe^{2+} 的最外层电子结构以及由此构成的配位键类型。

32.7 思 考 题

(1) 不同励磁电流下测得的样品摩尔磁化率是否相同?

(2) 用古埃磁天平测定磁化率的精密度与哪些因素有关?

32.8 讨 论

(1) 用测定磁矩的方法可判断化合物是内轨型配合物还是外轨型配合物。内轨型配合物以中心离子的空电子轨道接受配位体的孤对电子,形成配位键。为了尽可能多成键,往往会发生电子重排,以腾出更多的空电子轨道来容纳配位体的电子对。例如 Fe^{2+} 外层含有6个d电子,它可能有两种排布结构。

Fe^{2+} 的未成对电子数为0(图2.61(b)),$\mu_m = 0$。Fe^{2+} 离子外电子层结构发生了重排,形成6个 d^2sp^3 轨道,能接受6个 CN^- 离子的6个孤对电子,形成6个配位键。如 $[Fe(CN)_6]^{4-}$ 配离子,磁矩为0,是内轨型配合物。

图2.61(a)是 Fe^{2+} 离子在自由离子状态下的外层电子结构 $3d^64s^04p^0$,当它与6个 H_2O 配位体形成配离子 $[Fe(H_2O)6]^{2+}$,由于 H_2O 有相当大的偶极矩,与中心离子 Fe^{2+} 相结合成配位键,此配合物是外轨型配合物,外轨型配合物不需中心离子腾出空轨道,中心离子 Fe^{2+} 有4个未成对电子。所以测定配离子的磁矩是判别内轨型配合物和外轨型配合物的主要方法,但有时内轨型配合物与外轨型配合物含有相同数目的未成对电子,不能用此法来判断。如 Zn(未成对电子数为零),它的内轨型配离子(如 $Zn(CN)_4^{2-}$,$Zn(NH_3)_4^{2+}$ 等)和外轨型配离子(如 $Zn(H_2O)_4^{2+}$ 等)的磁矩均为零,所以对于 Zn^{2+} 来说,就无法用测定磁矩的

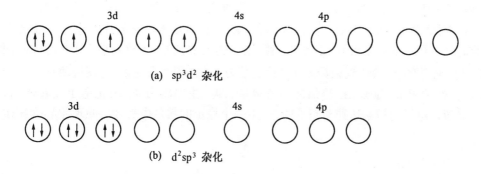

图 2.61　Fe^{2+} 外层电子排布结构图

方法来判别配合物的性质。

(2) 有机化合物绝大多数分子中的原子间都是由共有电子对而形成的共价键,因此,这些分子的总自旋磁矩也等于零,它们必然是反磁性的。帕斯卡(Pascol)分析了大量有机化合物的摩尔磁化率的数据,总结得到分子的摩尔反磁化率具有加和性。此结论可用于研究有机物分子结构。

(3) 从磁性测量中还能得到一系列其他资料。例如,测定物质磁化率对温度和磁场强度的依赖性可以判断是顺磁性、反磁性或铁磁性的定性结果。对合金磁化率测定可以得到合金组成,也可研究生物体系中血液的成分等。

(4) 磁化率的单位从 CGS 磁单位制改用国际单位 SI 制,必须注意换算关系。质量磁化率和摩尔磁化率的换算关系分别为

$$1\ m^3/kg(SI\ 单位) = \frac{1}{4\pi} \times 10^3 cm^3 \cdot g^{-1}(CGS\ 电磁制)$$

$$1\ m^3/mol(SI\ 单位) = \frac{1}{4\pi} \times 10^6 cm^3 \cdot mol^{-1}(CGS\ 电磁制)$$

磁场强度 $H(A/m)$ 与磁感应强度 $B(特斯拉)$ 之间的关系为

$$\left(\frac{1\ 000}{4\pi}A/m\right) \times \mu_0 = 10^{-4}\ T$$

(5) 古埃磁天平。古埃磁天平是由全自动电光分析天平、悬线(尼龙丝琴弦)、样品管、电磁铁、励磁电源、DTM – 3A 特斯拉计、霍尔探头、照明系统等部件构成。磁天平的电磁铁的磁极直径为 40 mm,磁极矩为 10 ~ 40 mm,电磁铁的最大磁场强度可达 0.6 T(特斯拉)。励磁电源是 220 V 的交流电源,用整流器将交流电变为直流电,经滤波串联反馈入电磁铁,如图 2.62 所示,励磁电流可从 0 调至 10 A。

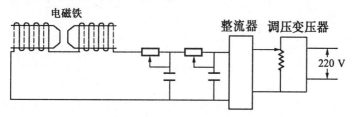

图 2.62　简易古埃磁天平电源线路示意图

磁场强度测量用DTM-3A特斯拉计。仪器传感器是霍尔探头,其结构如图2.63所示。

(1) 测量原理。霍尔效应产生的原理是,在一块半导体单晶薄片的纵向二端通电流I_H,此时半导体中的电子沿着I_H反方向移动,如图2.64所示,当放入垂直于半导体平面的磁场H中时,则电子会受到磁场力F_g(劳仑兹力)的作用而发生偏转,使得薄片的一个横端上产生电子积累,造成二横端面之间有电场,即产生电场力F_e阻止电子偏转作用,当$F_g = F_e$时,电子的积累达到动态平衡,产生一个稳定的霍尔电势V_H,此现象称为霍尔效应。

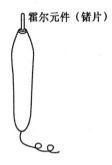

图2.63 霍尔探头

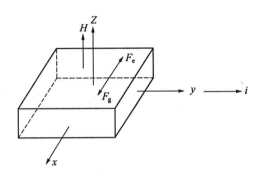

图2.64 霍尔效应原理示意图

其关系式

$$V_H = K_H I_H B \cos\theta \tag{2.153}$$

式中　I_H——工作电流;

　　　B——磁感应强度;

　　　K_H——元件灵敏度;

　　　V_H——霍尔电势;

　　　θ——磁场方向和半导体面的垂线的夹角。

由式(2.153)可知,当半导体材料的几何尺寸固定,I_H由稳流电源固定,则V_H与被测磁场H成正比。当霍尔探头固定$\theta = 0°$时(即磁场方向与霍尔探头平面垂直时输入最大)V_H的信号通过放大器放大,并配以双积分型单片数字电压表,经过放大倍数的校正,使数字显示直接指示出与V_H相对应的磁感应强度。

第三篇　基　本　操　作

1　热效应测量技术

化学反应的过程是破旧键立新键的过程,在此过程中常伴有热效应。热效应的精密测量,是物理化学热化学部分的一项主要内容。热化学可以看做是热力学第一定律在化学中的应用。

热化学的实验数据具有实用和理论上的价值。反应热的多少,就与实际生产中的机械设备、热量交换以及经济价值等问题有关,反应热的数据,应用于计算平衡常数和其他热力学量。对于热力学基本常数的测定,热化学的实验方法十分重要。

当体系发生变化之后,使反应产物的温度回到反应前始态的温度,且不做有用功的条件下,体系放出或吸收的热量称为该反应的热效应。其测定方法是:物质在量热计中作绝热变化,从量热计的温度改变,计算出应从量热计中取出或加入多少热,才能恢复到始态温度,所得的结果就是等温变化中的热效应。可见热效应的测量是通过温度的测量来实现的。温度是表征分子无规则热运动强度大小(即分子平均动能大小)的物理量。当不同温度的物体接触时,必然有能量的传递。温度的量值与温标的选定有关。本章将根据物理化学实验的需要对温标、温度计作简单的介绍,并讨论热效应的某些测量方法及相关仪器。

1.1　温　度

温度是表征物体冷热程度的一个物理量。温度参数是不能直接测量的,一般只能根据物质的某些特性值与温度之间的函数关系,通过对这些特性参数的测量间接地获得。

按照温度计对温度的测量方式可将其分为接触式与非接触式两类。

接触式:当两个物体接触后,在足够长的时间内达到热平衡(动态平衡),两个互为热平衡的物体温度相等。如果将其中一个选为标准,当做温度计使用,它就可以对另一个进行温度测量,这种测量方式称为接触式测温。

非接触式:选作标准并当做温度计使用的物体,与被测物体相互不接触,利用物体的热辐射(或其他特性),通过对辐射量或亮度等的检测实现测量,这种测温方式称为非接触式测温。

1.2　温　标

一、摄氏温标和气体温标

表征物体冷热程度的量是温度,温度的数值表示方法叫温标。

给温度以数值表示,就是用某一测温变量来量度温度。这个变量必须是温度的单值函数。例如,在玻璃液体温度计中,以液柱长度作为测温变量,如果以 y 表示测量变量,θ 表示相应的温度,则应有

$$y = f(\theta) \tag{3.1}$$

它是一个单值函数。为了方便,把上述函数形式定为简单的线性关系,即

$$y = K\theta + C \tag{3.2}$$

式中 K、C 为常数。要确定常数 K、C,需要两个固定点温度 θ_1 和 θ_2,称其为基本温度,这两个温度之间的间隔叫做基本间隔。K、C 值确定后,这个温标就确定了。对任意温度 θ,可以通过测量测温变量 y 来求得

$$\theta = \theta_1 + \frac{y - y_1}{y_2 - y_1}(\theta_2 - \theta_1) \tag{3.3}$$

如果以水的冰点为 0℃,沸点为 100℃,则上式为

$$\theta = \frac{y - y_1}{y_2 - y_1} \times ℃ \tag{3.4}$$

在玻璃液体温度计中,测温变量是液柱长度 L,所以,在摄氏温标中

$$\theta = \frac{L - L_0}{L_{100} - L_0} \times 100\ ℃ \tag{3.5}$$

摄氏温标以水的冰点(0℃)和沸点(100℃)作为两个定点,定点间隔分 100 等份,每 1 等份为 1℃。但是这样确定的温标有明显的缺陷。例如,把乙醇、甲苯和戊烷分别制成三支温度计,然后将它们在固定点 78.5℃ 和 0℃ 上分度,再将间隔均匀地划分为 78.5 分度,每分度为 1℃。假如把这三支温度计同时放入一搅拌良好、温场均匀的恒温槽中,可以看到,当恒温槽的温度为 50℃ 时,以乙醇为介质的温度计显示的数值为 50.7℃,甲苯温度计为 51.1℃,戊烷温度计为 52.6℃;当恒温槽的温度为 -20℃ 时,乙醇温度计为 -20.8℃,甲苯温度计为 -21℃,戊烷温度计为 -22.4℃;这三支温度计所规定的温标之所以产生如此大的差别,是因为未考虑液体膨胀系数的区别,而把三种液体的膨胀系数都当做与温度无关的常数,简单地用线性函数来表示温度与液柱长度的关系。实际上液体的膨胀系数是随温度改变的。所定的温标除定点相同外,在其他温度时往往有微小的差别。为了避免这些差异,提高温度测量的精确度,选用理想气体温标(简称气体温标)作为标准,其他温度计必须用它校正,才能得到可靠的温度。

气体温度计有两种:一是定压气体温度计;二是定容气体温度计。定压气体温度计的压强保持不变,而用气体体积的改变作为温度标志,这样所定的温标用符号 t_p 表示,根据上面所说的线性函数法则,得到 t_p 与气体体积的关系为

$$t_p = \frac{V - V_0}{V_1 - V_0} \times 100 \tag{3.6}$$

式中　　V——气体在温度 t_p 时的体积;

V_0——气体冰点时的体积;

V_1——气体沸点时的体积。

定容气体温度计的体积保持不变,而用气体压强作为温度标志,这样所定的温标用符号 t_V 表示。根据线性函数法则,得到 t_V 与气体压强的关系为

$$t_V = \frac{p - p_0}{p_1 - p_0} \times 100 \tag{3.7}$$

式中　p——气体在温度 t_V 时的压强；
　　　p_0——气体在冰点时的压强；
　　　p_1——气体在沸点时的压强。

实验证明,用不同的定容或定压气体温度计所测的温度值都是一样的。在压强趋于零的极限情形下,t_p 和 t_V 都趋于一个共同的极限温标 t,这个极限温标叫做理想气体温标,简称气体温标。

二、热力学温标

热力学温标是以热力学第二定律为基础的。根据卡诺定理推论可以看出,一个工作于两个一定温度之间的可逆热机,其工作效率只与两个温度有关,而与工作物质的性质和所吸收热量及做功的多少无关。因此效率应当是两个温度 θ_1 和 θ_2 的普适函数,这个函数是对所有可逆热机都适用的

$$\eta = \frac{W}{Q_1} = 1 - \frac{Q_2}{Q_1} \tag{3.8}$$

$$\frac{Q_2}{Q_1} = F(\theta_2, \theta_1) \tag{3.9}$$

式中　$F(\theta_2、\theta_1)$——θ_1、θ_2 的普适函数,与工作物质的性质及热量 Q_2 和 Q_1 的大小无关。

还可以进一步证明这个函数具有下列的形式

$$F(\theta_2, \theta_1) = \frac{f(\theta_2)}{f(\theta_1)} \tag{3.10}$$

式中　f——另一普适函数,这个函数形式与温标 θ 的选择无关,但与工作物质的性质及热量 Q 的大小有关。因而可以方便地引进一种新的温标 T,$T \propto f(\theta)$ 称为热力学温标。对温标来说,需给以一定的标度。1954 年确定以水的三相点温度 273.16 K 作为热力学温标的基本固定点。

从理论上可以证实,热力学温标、理想气体温标是完全一致的。原则上,测量热力学方程式中某一个参量,就可以建立热力学温标。目前常用的实现热力学温标的方法有以下 4 种。

1.气体温度计

气体温度计是表示热力学温标的一种重要方法,计温学领域中普遍采用定容气体温度计。这是由于压强测量的精度高于容积测量的精度。同时定容式气体温度计又具有较高的灵敏度。定容气体温度计的结构原理如图 3.1 所示。测温介质(气体)置于温泡 B 中,温

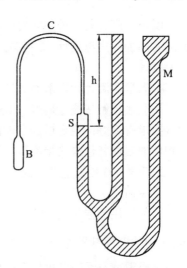

图 3.1　气体温度计

泡 B 用铂合金制成。通过毛细管 C 连接温泡与压差计 M。使用时,调整水银面,使它正好与 S 顶端相接触,以保证气体的容积为一定值。S 顶端的上部和毛细管 C 中的气体温度与温泡中的气体温度不同,需要加以修正,所以这部分体积称为有害体积。显然有害体积愈小愈好。当温泡分别处于水的三相点的平衡温度及待测温度时,用压差计测量相应的气体压强,然后由下式求得

$$T = T_3 \lim_{(pV)_3 \to 0} \frac{(pV)_T}{(pV)_3} \tag{3.11}$$

式中　$(pV)_T$——气体在 T 温度时 pV 的乘积;

　　　$(pV)_3$——在水三相点时的 pV 乘积;

　　　T_3——水三相点时的温度。

对测量结果需作如下几项修正:

(1) 有害体积修正。有害体积中的气体温度与温泡中的气体温度有差异。

(2) 毛细管 C 中的气体温度存在着温度梯度。

(3) 温泡内的压强与温泡温度有关。压强不同时,温泡、毛细管的体积和有害体积大小都有变化。

(4) 当毛细管的直径与气体分子平均自由程的大小可以比拟时,毛细管中会存在压强梯度。

(5) 有微量气体吸附在温泡及毛细管内壁上,温度愈低,吸附量愈大。

(6) 要考虑压差计中水银的可压缩性及温度效应。

2. 声学温度计

在低温段,另一种测量热力学温度的重要方法是测量声波在气体(氦气)中的传播速度,这种测温仪器有时也称为超声干涉仪。由于声速是一个强度量,它与物质的量多少无关。所以用声学温度计测量温度的方法有很大吸引力。

3. 噪声温度计

噪声温度计是一种很有发展前途的测量热力学温度的仪器。目前,国际上正在进行研究的有两种噪声温度计,即测温到 1 400 K 的高温噪声温度计和十几升到十毫升的低温噪声温度计。

4. 光学高温计和辐射高温计

用直接接触法测金熔点(1 064.43 ℃)以上的温度是困难的,不仅要求测温元件难熔,而且要求有良好的稳定性和足够的灵敏度。因而金熔点以上的温度测量常用非接触法。利用物体的辐射特性来测量物体的温度。即辐射高温计和光学高温计。

对于 4 000 K 以上的高温气体,常用辐射谱线强度方法来测量温度,这种温度计有较大的发展前景。

目前使用的温标是"1968 年国际实用温标(1975 年修订版)",简称 IPTS – 68(75)。其规定:热力学温度符号为"T",单位开尔文(K),1 开尔文等于水三相点热力学温度的 $\frac{1}{273.16}$,它与摄氏温度符号"t"(单位摄氏度 ℃)的关系为

$$t = T_{68} - T_0 \tag{3.12}$$

式中 $T_0 = 273.15 \text{ K}$

我国从 1973 年 1 月起正式采用 IPTS – 68。

1.3 温度计

一、水银温度计

水银温度计是常用的测温工具。水银温度计结构简单,价格便宜,具有较高的精确度,直接读数,使用方便,但是易损坏,损坏后无法修复。水银温度计使用范围为 – 35 ~ 360℃(水银的熔点是 – 38.7℃,沸点是 356.7℃),如果采用石英玻璃,并充以 $80 \times 10^5 \text{Pa}$ 的氮气,则可将上限温度提至 800℃。高温水银温度计的顶部有一个安全泡,防止毛细管内的气体压强过大而引起贮液泡的破裂。

1. 水银温度计的种类和使用范围

(1) 普通测温用温度计。有 – 5 ~ 105℃、150℃、250℃、360℃ 等,每分度 1℃ 或 0.5℃。

(2) 供量热学用温度计。有 9 ~ 15℃、12 ~ 18℃、15 ~ 21℃、18 ~ 24℃、20 ~ 30℃ 等,每分度 0.01℃。

(3) 测温差用温度计。贝克曼温度计是一种移液式的内标温度计,测量范围 – 20 ~ + 150℃,专用于测量温差变化。

(4) 电接点温度计。可以在某一温度点上接通或断开,与电子继电器等装置配套,可以用来控制温度。

(5) 分段温度计。从 – 10℃ 到 200℃,共有 24 支。每支温度范围 10℃,每分度 0.1℃,另外有 – 40℃ 到 400℃,每隔 50℃ 1 支,每分度 0.1℃。

2. 水银温度计的使用

(1) 水银温度计的校正。对水银温度计来说,主要校正以下三方面:

① 水银柱露出液柱部分(露基)的校正。按空格对浸入深度来区分,水银温度计有"全浸"、"局浸"两种。对于全浸式温度计,使用时要求整个水银柱的温度与贮液泡的温度相同,如果两者温度不同,就需要进行校正。对于局浸式温度计,温度计上刻有一浸入线,表示测温时规定浸入的深度。即标线以下水银柱的温度应当与贮液泡相同,标线以上的水银温度应与检定时相同。测温时,小于或大于这一浸入深度,或标线以上的水银柱温度与检定时不一样,就需要校正。这两种校正统称为露出液柱校正。校正公式为

$$\Delta t = Kn(t_0 - t_e) \tag{3.13}$$

式中 $\Delta t = t - t_0$——读数的校正值;

t_0——温度的读数值;

t——温度的正确值;

t_e——露出待测系统外水银柱的有效温度(从放置在露出一半位置处的另一温度计读出);

K——水银的视膨胀系数(水银对于玻璃的视膨胀系数为 0.000 16);

n——水银柱露出待测系统外部分的读数,校正装置如图 3.2 所示。

② 零位校正。用温度计进行温度测量时,水银球(即贮液泡)也经历了一个变化过程,

玻璃分子进行了一次重新排列。当温度升高时，玻璃分子随之重新排列，水银球的体积增大。当温度计从测温容器中取出，温度会突然降低。由于玻璃分子的排列跟不上温度的变化，这时水银球的体积一定比使用前大，因此测定它的零位一定比使用前零位要低。实验证明这一降低值是比较稳定的。零位降低是暂时的，随着玻璃分子的构型缓慢恢复，水银球体积也会逐渐恢复，这往往需要几天或更长的时间。若要准确地测量温度，则在使用前必须对温度计进行零位测定。

检定零位的恒温器称为冰点器。如图 3.3 所示，冰点器为一真空杜瓦瓶，起绝热保温作用，装有冰水混合物，但应注意冰中不能有任何盐类存在，否则会降低冰点。对冰、水的纯度应予以特别注意，冰熔化后水的电导率不应超过 $10^{-6}\text{ s}\cdot\text{m}^{-1}$。

测得零位变化值后，应依此值对原检定证书上的分度修正值作相应修正。

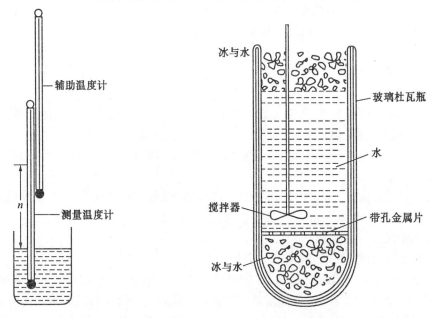

图 3.2　温度计露茎校正　　　　　图 3.3　冰点器

【例 3.1】 1 支 0 ~ 50 ℃ 的水银温度计的检定证书上的修正值如表 3.1 所示。

表 3.1　检定证书上的温度计修正值

示值 /℃	+ 0.011	10.000	20.000	30.000	40.000	50.000
改正值 /℃	− 0.011	− 0.015	− 0.020	+ 0.008	− 0.033	0.000

测温后，实测得零位为 + 0.019 ℃，比原来的零位值上升了 + 0.008 ℃。由于零位的变化对各示值影响是相同的，各点的修正值都要相应加上 − 0.008 ℃，修正值如表 3.2 所示。

表 3.2　测量时温度计的修正值

示值 /℃	+ 0.011	10.000	20.000	30.000	40.000	50.000
改正值 /℃	− 0.019	− 0.023	− 0.028	0.000	− 0.041	− 0.008

测温时，温度计示值在 25.040 ℃ 时，实际值应为

$$25.040 + \frac{(-0.028) - (0.000)}{10} \times 5.040 = 25.026 \, ℃$$

③ 分度校正。水银温度计的毛细管内径、截面不可能绝对均匀,水银的视膨胀系数并不是一个常数,而与温度有关。因而水银温度计温标与国际实用温标存在差异,必须进行分度校正。

标准温度计和精密温度计可由制造厂或国家计量机构进行校正,给予检定证书。实验室中对于没有检定证书的温度计,以标准水银温度计为标准,同时测定某一体系的温度,将对应值一一记录下来,作出校正曲线。也可以用纯物质的熔点或沸点作为标准,进行校正。若校正时的条件(浸入的多少)与使用时差不多,则使用时一般不需再作露茎校正。

(2) 使用注意事项。

① 在对温度计进行读数时,应注意使视线与液柱面位于同一平面(水银温度计按凸面之最高点读数)。

② 为防止水银在毛细管上附着,所以读数时应用手指轻轻弹动温度计。

③ 注意温度计测温时存在延迟时间,一般情形下温度计浸在被测物质中1~6 min后读数,延迟误差是不大的,但在连续记录温度计读数变化的实验中要注意这个问题。可用下式进行校正

$$t - t_m = (t_0 - t_m)e^{-kx} \tag{3.14}$$

式中　t_0—— 温度计起始温度;

　　　t_m—— 被测物温度;

　　　t—— 温度计读数;

　　　x—— 浸入时间;

　　　k—— 常数。

在搅拌良好的条件下,普通温度计$\frac{1}{k} = 2$ s,贝克曼温度计$\frac{1}{k} = 9$ s。

④ 温度计尽可能垂直,以免因温度计内部水银压力不同而引起误差。

水银温度计是很容易损坏的仪器,使用时应遵守操作规程。万一温度计损坏,内部水银洒出,应严格按"汞的安全使用规程"处理。

二、贝克曼温度计

1. 结构和原理

贝克曼温度计是一种移液式内标温度计,如图3.4所示。它的测量范围是 -20 ~ +150 ℃,专用于测量温度差值,不能作温度值绝对测量。贝克曼温度计的结构特点是底部的水银贮球大,顶部有一个辅助水银贮槽,用来调节底部水银量,所以同一支贝克曼温度计可用于不同温区。

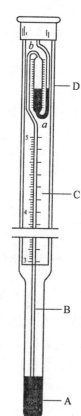

图3.4　贝克曼温度计
A—水银球;B—水银柱毛细管;
C—刻度尺;D—辅助水银贮槽

在温度计主标尺上,通常只有0~5℃或0~6℃的刻度范围,标尺上的最小分度值是0.01℃,可以读到±0.002℃。

由于贮液球中水银量是按照测温范围进行调整的,所以每支贝克曼温度计在不同温区的分度值是不同的。当贮液球中水银量增多时,同样有1℃的温差,毛细管中的水银柱将会升到高于主标尺1℃的示值差;相反,如果贮液球中水银量减少,这时水银柱升高达不到主标尺的1℃,因而贝克曼温度计在不同的温区所得的温差读数必须乘上一个校正因子,才能得到真正的温度差,这一校正因子称为在该温区的平均分度值 r。

2. 贮液球水银量的调整方法

根据实验的需要,贝克曼温度计测量范围不同,必须把温度计的毛细管中的水银面调整在标尺的合适范围内。例如,用贝克曼温度计测凝固点降低,水银面应在标尺的1℃附近。因此在使用贝克曼温度计时,首先应该将它插入一个与所测起始温度相同的体系内,待平衡后,如果毛细管内水银面在所要求的合适刻度附近,就不必调整。否则应按下述步骤进行调整。

若贮液球中水银量过多,毛细管内水银面如图3.5(a)所示时,把贝克曼温度计与另1支普通温度计一起插入盛水烧杯中。烧杯中,水温应调节至所需的调试温度。设 t 为实验欲测的起始摄氏温度,在此温度下欲使贝克曼温度计中毛细管水银面在1℃附近,则使烧杯中水温为 $t' = (t + 4) + R$(R 为 a 至 b 这一段毛细管所相当的温度,约为2℃)。待平衡后,如图3.5(b)所示,用右手握住贝克曼温度计中部,从烧杯中取出(离开实验台),立即用左手沿温度计的轴向轻敲右手手腕,使水银在点 b 处断开(注意点 b 处不得有水银滞留)。这样就使得体系的起始温度恰好在贝克曼温度计的1℃附近。

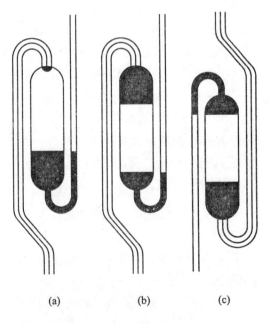

图3.5 贝克曼温度计水银面

如贮液球中水银量过少,用右手握住温度计中部,将温度计倒置,用左手轻敲右手手腕,此时贮液球中水银会自动流向辅助贮槽,与辅助贮槽中的水银相连接,如图3.5(c)所示。连好后将温度计正置,按上面所述方法调节水银量。有时也利用辅助贮槽背面的温度标尺进行调节。

三、电阻温度计

电阻温度计是利用物质的电阻随温度而变化的特性制成的测温仪器。

任何物体的电阻都与温度有关。因此,都可以用来测温。但是,能满足实际要求的并不多。在实际应用上,不仅要求有较高的灵敏度,而且要求有较高的稳定性和重现性。目前,按感温元件的材料来分,有金属导体和半导体两大类。

金属导体有铂、铜、镍、铁和铑铁合金。目前大量使用的材料为铂、铜和镍。铂制成的为铂电阻温度计、铜制成的为铜电阻温度计,都属于定型产品。半导体有锗、碳和热敏电阻(氧化物)等。

1. 铂电阻温度计

在常温下铂是对各种物质作用最稳定的金属之一,在氧化性介质中,即使在高温下,铂的物理和化学性能也都非常稳定。此外,现代铂丝提纯工艺的发展,能保证它有非常好的重现性能,因而,铂电阻温度计是国际实用温标中一种重要的内插仪器。铂电阻与专用精密电桥或电位计组成的铂电阻温度计有极高的精确度。铂电阻温度计感温元件是由纯铂丝用双绕法绕在耐热、绝热的绝缘材料(如云母、玻璃或石英、陶瓷等)骨架上制成的。如图 3.6 所示。在铂丝圈的每一端都焊有两根铂丝或金丝,一对为电流引线,一对为电压引线。

标准铂电阻温度计感温元件在制成前后,均需经过充分仔细清洗,再装入适当大小的玻璃或石英等套管中,进行充氦、封接和退火等一系列严格处理,才能保证具有很高的稳定性和准确度。

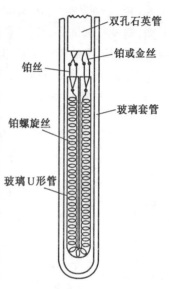

图 3.6 标准铂电阻

2. 热敏电阻温度计

热敏电阻是由金属氧化物半导体材料制成的。热敏电阻可制成各种形状,如珠形、杆形、圆片形等,作为感温元件通常选用珠形和圆片形。

热敏电阻的主要特点是:

(1) 有很大的负电阻温度系数,因此其测量灵敏度比较高。

(2) 体积小,直径一般只有 $\phi 0.2 \sim \phi 0.5\ mm$,故热容量小,因此时间常数也小,可作为点温、表面温度以及快速变化温度的测量。

(3) 具有很大的电阻值,其 R_0 值一般在 $10^2 \sim 10^5\ \Omega$ 范围,因此可以忽略导线电阻,特别适用于远距离的温度测量。

(4) 制造工艺比较简单,价格便宜。热敏电阻的缺点是测量温度范围较窄,特别是在制造时对电阻与温度关系的一致性很难控制,差异大,稳定性较差。作为测量仪表的感温元件就很难互换,给使用和维修都带来很大困难。

热敏电阻与金属导体的热电阻不同,属于半导体,具有负电阻温度系数,其电阻值随温度升高而减小。热敏电阻的电阻与温度的关系不是线性的,可以用下面经验公式来表示

$$R_T = Ae^{\frac{B}{T}} \tag{3.15}$$

式中　R_T——热敏电阻在温度 T 时的电阻值(Ω);

　　　T——温度(K);

A、B——常数,它决定于热敏电阻的材料和结构,A具有电阻量纲,B具有温度量纲。

珠形热敏电阻器的基本构造如图3.7所示。

在实验中可将热敏电阻作为电桥的一个臂,其余三个臂是纯电阻,如图3.8所示。图中R_1、R_2为固定电阻,R_3为可调电阻,R_T为热敏电阻,E为工作电源。在某温度下将电桥调平衡,则没有电讯号输送给检流计。当温度改变后,则电桥不平衡,将有电讯号输给检流计,只要标定出检流计光点相应于每1℃所移动的分度数,就可以求得所测温差。

实验时要特别注意防止热敏电阻感温元件的两条引线间漏电,否则会影响所测得的结果和检流计的稳定性。

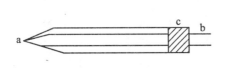

图3.7 珠形热敏电阻
a—热敏材料制成的元件;b—引线;c—壳件

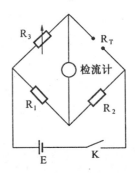

图3.8 热敏电阻测温示意图

四、热电偶

1. 概述

在化学实验中热电偶是测量温度的常用仪器,其不仅结构简单、制作方便、测温范围广($-272 \sim +2\,800$℃)、热量小、响应快、灵敏度高,而且又能直接把温度量转换成电学量,适宜于温度的自动调节和自动控制。按照热电偶的材料来分,有廉价金属、贵重金属、难熔金属和非金属四大类。

廉价金属中有铁 - 康铜、铜 - 康铜、镍铬 - 镍铝(镍硅)等;

贵重金属中有铂铑$_{10}$ - 铂、铂铑$_{10}$ - 铂铑$_6$、铱铑系及铂铱系等;

难熔金属中有钨铼系、铌钛系等;

非金属中有二碳化钨 - 二碳化钼、石墨 - 碳化物等。

2. 热电偶的测温原理

两种不同成分的导体 A 和 B 连接在一起形成一个闭合回路,如图3.9所示。当两个接点1和2温度不同时,例如$t > t_0$,回路中就产生电动势$E_{AB}(t,t_0)$,这种现象称为热电效应,而这个电动势称为热电势。热电偶就是利用这个原理来测量温度的。

导体 A 和 B 称为热电极,温度 t 端为感温部分,称为测量端(或热端);温度 t_0 端为连接显示仪表部分,称为参比端(或冷端)。

热电偶的热电势 $E_{AB}(t,t_0)$ 是由两种导体的接触电势和单一导体的温差电势所组成。有时将接触电势称为珀尔帖电势,温差电势称为汤姆逊电势。

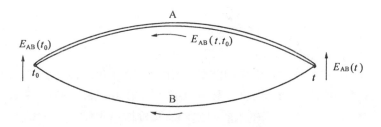

图 3.9 热电偶回路热电势分布

(1) 两种导体的接触电势。各种导体中都存在有大量的自由电子。不同成分的材料,其自由电子的密度(即单位体积内自由电子数目)不同,因而当两种不同成分的材料接触在一起时,在结点处就会产生自由电子的扩散现象。自由电子从密度大的向密度小的方向扩散,这时电子密度大的电极因失去电子而带有正电,相反,电子密度小的电极由于接收了扩散来的多余电子而带负电。这种扩散一直达到动态平衡为止,从而得到一个稳定的接触电势。它的大小除和两种材料有关外,还与结点温度有关。

(2) 单一导体的温差电势。温差电势是因电极两端温度不同,存在温度梯度而产生的电势。设热电极 A 两端温度分别为 t 和 t_0,t 为温度高的一端,t_0 为温度低的一端,由于两端温度不同,电子的能量在两端也不同。温度高的一端比温度低的一端电子能量大,因而能量大的高温端电子,就要跑到温度低的电子能量小的另一端,使高温端失掉了一些电子而带正电,低温端得到了一些电子而带负电,于是电极两端产生了电势差,这就是温差电势。它也是一个动态平衡,电势的大小只与热电极和两结点温度有关。

3.常用热电偶

(1) 对热电偶材料的基本要求。根据热电偶的原理,似乎任意两种不同材料成分的导体都可以组成热电偶。因为当它们连接起来,两个结点的温度不同时,就有热电势产生。但实际情况并不是这样,要成为能在实验室或生产过程中检测温度用的热电偶,对其热电极材料是有一定要求的。

① 物理、化学性能稳定。在物理性能方面,在高温下不产生再结晶或蒸发现象,因为再结晶会使热电势发生变化;蒸发会使热电极之间互相污染引起热电势的变化。

在化学性能方面,应在测温范围内不易氧化或还原,不受化学腐蚀,否则会使热电极变质引起热电势变化。

② 热电性能好。热电势与温度的关系要成简单的函数关系,最好成线性关系;微分热电势要大,可以有高的测量灵敏度;在测量范围内长期使用后,热电势不产生变化。

③ 电阻温度系数要小,导电率要高。

上述要求是理想情况,并非每种热电偶都要全部符合。而是在选用时,根据测温的具体条件,加以考虑。

(2) 常用热电偶。目前国内外热电偶材料的品种非常多。我国根据科学实验和生产需要,暂时选择六种热电偶材料为定型产品。它们有统一的热电势与温度的关系分度表,可以与现成的仪表配套。对于非定型产品,只有在定型产品满足不了时才选用。

表 3.3 列出了常用热电偶的分度号、测量温度范围和允许误差。

热电偶的分度号是热电偶分度表的代号,在热电偶和显示仪表配套时,必须注意其分度号是否一致,若不一致,就不能配套使用。

下面简单介绍热电偶的主要性能、特点和用途。

① 铜-康铜热电偶适用于低温的测量,使用上限为300℃。能在真空、氧化、还原或惰性气体中使用。其性能稳定,在潮湿气氛中能耐腐蚀,尤其是在 -200~0℃下,使用稳定性很好。在 -200~300℃区域内测量灵敏度高,且价格最便宜。

铜-康铜热电偶测量0℃以上温度时,铜电极是正极,康铜(铜质量分数为60%、镍质量分数为40%)是负极。测量低温时,由于工作端温度低于自由端,所以电极的极性会发生变化。

② 铁-康铜热电偶适用于真空、氧化、还原或者惰性气氛中,测量范围为 -200~800℃。但其常用温度是500℃以下,因为超过该温度,铁热电极的氧化速率加快。

表 3.3 分度号、测量温度范围和允许误差

名 称	分度号	测量温度范围	允许误差/℃	
			温度范围	误差
铜-康铜	CK	-200 ~ +300	-200 ~ -40 -40 ~ +80 +80 ~ +300	±1.5%t ±0.6 ±0.75%t
镍铬-康铜	EA	0 ~ +800	≤400	±4
铁-康铜	FK	0 ~ +800	≤400 >400	±3 ±0.75%t
镍铬-镍硅	EU-2	0 ~ +1 300	≤400	±3
镍铬-镍铝	EU-2	0 ~ +1 100	>400	±0.75%t
铂铑$_{10}$-铂	LB-3	0 ~ +1 600	≤600 >600	±3 ±0.5%t
铂铑$_{30}$-铂铑$_6$	LL-2	0 ~ +1 800	≤600 >600	±3 +0.5%t
钨铼$_5$-钨铼$_{20}$	WR	0 ~ +2 800	≤1 000 1 000 ~ 2 000	±10 +1%t

③ 镍铬-镍硅热电偶性能好,是目前使用最多的一个品种,由镍铬-镍铝热电偶演变而来,它们共同使用一个统一的分度号。

镍铬-镍铝和镍铬-镍硅的共同特点是:热电势与温度的关系近似成线性,使显示仪表刻度均匀,微分热电势较大,仅次于铜-康铜,因此灵敏度比较高,稳定性和均匀性都很好,它们的抗氧化性能比其他廉价金属热电偶好,广泛应用于500~1 300℃范围的氧化性与惰性气氛中,但不适用于还原性及含硫气氛中,除非加以适当保护。在真空气氛中,正极镍铬中铬优先蒸发,将改变它们的分度特性。

但是,镍铬-镍铝热电偶经一段时期使用后,会出现热电势不稳定的现象,特别是在温度高于700℃中使用时将出现示值偏高。这可能由于气体腐蚀和污染引起电极的化学成分改变,晶粒长大,内部发生相变,使镍铬电极热电势越来越趋向于正值,镍铝电极的热

电势越来越趋向负值,这样两个热电极叠加,使示值偏高。

经过研究,在镍基中加入质量分数为 2.5% 的硅及少量钴、锰等元素制成镍硅电极,无论是抗氧化性能,还是均匀性和热电势的稳定性方面都优于镍铬电极,同时它对标准铂极的热电势不变。

④ 铂铑$_{10}$ - 铂热电偶属贵重金属热电偶,可长时间在 0 ~ 1 300℃ 间工作,它除了耐高温外,还是所有热电偶中精度最高的。它的物理、化学性能好,因此热电势稳定性好,是作为度量国际温标的标准仪器。它适用于氧化性和惰性气氛中,但是它的热电势较小,微分热电势也很小,因而只有选择较精密的显示仪表与之配套,才能保证得到准确的测量结果。

铂铑$_{10}$ - 铂热电偶不能在还原性气氛中或含有金属或非金属蒸气的气氛中使用,除非用非金属套管保护,但不允许直接插入金属的保护套管中。铂铑$_{10}$ - 铂热电偶中,对负极铂丝的纯度要求很高。在长期高温下使用,铑会从正极的铂铑合金中扩散到铂负极中去,极易将其沾污,导致热电势下降,从而引起分度特性改变。在这种情况下使用铂铑$_{30}$ - 铂铑$_6$ 热电偶会更好、更稳定。

⑤ 铂铑$_{30}$ - 铂铑$_6$ 热电偶也属贵金属热电偶,凡是铂铑$_{10}$ - 铂热电偶所具备的优点,它基本上都具备,其测量温度范围是目前最高的(0 ~ 1 800℃)。它不存在负极铂丝所存在的缺点,因为它的负极是由铂铑合成的,因此长期使用后,热电势下降的情况不严重。

5. 热电偶的结构和制备

(1) 为了保证热电偶的正常工作,对热电偶的结构提出以下四点要求:

① 热电偶的热结点要焊接牢固。

② 两电极间除了热结点外,必须有良好的绝缘,防止短路。

③ 导线与热电偶的参比端的连接要可靠、方便。

④ 热电偶在有害介质中测量温度时,保护管应保证把被测介质与热电极隔绝开来。

(2) 在设计制备热电偶时,热电极的材料、直径的选择应根据测量范围、测定对象的特点,以及电极材料的价格、机械强度、热电偶的电阻值而定。贵重金属材料一般选用直径 0.5 mm;对于普通金属电极由于价格较便宜,直径可以粗一些,一般为 1.5 ~ 3 mm。

热电偶的长度应由它的安装条件及需要插入被测介质的深度决定,可以从几百毫米到几米不等。

热电偶结点常见结构形式如图 3.10 所示。热电偶热接点可以是对焊,也可以预先把两端线绕在一起再焊。应注意绞焊圈不宜超过 2 ~ 3 圈,否则工作端将不是焊点,而将向上移动,测量时有可能带来误差。

普通热电偶的热结点可以用电弧、乙炔焰、氢氧吹管的火焰来焊接。当没有这些设备时,也可以用简单的点熔装置来代替。用一只调压变压器把 220 V 电压调至所需电压,以内装石墨粉的铜杯为一极,热电偶作为另一极,把已经拧合的热电偶结点处,沾上一点硼砂,熔成硼砂小珠,插入石墨粉中(不要接触铜杯),通电后,使结点处发生熔融,成一光滑的圆珠即成。

热电偶在装入保护管之前,为了防止热电偶短路,一般要用绝缘瓷管套好。

(3) 热电偶的结构形式可分为普通热电偶,铠装热电偶,薄膜热电偶。

① 普通热电偶主要用于测量气体、蒸气、液体等介质的温度。由于应用广泛，使用条件基本相同，有若干通用标准型供选择使用。其中有棒型、角型、锥型等。并且分别制成无固定装置、有螺纹固定装置及法兰固定装置等多种形式。

② 铠装热电偶是由热电极绝缘材料和金属保护套管三者组合成一体的特殊结构的热电偶，铠装热电偶与普通结构的热电偶比较，具有许多特点：首先铠装热电偶的外径可以加工得很小，长度可以很长（最

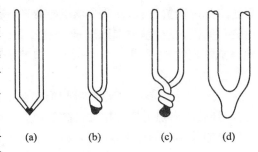

图 3.10　热电偶结点常见结构
(a) 直径一般为 0.5 mm；(b) 直径一般为 1.5～3 mm；(c) 直径一般为 3～3.5 mm；(d) 热电极直径大于 3.5 mm 才采用

小直径可达 0.25 mm，长度几百米）。热响应时间很小，最小可达毫秒数量级，这对采用电子计算机进行检测控制具有重要意义。其次这种热电偶使用寿命长、耐高压、具有良好的机械性能和绝缘性。

③ 薄膜热电偶是由两种金属薄膜连接在一起的一种特殊结构的热电偶。测量端既小又薄，厚度可达 0.01～0.1 μm。因此热容量很小，可应用于微小面积上的温度测量。反应速度快，时间常数可达微秒级。薄膜热电偶分为三大类：片状、针状或热电极材料直接镀在被测物表面。

薄膜热电偶是近年发展起来的一种新的结构形式，随着工艺和材料的不断改进，是一种很有前途的热电偶。

(4) 热电偶使用的注意事项。

① 热电偶使用前，注意挑选合适的热电偶，即温度范围合适，环境气氛适应，同时参比端的温度恒定。测温前要确定热电偶的正、负极。

② 热电偶使用前，要求对热电偶的热电势误差进行检验，绘制温度与热电势的标准曲线（又称工作曲线）。

③ 测量较低热电势时，如灵敏度不够，可以把数个热电偶串联使用，增大温差电势，增加测量精度。几个热电偶串联成热电堆的温差电势等于各个热电偶电势之和。

6. 热电偶的温度 – 热电势标准线的制备

用一系列温度恒定的标准体系，如 CO_2 的升华点、水的冰点与沸点、硫的沸点，以及铋、镉、铅、锌、银、金的熔点等。把被检验的热电偶测量端插入标准体系，参比端插入冰水平衡体系，测定其热电势。具体装置如图 3.11 所示。操作时，先把含有标准体系的试管轻插入电炉，用 100 V 电压进行加热，直至试管中的样品熔融，停止加热。用热电偶套管轻轻搅拌样

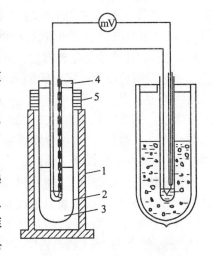

图 3.11　热电偶校正装置
1— 电炉；2— 样品管；3— 样品；
4— 软木塞；5— 石棉布套

品,保持冷却速率 4 K·min⁻¹,每分钟读一次数据,即可得到一条热电势 – 时间曲线。从此曲线的转折平线可得到相应的热电势和温度数值。选择几个不同的样品重复测定,即可得到热电偶的工作曲线。

2 温度的控制技术

物质的物理性质和化学性质,如折光率、黏度、蒸气压、密度、表面张力、化学平衡常数、反应速率常数、电导率等都与温度有密切的关系。许多物理化学实验不仅要测量温度,而且需要精确地控制温度。实验室中所用的恒温装置一般分成高温恒温(> 250℃);常温恒温(室温 ~ 250℃)及低温恒温(室温 ~ – 218℃) 三大类,应用较多的是常温恒温技术,而随着科技的发展,超高温及超低温恒温控制技术也逐渐引到实验中来。

2.1 常温控制

在常温区,通常用恒温槽作为控温装置。恒温槽是实验工作中常用的一种以液体为介质的恒温装置,用液体作介质的优点是热容量大,导热性好,使温度控制的稳定性和灵敏度大为提高。

根据温度的控制范围,可用下列液体介质:

0 ~ 90℃ 用水;

80 ~ 160℃ 用甘油或甘油水溶液;

170 ~ 300℃ 用液体石蜡、汽缸润滑油或硅油。

一、恒温槽的构造及原理

恒温槽的构件组成如图 3.12 所示。

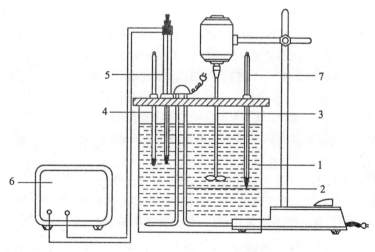

图 3.12 常温恒温槽构件组成图

1—浴槽;2—加热器;3—搅拌器;4—温度计;5—水银定温计;
6—恒温控制器;7—贝克曼温度计

(1) 槽体。如果控制温度与室温相差不大,可用敞口大玻璃缸,对于较高和较低温度,应考虑保温问题。具有循环泵的超级恒温槽,有时仅作供给恒温液体之用,而实验在另一工作槽内进行。这种利用恒温液体循环的工作槽可制得小一些,以减小温度控制的滞后性。

(2) 搅拌器。其主要作用是加强液体介质的循环,对保证恒温槽温度均匀起着非常重要的作用。搅拌器的功率、安装位置和桨叶的形状,对搅拌效果有很大影响。恒温槽愈大,搅拌功率也该相应增大。搅拌器应装在加热器上面或靠近加热器,使加热后的液体及时混合均匀再流至恒温区。搅拌桨叶应是螺旋式或涡轮式,且有适当的片数、直径和面积,以使液体在恒温槽中循环。为了加强循环,有时还需要装导流装置。

(3) 加热器。如果恒温的温度高于室温,则需不断向槽中供给热量以补偿其向四周散失的热量;如恒温的温度低于室温,则需不断从恒温槽取走热量,以抵消环境向槽中传热。在前一种情况下,通常采用电加热器间歇加热来实现恒温控制。对电加热器的要求是热容量小、导热性好、功率适当。

(4) 感温元件。它是恒温槽的感觉中枢,是提高恒温槽精度的关键部件。感温元件的种类很多,如接触温度计(或称水银定温计)、热敏电阻感温元件等。这里仅以接触温度计为例说明它的控温原理。接触温度计的构造如图 3.13 所示。其结构与普通水银温度计不同,它的毛细管中悬有一根可上下移动的金属丝,从水银槽也引出一根金属丝,两根金属丝与温度控制系统连接。在定温计上部装有一根可随管外永久磁铁旋转的螺杆。螺杆上有一指示金属片(也叫标铁),金属片与毛细管中金属丝(触针)相连。当螺杆转动时金属片上下移动即带动金属丝上升或下降。

调节温度时,先转动调节磁帽,使螺杆转动,带着金属片移动至所需温度(从温度刻度板上读出)。当加热器加热后,水银柱上升,当加热到所需温度时,水银柱与金属丝相接,线路接通,使加热器电源被切断,停止加热。由于水银定温计的温度刻度很粗糙,恒温槽的精确温度应该由另一精密温度计指示。当所需的控温温度稳定时,将磁帽上的固定螺丝旋紧,使之不发生转动。

水银定温计的控温精度通常为 ±0.1℃,甚至可达 ±0.05℃,但由于实验室的条件及仪器精度等综合因素,造成其总体精度仅能达 ±1~±2℃,有时误差更大,但对一般实验来说是足够精密了。水银定温计允许通过的电流很小,约为几毫安以下,不能同加热器直接相连。因为加热器的电流约为 1 A 左右,所以在定温计和加热器中间有一个电子管继电器。

(5) 电子管继电器。电子管继电器由继电器和控制电路两部分组成,其工作原理如

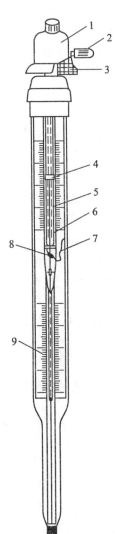

图 3.13 水银定温计
1—调节帽;2—固定螺丝;3—磁钢;4—指示铁;5—钨丝;6—调节螺杆;7—铂丝结点;8—铂弹簧;9—水银柱

下：

可以把电子管的工作看成一个半波整流器(图 3.14)，$R_0 \sim C_1$ 并联电路的负载，负载两端的交流分量用来作为栅极的控制电压。当定温计触点为断路时，栅极与阴极之间由于 R_1 的耦合而处于同位，也即栅偏压为零。这时板流较大，约有 18 mA 通过继电器，能使衔铁吸下，加热器通电加热；当定温计为通路，板极是正半周，这时 $R_0 \sim C_1$ 的负端通过 C_2 和定温计加在栅极上，栅极出现负偏压，使板极电流减少到 2.5 mA，衔铁弹开，电加热器断路。

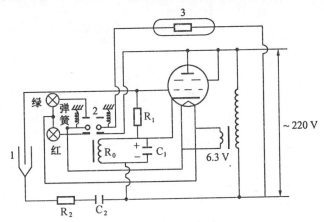

图 3.14 电子继电器线路图

R_0 为 202 V、直流电阻约 2 200 Ω 的电磁继电器

1—水银定温计；2—衔铁；3—电热器

因控制电压是利用整流后的交流分量，R_0 的旁路电容 C_1 不能过大，以免交流电压值过小，引起栅偏压不足，衔铁不能吸下断开；C_1 太小，则继电器衔铁会颤动，这是因为板流在负半周时无电流通过，继电器会停止工作，并联电容后依靠电容的充放电而维持其连续工作，如果 C_1 太小就不能满足这一要求。C_2 用来调整板极的电压相位，使其与栅压有相同峰值。R_2 用来防止触电。

电子继电器控制温度的灵敏度很高。通过定温计的电流最多为 30 mA，因而定温计使用寿命长，应用普遍。

随着电子技术的发展，电子继电器中电子管大多已为晶体管所代替，WMZK-01 型的控温仪用的是热敏电阻作为感温元件的晶体管继电器。它的温控系统由直流电桥电压比较器，控温执行继电器等部分组成。当感温探头热敏电阻感受的实际温度低于控温选择温度时，电压比较器输出电压，使控温继电器输出线柱接通，恒温槽加热器加热，当感温探头热敏电阻感受温度与控温选择温度相同或高出时，电压比较器输出为"0"，控温继电器输出线柱断开，停止加热，达到控温目的。其面板图、使用接线图如图 3.15 及图 3.16 所示。

使用该仪器时，需注意感温探头的保护。感温探头中热敏电阻是采用玻璃封结，使用时应防止与较硬的物件相撞，用毕感温探头头部用保护帽套上，感温探头浸没深度不得超过 200 mm。使用时若继电器跳动频繁或跳动不灵敏，可将电源相位反接。

该仪器主要技术指标如表 3.4 所示。

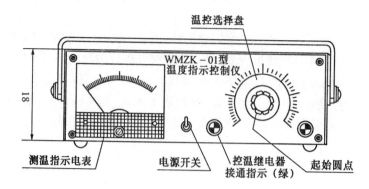

图 3.15 控温仪面板图

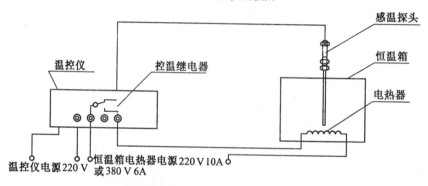

图 3.16 控温仪接线图

表 3.4 控温仪的主要技术指标

控温范围/℃	−50 ~ +50	10 ~ 50	10 ~ 100	50 ~ 200	20 ~ 300
控温灵敏度/℃	1	0.6	1	1	2
测温误差/℃	±3	±1	±2	±5	±10
温控选择盘误差/℃	±3	±2	±2	±5	±10
工作环境温湿度	0 ~ 40℃ 相对湿度不超过 80%				
控温继电器输出	220 V ~ 10 A 或 380 V 6 A				
仪器电源	220 V ~ ±10% 50 Hz ±2%				
仪器消耗功率	< 6 W				

二、恒温槽的性能测试

恒温槽的温度控制装置属于"通""断"类型,当加热器接通后,恒温介质温度上升,热量的传递使水银温度计中水银柱上升。但热量传递需要时间,因此常出现温度传递的滞后。往往是加热器附近介质的温度超过指定温度,所以恒温槽的温度高于指定温度。同理降温时也会出现滞后现象。因此,恒温槽控制的温度有一个波动范围,并不是控制在某一固定不变的温度。并且恒温槽内各处的温度也会因搅拌效果优劣而不同。控制温度的波动范围越小,各处的温度越均匀,恒温槽的灵敏度就越高。灵敏度是衡量恒温槽性能优劣的主要标志。它除与感温元件、电子继电器有关外,还与搅拌器的效率、加热器的功率等因素有关。

恒温槽灵敏度的测定是在指定温度下(如 30℃)用较灵敏的温度计记录温度随时间的变化,每隔一分钟记录一次温度计读数,测定 30 min。然后以温度为纵坐标、时间为横坐标绘制成温度-时间曲线,如图 3.17 所示。图中(a)表示恒温槽灵敏度较高;(b)表示灵敏度较差;(c)表示加热器功率太大;(d)表示加热器功率太小或散热太快。

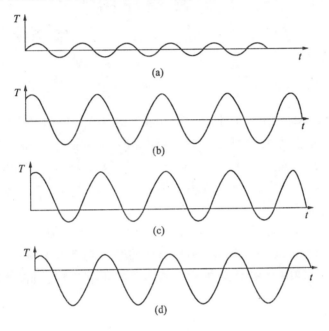

图 3.17 灵敏度曲线

恒温槽灵敏度 t_E 与最高温度 t_1、最低温度 t_2 的关系式为

$$t_E = \pm \frac{t_1 - t_2}{2} \tag{3.16}$$

t_E 值愈小,恒温槽的性能愈佳,恒温槽精度随槽中区域不同而不同。同一区域的精度又随所用恒温介质、加热器、定温计和继电器(或控温仪)的性能、质量不同而异,还与搅拌情况以及所有这些元件间的相对配置情况有关,它们对精度的影响简述如下:

(1) 恒温介质。介质流动性好,热容大,则精度高。

(2) 定温计。定温计的热容小,与恒温介质的接触面积大,水银与铂丝和毛细管壁间的黏附作用小,则精度好。

(3) 加热器。在功率足以补充恒温槽单位时间内向环境散失能量的前提下,加热器功率愈小,精度愈好。另外,加热器本身的热容愈小,加热器管壁的导热效率愈高,则精度愈好。

(4) 继电器。电磁吸引电键后,发生机械运动所需时间愈短,断电时线圈中的铁心剩磁愈小,精度愈好。

(5) 搅拌器。搅拌速率需足够大,使恒温介质各部分温度尽量一致。

(6) 部件的位置。加热器要放在搅拌器附近,以使加热器发出的热量能迅速传到恒温介质的各个部分。定温计要放在加热器附近,并且让恒温介质的旋转能使加热器附近的恒温介质不断地冲向定温计的水银球。被研究的体系一般要放在槽中精度最好的区域。测定温度的温度计应放置在被研究体系的附近。

2.2 高温控制

一般是指 250℃ 以上的温度,通常使用电炉加热。加热元件为镍铬丝,用可控硅控温仪来调节温度。

一、电炉

实验室中,除普通的加热电炉外,以马弗炉和管式炉最为常用。一个良好的加热电炉,一般必须有较长的恒温区,传热要迅速、散热要小。恒温区的长短,在很大程度上取决于电阻丝的绕法及通电的方式。电炉电阻丝一般绕法是中段疏、两端密;电阻丝粗细的选择,决定于通电电流的大小及炉子所能达到的最高温度。

管式炉的设计如下:

(1) 功率的确定。炉子所能达到的最高温度和电炉加热丝的功率有关,在中等保温的情况下,当炉温为 300℃ 以下时,每 100 cm^2 加热面积需要功率为 20 W;炉温在 300℃ 以上时,每 100 cm^2 加热面积需要多加 20 W。如需要电炉在开始工作时升温速率较快,则应将计算得出的功率增加 20% 左右。

(2) 电热丝的选取。实验温度在 1 100℃ 以下时,通常用镍铬丝,1 100℃ 以上需用铂丝。按下列公式计算电热丝的额定电流及电阻值

$$I = \frac{P}{U} \tag{3.17}$$

$$R = \frac{U}{I} \tag{3.18}$$

式中　I—— 电流强度(A);
　　　P—— 电热丝功率(W);
　　　U—— 电源电压(V);
　　　R—— 电阻丝电阻值(Ω)。

如果电源电压在 180 ~ 200 V 间波动时,则 U 取 180 V,根据公式求出最大电流($I_{最大}$),然后可求出电热丝的电阻值,按表 3.5 选定电热丝的粗细规格。

表3.5　镍铬丝的额定电流值与电阻值

镍铬丝 φ/mm	0.1	0.15	0.2	0.3	0.4	0.5	0.6	0.8	1.0
最大通过电流 I/A	0.7	1.0	1.3	2.0	3.0	4.2	5.5	8.2	11.0
20℃ 时电阻值 γ/($\Omega \cdot m^{-1}$)	138.4	55.8	34.6	13.9	8.76	5.48	3.46	2.16	1.38

镍铬丝的直径选定后,可按上表所列的电阻值算出所需电热丝长度$\left(l = \dfrac{R}{r}\right)$。

【**例 3.2**】 制作一个长 30 cm、内径 5 cm 的管式电炉,要求达到的最高温度为 800 ℃,应选用多大的直径和多长镍铬丝。

① 加热面积 = $3.14 \times 5 \times 30 = 471$ cm^2

② 功率　　$P = \left(20 \times \dfrac{800-300}{100} + 20\right) \times \left(\dfrac{471}{100}\right) \times (1+0.2) \approx 680$ W

③ 最大电流值　　　　$I = \dfrac{P}{U} = \dfrac{680}{180} = 3.8$ A

④ 电阻值。电源电压取波动平均值 200 V,电阻值为

$$R = \dfrac{U}{I} = \dfrac{200}{3.8} = 52.6 \ \Omega$$

⑤ 长度。根据最大电流值,从表 3.6 可知,选 0.5 mm 的镍铬丝,其单位长度电阻值为 5.48 $\Omega \cdot$ m^{-1},因而长度(l)为

$$l = \dfrac{R}{r} = \dfrac{52.6}{5.48} = 9.6 \ \text{m}$$

炉中填料采用保温性能好且又轻的物质,一般为蛭石或膨胀珍珠岩。炉壳与炉壁半径为 2.5∶1 到 5∶1 左右,炉管材料可根据使用温度而定,参见表 3.6。

表 3.6　炉管材料

材　　料	可耐最高温度 /℃
北京硬质玻璃管	500
石棉包铁管	900
无釉瓷管	1 500

(3) 恒温区的标定。把热电偶放在炉子中间,炉子两头用石棉绳之类的绝热材料堵塞以减少电炉热量散失。用控温仪器控制电炉温度到达预定温度,用电位差计读出温度。然后把热电偶向上移动,每次移动 2 cm,待温度恒定后,读出其温度,直到与第一次读数相差 1 ℃ 为止,则炉子在此区间内为恒温段,炉温相差 1 ℃ 左右。

二、高温控制器

1. 动圈式温度控制器

动圈式温度控制器的结构如图 3.18 所示。

热电偶将温度信号变换为毫伏级的电压信号,加于动圈式毫伏表线圈上,该线圈是用张丝悬挂在外磁场中,当线圈中因电流通过而出现感应磁场时,磁场与外磁场作用,使线圈偏转一个角度,故称"动圈"。偏转的角度值与热电偶的电动势成正比,通过指针在刻度板上直接指示出来。指针上有一片"铝旗",其随指针左右偏转。L$_3$(由 L$_{31}$ 和 L$_{32}$ 组成)为调节设定温度的检测线圈,分成前后两半(L$_{31}$ 和 L$_{32}$)安装在刻度板后面,通过机械调节机构沿刻度板左右移动。检测线圈的中心位置通过设定针在刻度板上显示出来。首先把设定的指针调节在实验所需的温度位置,然后加热。当温度上升至设定温度时,铝旗全部进入检测线圈。由于铝旗的高频涡流效应使继电器断开,停止加热。为防止当被控对象的温度高

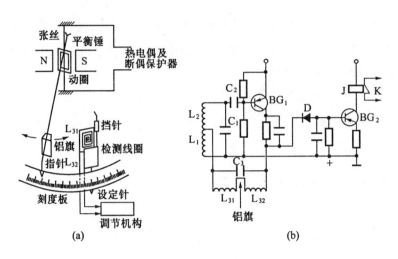

图 3.18　动圈式温度控制器

于设定温度时,铝旗冲出 L_3,产生加热的错误动作,因此在 L_3 旁加一挡针。这种加热方式是断续式,只有断、续两个工作状态。炉温升至给定值,停止加热,低于给定值时就加热。温度起伏较大,精度差。使用时应注意热电偶的正负极不可接反,热电偶的规格要与仪表要求相符,外接电阻按规定值接上。

2. 比例 – 积分 – 微分温度控制

近代物理化学实验中,在控温调节规律上要求能实现比例、积分、微分控制,简称 PID 控制。PID 控制能在整个过渡过程时间内,按照偏差信号的规律,自动地调节加热器电流,故又称"自动调流"。当偏差信号很大时,加热电流也很大。随着不断加热,偏差信号逐渐变小,加热电流会按比例相应的降低,这就是"比例调节"。但当体系温度升到设定值时,偏差降为零,加热电流也将降为零,不能补偿体系与环境之间的热损耗。所以除了"按比例调节"外还需加"积分调节"。把前期的偏差信号进行积累,当偏差信号变得极小时,仍能产生一个与之相对应的较小加热电流,使体系与环境之间热平衡。在"比例调节"和"积分调节"的基础上再加上"微分调节",使在过渡过程时间一开始,就输出一个大于"比例调节"的加热电流,使体系温度迅速上升,缩短过渡过程时间。这种加热电流按照微分指数曲线降低,随着时间的增加,加热电流逐渐降低,控制过程从微分调节过渡到比例积分调节。PID 调节器应能按比例、积分、微分调节规律自动地调节加热电流,电流调节是通过一个可控硅电路来实现的,而 PID 调节规律是将偏差信号输入到一个具有负反馈回路的放大器来实现的,对此本书不作详细介绍。

2.3　低温控制

实验时如需要低于室温的条件,则需用低温控制装置。对于比室温稍低的恒温控制可以用常温控制装置,在恒温槽内放入蛇形管,其中用一定流量的冰水循环。如需要低于摄氏零度以下的温度,则需选用适当的冷冻剂。实验室中常用低共熔点的冰盐混合物使温度恒定。表 3.7 列出几种盐类和冰的低共熔点。

表 3.7 盐类和冰的低共熔点

盐	盐的混合比 %	最低到达温度 ℃	盐	盐的混合比 %	最低到达温度 ℃
KCl	19.5	-10.7	NaCl	22.4	-21.2
KBr	31.2	-11.5	KI	52.2	-23.0
$NaNO_3$	44.8	-15.4	NaBr	40.3	-28.0
NH_4Cl	19.5	-16.0	NaI	39.0	-31.5
$(NH_4)_2SO_4$	39.8	-18.3	$CaCl_2$	30.2	-49.8

实验室中通常是把冷冻剂装入蓄冷桶,如图 3.19(a)所示,再配用超级恒温槽。由超级恒温槽的循环泵送来工作液体,在夹层中被冷却后,再返回恒温槽进行温度调节。如果实验不是在恒温槽中进行,则可按图 3.19(b)所示的流程连接。旁路活门 D 可调节冷冻剂通向蓄冷桶的流量。若实验中要求更低的恒温温度,则可以把试样浸在液态制冷剂中(液氮、液氦等),把它装入密闭容器中,用泵进行排气,降低它的蒸气压,则液体的沸点也就降低。因此只要控制液体和它成热平衡时的蒸气压,就可以控制这种状态下的液体温度。

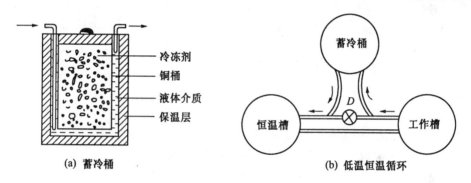

(a) 蓄冷桶　　　　　　　　　(b) 低温恒温循环

图 3.19 低温恒温

3 溶液性质的测定技术

3.1 液体黏度

流体黏度是相邻流体层运动时内摩擦力的一种量度。

黏度分绝对黏度和相对黏度。相对黏度是某液体黏度与标准液体黏度之比,无量纲。绝对黏度有两种表示方法:动力黏度、运动黏度。动力黏度是指单位面积的流层以单位速率相对于单位距离的流层流出时所需的切向力,用希腊字母 η 表示动力黏度(俗称黏度),其单位是帕斯卡秒,用符号 $Pa \cdot s$ 表示。运动黏度是液体的动力黏度与同温度下该液体的密度 ρ 之比,用符号 ν 表示,其单位是平方米每秒($m^2 \cdot s^{-1}$)。

化学实验室常用玻璃毛细管黏度计测量液体黏度。此外,恩格勒黏度计、落球式黏度计、旋转式黏度计等也广被泛使用。

一、毛细管黏度计

毛细管黏度计有乌氏黏度计和奥氏黏度计。这两种黏度计比较精确,使用方便,适合于测定液体黏度和高聚物相对摩尔质量。

玻璃毛细管黏度计的使用原理：

测定黏度时通常测定一定体积的流体流经一定长度垂直的毛细管所需的时间，然后根据泊塞耳(Poiseuille)公式计算其黏度。

$$\eta = \pi p r^4 t / 8 V l \tag{3.19}$$

式中　　V——t 时间内流经毛细管的液体体积；

p——管两端的压力差；

r——毛细管半径；

l——毛细管长度。

直接由实验测定液体的绝对黏度是比较困难的。通常采用测定液体对标准液体（如水）的相对黏度，已知标准液体的黏度就可以标出待测液体的绝对黏度。

假设相同体积的待测液体和水，分别流经同一毛细管黏度计，则

$$\eta_{待} = \pi r^4 p_1 t_1 / 8 V l$$
$$\eta_{水} = \pi r^4 p_2 t_2 / 8 V l$$

两式相比，得

$$\eta_{待} / \eta_{水} = p_1 t_1 / p_2 t_2 = hg\rho_1 t_1 / hg\rho_2 t_2 = \rho_1 t_1 / \rho_2 t_2 \tag{3.20}$$

式中　　h——液体流经毛细管的高度；

ρ_1——待测液体的密度；

ρ_2——水的密度。

因此，用同一根玻璃毛细管黏度计，在相同的条件下，两种液体的黏度比即等于它们的密度与流经时间的乘积比。若将水作为已知黏度的标准液（其黏度和密度可查阅手册），则通过式(3.20)可计算待测液体的绝对黏度。

二、乌氏黏度计

乌氏黏度计的外形各异，但基本的构造如图3.20所示，其使用方法亦相同。将乌氏黏度计垂直夹在恒温槽内，用吊锤检查是否垂直。将 10 mL 左右待测液自 2 管注入黏度计内，恒温数分钟，夹紧 3 管上连接的乳胶管，同时在连接 1 管的乳胶管上接洗耳球慢慢抽气，待液体升至 C 球的 $\frac{1}{2}$ 左右即停止抽气，打开 3 管乳胶管上夹子，使毛细管内液体与 D 球分开，用停表测定液面在 m_1、m_2 两线间移动所需时间。一般需重复测定 3 次，每次相差不超过 0.2 ~ 0.3 s，取平均值，代入式(3.20)，求 $\eta_{待}$。

三、奥氏黏度计

奥氏黏度计的结构如图3.21所示，适用于测定低黏

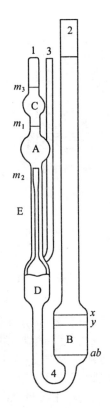

图 3.20　乌氏黏度计

1—主管；2—宽管；3—支管；4—弯管；A—测定球；B—贮器；C—缓冲球；D—悬挂水平贮器；E—毛细管；x、y—充液线；m_1、m_2—环形测定线；m_3—环形刻线；ab—刻线

滞性液体的相对黏度,其操作方法与乌氏黏度计类似。但是,由于乌氏黏度计有一支管3(图3.20),测定时管1中的液体在毛细管下端出口处与管2中的液体断开,形成了气承悬液柱。这样液体流过时所受压力差 $\rho g h$ 与管2中液面高度无关,即与所加的待测液的体积无关,故可以在黏度计中稀释液体。而用奥氏黏度计测定时,标准液和待测液的体积必须相同,因为液体下流时所受的压力差 $\rho g h$ 与管2中液面高度有关。

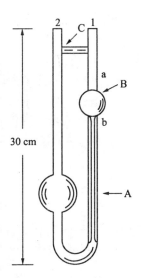

图 3.21　奥氏黏度计
A— 毛细管；B— 球；C— 加固用的玻棒；a、b— 环形测定线

四、使用玻璃毛细管黏度计注意事项

(1) 黏度计必须洁净,先用通过2号砂芯漏斗过滤的洗液浸泡一天。如用洗液不能洗干净,则改用质量分数为5%的氢氧化钠乙醇溶液浸泡,再用水冲净,直至毛细管壁不挂水珠。洗干净的黏度计置于110℃的烘箱中烘干。

(2) 黏度计使用完毕,应立即清洗,特别测高聚物时,要注入纯溶剂浸泡,以免残留的高聚物黏结在毛细管壁上而影响毛细管孔径,甚至堵塞。清洗后在黏度计内注满蒸馏水并加塞,防止落进灰尘。

(3) 黏度计应垂直固定在恒温槽内,因为倾斜会造成液位差变化,引起测量误差,同时会使液体流经时间 t 变长。

(4) 液体的黏度与温度有关,一般温度变化不超过 ±0.3℃。

(5) 毛细管黏度计的毛细管内径选择,可根据所测物质的黏度而定。毛细管内径太细,容易堵塞,太粗测量误差较大。一般选择测水时流经毛细管的时间大于100 s,在120 s左右为宜。表3.8是乌氏黏度计的有关数据。

表 3.8　乌氏黏度计有关参数

毛细管内径 mm	测定球容积 mL	毛细管长 mm	常数 (k)	测量范围 ($10^{-6} m^2 \cdot s^{-1}$)
0.55	5.0	90	0.01	1.5 ~ 10
0.75	5.0	90	0.03	5 ~ 30
0.90	5.0	90	0.05	10 ~ 50
1.1	5.0	90	0.5	20 ~ 100
1.6	5.0	90	0.5	100 ~ 500

毛细管黏度计种类较多,除乌氏黏度计和奥氏黏度计外,还有平氏黏度计和芬氏黏度计。乌氏黏度计和奥氏黏度计适用于测定相对黏度,平氏黏度计适用于测量石油产品的运动黏度。

五、落球式黏度计

(1) 落球式黏度计的测定原理。落球式黏度计是借助于固体球在液体中运动受到黏性阻力,测定在液体中下落一定距离所需的时间,这种黏度计尤其适用于测定具有中等黏性的透明液体。

根据斯托克斯(Stokes)方程式

$$F = 6\pi r \eta v \tag{3.21}$$

式中　F——β助;
　　　r——球体半径;
　　　v——球体下落速率;
　　　η——液体黏度。

在考虑浮力校正之后,重力与阻力相等时,有

$$\frac{4}{3}\pi r^3(\rho_s - \rho)g = 6\pi r \eta v$$

故

$$\eta = \frac{2gr^2(\rho_s - \rho)}{9v} \tag{3.22}$$

式中　ρ_s——球体密度;
　　　ρ——液体密度;
　　　g——重力加速度。

落球速率可由球降落距离 h 除以时间 t 而得,$v = \frac{h}{t}$,代入式(3.23)得

$$\eta = \frac{2gr^2 t}{9h}(\rho_s - \rho) \tag{3.23}$$

当 h 和 r 为定值时,则得

$$\eta = kt(\rho_s - \rho) \tag{3.24}$$

式中　k——仪器常数,可用已知黏度的液体测得。

落球法测相对黏度的关系式为

$$\frac{\eta_1}{\eta_2} = \frac{(\rho_s - \rho_1)t_1}{(\rho_s - \rho_2)t_2} \tag{3.25}$$

式中　ρ_1、ρ_2——液体 1 和 2 的密度;
　　　t_1、t_2——球落在液体 1 和 2 中落下一定距离所需的时间。

(2) 落球式黏度计的测定方法。落球式黏度计如图 3.22 所示,其测试方法如下:

① 用游标卡尺量出钢球的平均直径,计算球的体积。称量若干个钢球,由平均体积和平均质量计算钢球的密度 ρ_s。

② 将标准液(如甘油)注入落球管内并高于上刻度线 a。将落球管放入恒温槽内,使其达到热平衡。

③ 钢球从黏度计上圆柱管落下,测出钢球由刻度 a 落到刻度 b 所需时间。重复4次,计算平均时间。

④ 将落球黏度计处理干净,按照上述测定方法测待测液体。

落球式黏度计测量范围较宽,用途广泛,尤其适合于测定较高透明度的液体。但对钢球的要求较高,钢球要光滑而圆,另外要防止球从圆柱管下落时与圆柱管的壁相碰,造成测量误差。

3.2　密　度

密度的定义为质量除以体积。用 ρ 表示,其单位是千克每立方米($kg \cdot m^{-3}$)。

物质的密度与物质的性质有关,且受外界条件(如温度,压力)的影响。压力对固体、液体密度的影响可以忽略不计,但温度对密度的影响却不能忽略。因此,在表示密度时,应同时标明温度。

在一定的条件下,物质的密度与某种参考物质的密度之比称为相对密度,过去称为比重,现已废止。通过参考物质的密度,可以把相对密度换算成密度。

密度的测定可用于鉴定化合物纯度和区别组成相似而密度不同的化合物。本节主要介绍液体密度和固体密度的测定。

一、液体密度的测定

1. 比重计法

市售的成套比重计是在一定温度下标度的,根据液体相
对密度的大小,选择一支比重计,在比重计所示的温度下插入待测液体中,从液面处的刻度可以直接读出该液体的相对密度。比重计测定液体的相对密度操作简单,方便,但不够精确。

2. 比重瓶法

分常量法和小量法两种。

(1) 常量法。取一清洁干燥的 10 mL 容量瓶在分析天平上称量,然后注入待测液体至容量瓶刻度,再称量。将二次质量之差除以 10 mL,即得该液体在室温下的密度。

(2) 小量法测定易挥发性液体的密度,一般用比重管测定。其测定方法如下:将比重管(图 3.23) 洗净,干燥后挂在天平上称量得 m_0。将待测液体由 B 支管注入,使充满刻度 S 左边空间和 B 端。盖上 A、B 两支管的磨口小帽,将比重管吊浸在恒温槽中恒温 5~10 min,然后拿掉二小帽,将比重管 B 端略倾斜抬起,用滤纸从 A 支管吸去管内多余液体,以调节 B 支管的液面至刻度 S。从恒温槽中取出比重管,并将两个小帽套上。用滤纸吸干管外所沾之水,称量得 m。同样用上述方法称出水的质量。

在某温度时被测液体的密度为

$$\rho = \frac{m - m_0}{m_{H_2O} - m_0} \times \rho_{H_2O} \tag{3.26}$$

小量法也可以用比重瓶测定。将比重瓶(图 3.24) 洗净、烘干,在分析天平上称重为 m_0。然后向瓶中注入蒸馏水,盖上瓶塞放入恒温槽中恒温 15 min,用滤纸或清洁的纱布擦干比重瓶外面的水,再称重得 m_{H_2O}。

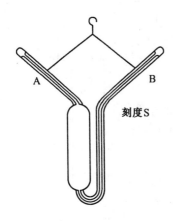

图 3.23　比重管　　　　　　　图 3.24　比重瓶

同样,按上述方法测定待测液体的质量 m,待测液体的密度按式(3.26)计算。

3. 落滴法

落滴法适合测定微量液体的密度,准确度比较高,可用来测定溶液中浓度的微小变化,在医院中可用于测定血液组成的改变,用于同位素重水的分析。其缺点是液滴滴下来的介质难于选择,因此影响它的应用范围。

根据斯托克斯公式,即一个微小液滴在一个不溶介质中降落,当降落速度 v 恒定时,满足公式

$$v = \frac{2gr^2(\rho - \rho_0)}{9\eta} \tag{3.27}$$

式中　　g——重力加速度;
　　　　r——液滴半径;
　　　　ρ——液滴密度;
　　　　ρ_0——介质密度;
　　　　η——介质黏度。

如果使半径为 r 的液滴降落,通过一定距离 l,降落时间为 t,则 $v = \frac{l}{t}$,代入式(3.27)得

$$\frac{l}{t} = \frac{2gr^2(\rho - \rho_0)}{9\eta} \tag{3.28}$$

上式 l 和 r 若为定值时,则得

$$\frac{1}{t} = k(\rho - \rho_0) \tag{3.29}$$

从式中可看出,$\frac{1}{t}$ 与样品的密度成正比,如果测出几个已知密度样品的 $\frac{1}{t}$,作出 $\frac{1}{t}$ - ρ 直线,然后,测定未知样品的 $\frac{1}{t}$,则可从直线得到未知样品的密度。

二、利用液体的密度测定固体的密度

1. 浮力法

测定固体密度比较困难,常用浮力法测定。其原理是纯固体在液体中时既不能浮在液面,也不能沉在底部(如图 3.25 中的 A + B)。此时固体的密度与该液体的密度相等,只需测出液体密度,便知该固体的密度。其实验方法如下:

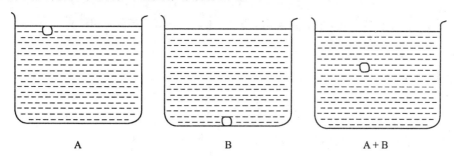

图 3.25 浮力法测定固体密度

首先选择合适的液体 A,使晶体浮在液面(液体 A 的密度大于晶体的密度)。再选择液体 B,使晶体沉在底部(液体的密度小于晶体的密度),最后准备 A 和 B 的混合液,使晶体悬浮在其中。测定混合液密度,即为该固体的密度。必须注意固体在 A、B 液体中不发生溶解、吸附现象。

2. 比重瓶法

固体密度测定也可用比重瓶。其方法是首先称出空比重瓶的质量为 m_0,再向瓶内注入已知密度的液体(该液体不能溶解待测固体,但能润湿待测固体),盖上瓶塞。置于恒温槽中恒温 15 min,用滤纸小心吸去比重瓶塞子上毛细管口溢出的液体,取出比重瓶擦干,称出质量为 m_1。倒去液体,吹干比重瓶,将待测固体放入瓶内,恒温后称得质量为 m_2。然后向瓶内注入一定量上述已知密度的液体。将瓶放在真空干燥箱内,用油泵抽气约 3 ~ 5 min,使吸附在固体表面的空气全部抽走,再往瓶中注入上述液体,并充满。将瓶放入恒温槽中恒温,然后称得质量为 m_3,则固体的密度可由式(3.30) 计算

$$\rho_s = \frac{m_2 - m_0}{(m_1 - m_0) - (m_3 - m_2)} \times \rho \tag{3.30}$$

3.3 酸 度

酸度计又称 pH 计,是测定溶液 pH 值的常用仪器,其基本结构由两部分组成,即电极和电计。电极是 pH 计的检测部分,电计是 pH 计的指示部分。pH 计种类较多,它们主要利用一对电极测定不同 pH 值的溶液中产生的不同电动势。这对电极一根称为指示电极,其电极的电势随着被测溶液的 pH 值而变化,通常使用玻璃电极。另一根电极称为参比电极,其电极电势与被测溶液的 pH 无关,通常使用甘汞电极。

一、酸度计的测量原理

当玻璃电极与甘汞电极和被测溶液组成电池时,就能测得电池的电动势 E,求出溶液

的 pH 值。

$$\text{Ag} + \text{AgCl(s)} \left| \begin{array}{c} \text{HCl} \\ (0.1\ \text{mol} \cdot \text{kg}^{-1}) \end{array} \right| \text{玻璃膜} \left| 溶液(\text{pH} = x) \right| 摩尔甘汞电极$$

在 298 K 时

$$E = \varphi_{甘汞} - \varphi_{玻} = 0.2800 - \left(\varphi_{玻}^{\ominus} - \frac{RT}{F}2.303 \times \text{pH}\right) =$$
$$0.2800 - (\varphi_{玻}^{\ominus} - 0.05916 \times \text{pH})$$

移项经整理后,得

$$\text{pH} = \frac{E - 0.2800 + \varphi_{玻}^{\ominus}}{0.05916} \tag{3.31}$$

由于玻璃电极玻璃膜内外溶液的 pH 不同,薄膜与溶液发生离子交换,因而产生膜电位,即 $\varphi_{玻} = \varphi_{内参} + \varphi_{膜} = \varphi_{玻}^{\ominus} - \frac{RT}{F}2.303\text{pH} = \varphi_{玻}^{\ominus} - 0.05916\ \text{pH}$。由于玻璃内氢离子不变,所以玻璃电极电势亦即电池电动势随待测氢离子的活度不同而变化。

式中,$\varphi_{玻}^{\ominus}$ 对某给定的玻璃电极为常数,但对于不同玻璃电极,它们的 $\varphi_{玻}^{\ominus}$ 值有一定差别。原则上若用已知 pH 值的缓冲溶液测得 E,就能求出该电极的 $\varphi_{玻}^{\ominus}$ 值。但实际使用时,每次先用已知 pH 值溶液,在 pH 计上进行调整,使 E 和 pH 满足上式,然后再来测定未知液的 pH 值,而不必计算出具体数值。

pH 计种类很多,如 25 型酸度计、pHS - 2 型酸度计、pHS - 3 型酸度计等,上述酸度计均使用玻璃电极和饱和甘汞电极,而目前教学中常用的酸度计(如 pH - 3C 型数字显示的酸度计)使用的都是复合电极。

二、pHS - 3D 型酸度计

pHS - 3D 型酸度计可测量溶液的 pH、mV 值和温度,具有温度自动补偿功能。且无需补充氯化钾溶液。

pHS - 3D 型酸度计外形结构如图 3.26 所示。

pHS - 3D 型酸度计所采用的一对电极是将玻璃电极和 Ag - AgCl 参比电极合并制成复合电极。其结构如图 3.27 所示。

该电极的电极球泡是由锂玻璃熔融吹制成球形,膜厚 0.1 mm 左右。电极支持管其膨胀系数与电极球泡玻璃一致,由电绝缘性优良的铝玻璃制成。内参比电极为 Ag - AgCl 电极。内参比液是零电势、pH = 7 的含有氯离子的电介质溶液,为中性磷酸盐和氯化钾的混合溶液。外参比电极为 Ag - AgCl 电极。外参比溶液为 3.3 mol · L^{-1} 的氯化钾溶液,经氯化银饱和,加适量琼脂,使溶液呈凝胶状,不易流失。液接界是沟通外参比溶液和被测溶液的连接部件,其电极导线为聚乙烯金属屏蔽线,内心与内参比电极连接,屏蔽层与外参比电极连接。

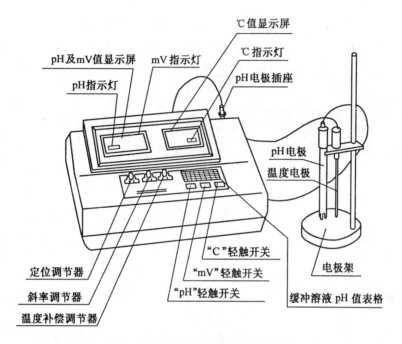

图 3.26　pHS – 3D 型酸度计外形结构

1. pHS – 3D 型酸度计的调节功能

(1) 定位调节。当内外参比液均相同时,按理说电池电动势应为零,但由于不同的玻璃电极的 $\varphi_{玻}^{\ominus}$ 不尽相同,存在不对称电势,实际上有几毫伏到几十毫伏的电势差存在,这说明玻璃膜内外两界面是不对称的,这一电势差称为不对称电势,主要与玻球材质、吹制工艺、玻球表面被侵蚀或沾污等因素有关。为了消除这种不对称电势,从而使测量标准化,这一过程叫定位。$\varphi_{玻}^{\ominus}$ 可以用已知 pH 值的缓冲溶液,测得 E 值,求出 $\varphi_{玻}^{\ominus}$。实际上操作时,利用 pH 计的定位旋钮调整到已知的缓冲溶液的 pH 值,就实现了定位,从而消除不对称电势及液接界电势的影响。

(2) 斜率调节。pH 电极的实际斜率与理论值 $\left(\dfrac{2.303RT}{F}\right)$ 总有一定偏差,大多低于理论值,使用时间长,电极老化,偏差更大。因此需对电极的斜率进行补偿,以使测量值准确。

图 3.27　pH 复合电极外形结构

(3) 温度补偿调节。电池电动势与溶液的温度成正比,因此在仪器中设置温度补偿器,使电极在不同温度条件下,产生相同的电势变化。温度补偿调节有手动和自动补偿两种,手动调节控制调整仪器放大器的反馈量。在自动温度补偿仪器中加一只温度电极,将温度电极浸置溶液中,改变放大器的增益,以达到自动补偿的目的。上述补偿只能补偿斜率项$\left(\dfrac{2.303RT}{F}\right)$。受温度影响的还有玻璃电极的标准电极电势、参比电极电势、液接界电势等，它们与温度并非严格的线性关系，因此，不管手动还是自动温度补偿，都不是很充分的。要想得到精密准确的测量结果，样品溶液与标准溶液应在相同的温度下测量。

2. pHS – 3D 型酸度计的测量步骤

(1) 插上电源，按下开关，使仪器预热 30 min。

(2) 将复合电极在蒸馏水中洗净，并用滤纸吸干，插入插座中。

(3) 插入温度电极，测量缓冲溶液的温度，并将温度电极浸在缓冲溶液中（或者拔下温度电极，将温度补偿旋钮调节至该温度值）。

(4) 将复合电极浸入 pH = 7 的缓冲液中，搅动后静止放置，调节定位旋钮，使仪器稳定显示该缓冲溶液在此温度下的 pH 值，如 pH = 7 的缓冲液在 20℃ 时 pH = 6.88（具体数值查仪器面板上的表格）。

(5) 取出复合电极，用蒸馏水洗净，并用吸水纸吸干电极。将复合电极插入 pH = 4（或 pH = 9）的缓冲溶液中，搅动后静止放置，调节斜率旋钮，使仪器稳定显示该缓冲溶液在此温度下的 pH 值（具体数值查仪器面板上的表格，如 pH = 4 的缓冲溶液在 20℃ 时 pH = 4）。

(6) 重复 (4)、(5) 步骤，使电极在两种缓冲溶液中稳定显示出相应数值，仪器标定即完成。

(7) 将电极取出、洗净、吸干浸入被测溶液中，搅动后静止放置，读取显示器上的数值，即为被测溶液的 pH 值（进行高精度测量时，测量和标定应在相同温度下进行）。

3. 注意事项

(1) 仪器标定校准次数取决于试样、电极性能及对测量精度要求，高精度测试应及时标定，并使用新鲜配制的标准液，一般精度测试（≤ ± 0.1 pH）经一次标定可连续使用一周左右。在下列情况下必须重新标定。

① 长期未用的电极和新换电极。

② 测量浓酸（pH < 2）或浓碱（pH > 12）以后。

③ 测量含有氟化物的溶液和较浓的有机液以后。

④ 被测溶液温度与标定时温度相差过大时。

(2) 仪器用已知 pH 值的标准缓冲液进行标定时，为了提高测量准确度，缓冲溶液的 pH 值要可靠，且其 pH 值愈接近被测值愈好。一般 pH 值的测定与标准液的 pH 值之间不超过 3。即测量酸性溶液时使用 pH = 4 的缓冲液作斜率标定，测量碱性溶液时使用 pH = 9 的缓冲液作斜率标定。

(3) 新的或长期未使用的复合电极，使用前应在 3.3 mol·L^{-1} 的氯化钾溶液浸泡约 8 h，电极应避免长期浸在蒸馏水中，并防止和有机硅油接触。

(4) 电极的玻璃球不能与硬物接触，任何破损和擦毛都会使电极失效。pH 电极长期使用会逐渐老化、响应慢、斜率偏低、读数不准，电极使用周期为 1～2 年。

(5) 脱水性强的溶液（如无水乙醇、浓硫酸）会引起球泡玻璃膜表面失水、破坏电极的氢功能，强碱性溶液也会腐蚀玻璃膜而使电极失效，测量这类溶液应快速操作，测定后立即用蒸馏水洗涤干净。

(6) 玻璃球泡被污染或老化,可将电极用 0.1 mol·L⁻¹ 的稀盐酸浸泡清洗,或将电极下端浸泡在质量分数为 4% 的 HF(氢氟酸) 中 3~4 s,用蒸馏水洗净,然后在氯化钾溶液中浸泡,使之复新。

玻璃电极的玻球和液接界被污染后,应视被污染的情况,选用不同的清洗剂。如被无机金属氧化物污染,用低于 1 mol·L⁻¹ 的稀酸清洗;被有机油类污染,选用弱碱性的稀洗涤剂;被树脂高分子物质污染,选用稀酒精或丙酮清洗;被颜料类物质污染,选用稀漂白液;被蛋白喷血球沉淀物污染,选用酸性酶溶液(如食母生片)。

目前常见的 pHS-3C 酸度计的使用操作及标定步骤与 pHS-3D 型酸度计基本相同,只是所用的复合电极为 E-201-C 和 65-1AC 型,长期不用时应在蒸馏水中浸泡 24 h 后再用。其他型号和进口 pH 酸度计在此不作介绍,可参考相关仪器说明书。

3.4 折 射 率

一、物质的折射率与物质浓度的关系

折射率是物质的重要物理常数之一,测定物质的折射率可以定量地求出该物质的浓度或纯度。许多纯的有机物质具有一定的折射率,如果纯的物质中含有杂质,其折射率发生变化,偏离了纯物质的折射率,杂质越多,偏离越大。纯物质溶解在溶剂中折射率也发生变化,如蔗糖溶解在水中随着浓度愈大,折射率越大。所以通过测定蔗糖的水溶液的折射率,也就可以定量地测出蔗糖水溶液的浓度。异丙醇溶解在环己烷中,浓度愈大,其折射率愈小。折射率的变化与溶液的浓度、测试温度、溶剂、溶质的性质等因素有关,在其他条件固定时,一般情况下若溶质的折射率小于溶剂的折射率时,其浓度愈大,折射率愈小,反之亦然。通过测定物质的折射率,可以测定物质的浓度,其方法如下:

(1) 制备一系列已知浓度的样品,分别测定各浓度的折射率。

(2) 以浓度 c 与折射率 n'_D,作图得一工作曲线。

(3) 测未知浓度样品的折射率,在工作曲线上可以查得未知浓度样品的浓度。

用折射率测定样品的浓度所需试样量少,操作简单方便,读数准确。

通过测定物质的折射率,还可以算出某些物质的摩尔折射率,反映极性分子的偶极矩,从而有助于研究物质的分子结构。实验室常用的阿贝(Abbe)折射仪,既可以测定液体的折射率,也可以测定固体物质的折射率,同时可以测定蔗糖溶液的浓度。其结构外形如图 3.28 所示。

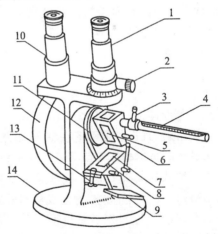

图 3.28 阿贝折射仪外形图
1—测量望远镜;2—消失散手柄;3—恒温水入口;4—温度计;5—测量棱镜;6—铰链;7—辅助棱镜;8—加液槽;9—反射镜;10—读数望远镜;11—转轴;12—刻度盘罩;13—闭合旋钮;14—底座

二、阿贝折射仪的结构原理

当一束单色光从介质 1 进入介质 2(两种介质的密度不同)时,光线在通过界面时改变了方向,这一现象称为光的折射,如图 3.29 所示。

根据折射定律，入射角 i 和折射角 r 的关系为

$$\frac{\sin i}{\sin r} = \frac{n_2}{n_1} = n_{1,2} \quad (3.32)$$

式中　n_1、n_2——介质 1 和介质 2 的折射率；
　　　$n_{1,2}$——介质 2 对介质 1 的相对折射率。

若介质 1 为真空，因规定 $n = 1.000\,00$，故 $n_{1,2} = n_2$ 为绝对折射率。但介质 1 通常用空气，空气的绝对折射率为 $1.000\,29$，这样得到的各物质的折射率称为常用折射率，也可称为对空气的相对折射率。同一种物质的两种折射率表示法之间的关系为

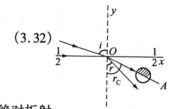

图 3.29　光的折射

绝对折射率 = 常用折射率 × 1.000 29

由式(3.32)可知，当 $n_1 < n_2$ 时，折射角 r 则恒小于入射角 i。当入射角增大到 $90°$ 时，折射角也相应增大到最大值 r_c，r_c 称为临界角。此时介质 2 中从 OY 到 OA 之间有光线通过，为明亮区，而 OA 到 Ox 之间无光线通过为暗区，临界角 r_c 决定了半明半暗分界线的位置。当入射角 $i = 90°$ 时，式(3.32)可写为

$$n_{\text{I}} = n_{\text{II}} \sin r_c \quad (3.33)$$

因而在固定一种介质时，临界折射角 r_c 的大小与被测物质的折射率呈简单的函数关系，阿贝折射仪就是根据这个原理而设计的。图 3.30 是阿贝折射仪光学系统的示意图。它的主要部分是由两块折射率为 1.75 的玻璃直角棱镜构成。辅助棱镜的斜面是粗糙的毛玻璃，测量棱镜是光学平面镜。两者之间约有 $0.1 \sim 0.15$ mm 的间隙，用于装待测液体，并使液体展开成一薄层。当光线经过反光镜反射至辅助棱镜的粗糙表面时，发生漫散射，以各种角度透过待测液体，因而从各个方向进入测量棱镜而发生折射。其折射角都落在临界角 r_c 之内，因为棱镜的折射率大于待测液体的折射率，因此入射角从 $0 \sim 90°$ 的光线都通过测量棱镜发生折射。具有临界角 r_c 的光线从测量棱镜出来反射到目镜上，此时若将目镜十字线调节到适当位置，则会看到目镜上呈半明半暗状态。折射光都应落在临界角 r_c 内，成为亮区，其他为暗区，构成了明暗分界线。由式(3.33)可知，若棱镜的折射率 $n_{棱}$ 为已知，只要测定待测液体的临界角 r_c，就能求得待测液体的折射率 $n_{液}$。事实上测定 r_c 值很不方便，当折射光从棱镜出来进入空气又产生折射，折射角为 r'_c，

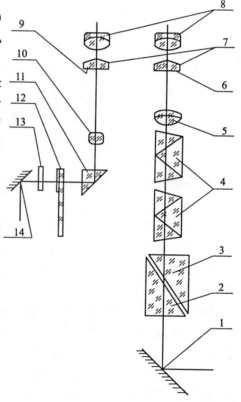

图 3.30　阿贝折射仪光学系统示意图
1—反光镜；2—辅助棱镜；3—测量棱镜；4—消失散棱镜；5—物镜；6—分划板；7、8—目镜；9—分划板；10—物镜；11—转向棱镜；12—照明度盘；13—毛玻璃；14—小反光镜

$n_{液}$ 与 r'_c 间有如下关系

$$n_{液} = \sin\beta\sqrt{n_{棱}^2 - \sin^2 r'_c} - \cos\beta \sin r'_c \tag{3.34}$$

式中　　β——常数；

　　　　$n_{棱} = 1.75$。

测出 r'_c 即可求出 $n_{液}$。由于设计折射仪时已经把读数 r'_c 换算成 $n_{液}$ 值，只要找到明暗分界线使其与目镜中的十字线吻合，就可以从标尺上直接读出液体的折射率。阿贝折射仪的标尺上除标有 1.300～1.700 的折射率数值外，在标尺旁边还标有 20℃糖溶液的质量分数的读数，可以直接测定糖溶液的浓度。在指定的条件下，液体的折射率因所用单色光的波长不同而不同。若用普通白光作光源(波长 400～700 nm)，由于发生色散而在明暗分界线处呈现彩色光带，使明暗交界不清楚，故在阿贝折射仪中还装有两个各由三块棱镜组成的阿密西(Amici)棱镜作为消色棱镜(又称补偿棱镜)。通过调节消色棱镜，使折射棱镜出来的色散光线消失，使明暗分界线完全清楚，这时所测的液体折射率相当于用钠光 D 线 (589 nm) 所测得的折射率 n_D。

三、阿贝折射仪的使用方法

将阿贝折射仪放在光亮处，但避免阳光直接曝晒。用超级恒温槽将恒温水通入棱镜夹套内，其温度以折射仪上温度计读数为准。

扭开测量棱镜和辅助棱镜的闭合旋钮，并转动镜筒，使辅助棱镜斜面向上，若测量棱镜和辅助棱镜表面不清洁，可滴几滴丙酮，用镜头纸顺单一方向轻擦镜面(不能来回擦)。用滴管滴入 2～3 滴待测液体于辅助棱镜的毛玻璃面上(滴管切勿触及镜面)，合上棱镜，扭紧闭合旋钮。若液体样品易挥发，动作要迅速；或将两棱镜闭合，从两棱镜合缝处的一个加液小孔中注入样品。

转动镜筒使之垂直，调节反射镜使入射光进入棱镜，同时调节目镜的焦距，使目镜中十字线清晰明亮。再调节读数螺旋，使目镜中呈半明半暗状态。

调节消色棱镜至目镜中彩色光带消失，再调节读数螺旋，使明暗界面恰好落在十字线的交叉处。如此时又呈现微色散，必须重调消色棱镜，直到明暗界面清晰为止。

从望远镜中读出的标尺数值即为 n_D，同时记下温度，则 n_D 为该温度下待测液体的折射率。每测一个样品，需重测 3 次，3 次误差不超过 0.000 2，然后取平均值。

测试完后，在棱镜面上滴几滴丙酮，并用镜头纸擦干。最后将两层镜头纸夹在两镜面间，以防镜面损坏。

对有腐蚀性的液体(如强酸、强碱以及氟化物)，不能使用阿贝折射仪测定。

四、阿贝折射仪的校正

折射仪的标尺零点有时会发生移动，因而在使用阿贝折射仪前需用标准物质校正其零点。

折射仪出厂时附有一已知折射率的"玻块"，一小瓶 α-溴萘。滴 1 滴 α-溴萘在玻块的光面上，然后把玻块的光面附着在测量棱镜上，不能合上辅助棱镜，但要打开测量棱镜背面的小窗,使光线从小窗口射入,就可进行测定。如果测得的值与玻块的折射率值有差异,此差值即为校正值,也可以用钟表螺丝刀旋动镜筒上的校正螺丝,使测得值与玻块的折射率相等。

这种校正零点的方法,也是使用该仪器测定固体折射率的方法,只要将被测固体代替玻块进行测定即可。

在实验室中一般用纯水作标准物质(n_D^{25} = 1.332 5)来校正零点。在精密测量中,须在所测量的范围内用几种不同折射率的标准物质进行校正,考察标尺刻度间距是否正确,把一系列的校正值画成校正曲线,以供测量时对照校正。

五、温度和压力对折射率的影响

液体的折射率是随温度变化而变化的,多数液态的有机化合物当温度每增高 1℃ 时,其折射率下降 3.5×10^{-4} ~ 5.5×10^{-4}。纯水的折射率在 15 ~ 30℃ 之间,温度每增高 1℃,其折射率下降 1×10^{-4}。若测量时要求准确度为 $\pm 1 \times 10^{-4}$,则温度应控制在 t℃ ± 0.1℃,此时阿贝折射仪必须与超级恒温槽配套使用。

压力对折射率有影响,但不明显,只有在很精密的测量中,才考虑压力的影响。

六、阿贝折射仪的保养

仪器应放置在干燥,空气流通的室内,防止受潮后光学零件发霉。

仪器使用完毕后要做好清洁工作,并将仪器放入箱内,箱内放有干燥剂硅胶。

经常保持仪器清洁,严禁油手或汗手触及光学零件。如光学零件表面有灰尘,可用高级鹿皮或脱脂棉轻擦后,再用洗耳球吹去。如光学零件表面有油垢,可用脱脂棉蘸少许汽油轻擦后再用二甲苯或乙醚擦干净。

仪器应避免强烈振动或撞击,防止因光学零件损伤而影响精度。

3.5 旋 光 度

许多物质具有旋光性,如石英晶体、酒石酸晶体、蔗糖、葡萄糖、果糖的溶液等。当平面偏振光线通过具有旋光性的物质时,它们可以将偏振光的振动面旋转某一角度,使偏振光的振动面向左旋的物质称左旋物质,向右旋的称右旋物质。通过测定物质旋光度的方向和大小,可以对物质进行鉴定。

一、旋光度与物质浓度的关系

旋光物质的旋光度,除了取决于旋光物质的本性外,还与测定温度、光经过物质的厚度、光源的波长等因素有关,若被测物质是溶液,当光源波长、温度、厚度恒定时,其旋光度与溶液的浓度成正比。

1. 测定旋光物质的浓度

先将已知浓度的样品按一定比例稀释成若干不同浓度的试样,分别测出其旋光度。然后以横轴为浓度,纵轴为旋光度,绘制 $c - \alpha$ 曲线。然后取未知浓度的样品测旋光度,根据所测旋光度,可在 $c - \alpha$ 曲线上查出该样品的浓度。

2. 根据物质的比旋光度测出物质的浓度

由于实验条件的不同，物质的旋光度有很大的差异，所以提出了物质的比旋光度。规定以钠光 D 线作为光源、温度为 20℃、样品管长为 10 cm、浓度为每立方厘米中含有 1 g 旋光物质，此时所产生的旋光度，即为该物质的比旋光度，通常用符号 $[\alpha]_t^D$ 表示，D 表示光源，t 表示温度。

$$[\alpha]_t^D = \frac{10\alpha}{L \cdot c} \tag{3.35}$$

比旋光度是衡量旋光物质旋光能力的一个常数。

根据被测溶液的比旋光度，可以测出该溶液的浓度，其方法如下：

(1) 从手册上查出被测物质的比旋光度 $[\alpha]_t^D$。
(2) 选择一定长度（最好 10 cm）的旋光管。
(3) 在 20℃ 时，用旋光仪测出未知浓度样品的旋光度，代入式(3.35)，即可求出溶液的浓度 c。

二、旋光仪的构造和测试原理

普通光源发出的光称自然光，其光波在垂直于传播方向的一切方向上振动，如果借助某种方法，可以从这种自然光聚集体中挑选出只在平面内的方向上振动的光线，这种光线称为偏振光。尼柯尔(Nicol)棱镜就是根据这一原理设计的。旋光仪的主体是两块尼柯尔棱镜，尼柯尔棱镜是将方解石晶体沿一对角面剖成两块直角棱镜，用加拿大树脂沿剖面粘合起来，如图 3.31 所示。

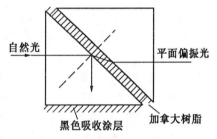

图 3.31　尼柯尔棱镜的起偏振原理

当光线进入棱镜后，分解为两束相互垂直的平面偏振光，一束折射率为 1.658 的寻常光，一束折射率为 1.486 的非寻常光，这两束光线到达方解石与加拿大树脂粘合面上时，折射率为 1.658 的一束光线就被全反射到棱镜的底面上（因加拿大树脂的折射率为 1.550）。若底面是黑色涂层，则折射率为 1.658 的寻常光将被吸收，折射率为 1.486 的非寻常光则通过树脂而不产生全反射现象，就获得了一束单一的平面偏振光。用于产生偏振光的棱镜称起偏镜，从起偏镜出来的偏振光仅限于在一个平面上振动。假如再有另一个尼柯尔棱镜，其透射面与起偏镜的透射面平行，则由起偏镜出来的一束光线也必能通过第二个棱镜，第二个棱镜称检偏镜。若起偏镜与检偏镜的透射面相互垂直，则由起偏镜出来的光线完全不能通过检偏镜。如果起偏镜和检偏镜的两个透射面的夹角（θ 角）在 0°～90° 之间，则由起偏镜出来的光线部分透过检偏镜，如图 3.32 所示。一束振幅为 E 的 OA 方向的平面

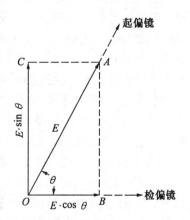

图 3.32　偏振光强度

偏振光,可以分解成为互相垂直的两个分量,其振幅分别为$E\cos\theta$和$E\sin\theta$。但只有与OB重合的具有振幅为$E\cos\theta$的偏振光才能透过检偏镜,透过检偏镜的振幅为$OB=E\cos\theta$,由于光的强度I正比于光的振幅的平方,因此

$$I = OB^2 = E^2\cos^2\theta = I_0\cos\theta \tag{3.36}$$

式中　　I——透过检偏镜的光强度;

　　　　I_0——透过起偏镜的光强度。

当$\theta=0°$时,$E\cos\theta=E$,此时透过检偏镜的光最强。当$\theta=90°$时,$E\cos\theta=0$,此时没有光透过检偏镜,光最弱。旋光仪就是利用透过光的强弱来测定旋光物质的旋光度。

旋光仪的光学系统如图3.33所示。

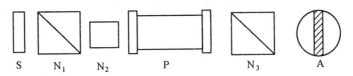

图3.33　旋光仪光学系统

S—钠光光源;N_1—起偏镜;N_2——一块石英片;P—旋光管(盛放待测溶液);
N_3—检偏镜;A—目镜的视野

N_3上附有刻度盘,当旋转N_3时,刻度盘随同转动,其旋转的角度可以从刻度盘上读出。

若转动N_3的透射面与N_1的透射面相互垂直,则在目镜中观察到视野呈黑暗。若在旋光管中盛以待测溶液,由于待测溶液具有旋光性,必须将N_3相应旋转一定的角度α,目镜中才会又呈黑暗,α即为该物质的旋光度。但人们的视力对鉴别二次全黑相同的误差较大(可差$4°\sim6°$),因此设计了一种三分视野或二分视野,以提高人们观察的精确度。

为此,在N_1后放一块狭长的石英片N_2,石英片具有旋光性,偏振光经N_2后偏转了一角度α,在N_2后观察到的视野如图3.34(a)所示。OA是经N_1后的振动方向,OA'是经N_1后再经N_2后的振动方向,此时左右两侧亮度相同,而与中间不同,α角称为半荫角。如果旋转N_3的位置,使其透射面OB与OA'垂直,则经过石英片N_2的偏振光不能透过N_3。目镜视野中部黑暗而左右两侧较亮,如图3.34(b)所示。若旋转N_3使OB与OA垂直,则目镜视野中部较亮而两侧黑暗,如图3.34(c)所示。如调节N_3位置使OB的位置恰巧在图3.34(c)和(b)的情况之间,则可以使视野三部分明暗相同,如图3.34(d)所示。此时OB恰好垂直于半荫角的角平分线OP。由于人们视力对选择明暗相同的三分视野易于判断,因此在测定时先在P管中盛无旋光性的蒸馏水,转动N_3,调节三分视野明暗度相同,此时的读数作为仪器的零点。当P管中盛具有旋光性的溶液后,由于OA和OA'的振动方向都被转动过某一角度,只要相应地把检偏镜N_3转动某一角度,才能使三分视野的明暗度相同,所得读数与零点之差即为被测溶液的旋光度。测定时若需将检偏镜N_3顺时针方向转某一角度,使三分视野明暗相同,则被测物质为右旋。反之则为左旋,常在角度前加负号表示。

若调节检偏镜N_3,使OB与OP重合,如图3.34(e)所示,则三分视野的明暗也应相同,但是OA与OA'在OB上的光强度比OB垂直OP时大,三分视野特别亮。由于人们的眼睛对弱亮度变化比较灵敏,调节亮度相等的位置更为精确。所以总是选取OB与OP垂直的情况作为旋光度的标准。

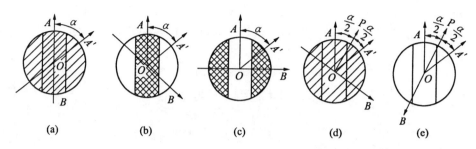

图 3.34　旋光仪的测量原理

三、旋光度的测定

1. 旋光仪零点校正

把旋光管一端的管盖旋开(注意盖内玻片,以防跌碎),洗净旋光管,用蒸馏水充满,使液体在管口形成一凸出的液面,然后沿管口将玻片轻轻推入盖好(旋光管内不能有气泡,以免观察时视野模糊)。旋紧管盖,用干净纱布擦干旋光管外面及玻片外面的水渍。把旋光管放入旋光仪中,打开电源,预热仪器数分钟。旋转刻度盘直至三分视野中明暗度相等为止,以此为零点。

2. 旋光度的测定

把具有旋光性的待测溶液装入旋光管,按上述法进行测定,记下测得的旋光数据即可。

四、影响因素

1. 溶剂的影响

旋光物质的旋光度主要取决于物质本身的构型。另外,与光线透过物质的厚度,测量时所用的光的波长和温度有关。被测物质是溶液,则影响因素还包括物质的浓度,溶剂可能也有一定的影响,因此旋光物质的旋光度,在不同的条件下,测定结果往往不一样。由于旋光度与溶剂有关,故测定比旋光度值时,应说明使用什么溶剂,如不说明一般指水为溶剂。

2. 温度的影响

温度升高会使旋光度增大,但降低了液体的密度。温度的变化还可能引起分子间缔合或离解,使分子本身旋光度改变,一般来说,温度效应的表达式为

$$[\alpha]_t^\lambda = [\alpha]_{20°}^D + Z(t-20) \tag{3.37}$$

式中　　Z—— 温度系数;

　　　　t—— 测定时温度。

各种物质的 Z 值不同,温度每改变一度,Z 的变化值一般在 $-0.01 \sim -0.04$ 之间。因此,测定时必须恒温,在旋光管上装有恒温夹套,与超级恒温槽配套使用。

3. 浓度和旋光管长度对比旋光度的影响

在固定的实验条件下,通常认为旋光物质的旋光度与旋光物质的浓度成正比,此时必须将比旋光度看成常数。但是旋光物质的旋光度和溶液浓度之间并非严格地成线性关系,

所以旋光物质的比旋光度严格地说并非是常数,在给出$[\alpha]_t^\lambda$值时,必须说明测量浓度,在精密的测定中,比旋光度与波度之间的关系一般可采用拜奥(Biot)提出的三个方程式之一表示,即

$$[\alpha]_t^\lambda = A + Bw \tag{3.38}$$

$$[\alpha]_t^\lambda = A + Bg + Cw^2 \tag{3.39}$$

$$[\alpha]_t^\lambda = A + \frac{Bw}{C + w} \tag{3.40}$$

式中　　w——溶液的质量分数;

A、B、C——常数。

式(3.38)代表一条直线,式(3.39)为一抛物线,式(3.40)为双曲线。常数 A、B、C 可从不同浓度的几次测量中加以确定。

旋光度与旋光管的长度成正比。旋光管一般有 10、20、22 cm 三种长度。使用 10 cm 长的旋光管计算比旋光度比较方便,但对旋光能力较弱或者较稀的溶液,为了提高准确度,降低读数的相对误差,可用 20 cm 或 22 cm 的旋光管。

3.6　介电常数

一、介电常数与浓度的关系

介电常数是一个重要的物理量,其定义为

$$\varepsilon = \frac{C}{C_0} \tag{3.41}$$

式中　　C_0——电容器两板极间处于真空时的电容量;

C——充以电解质时的电容量。

对溶液而言,介电常数与溶液的浓度有关,对稀溶液,可以近似表示为

$$\varepsilon_{溶} = \varepsilon_1(1 + \alpha x_2) \tag{3.42}$$

式中　　ε_1——溶剂的介电常数;

$\varepsilon_{溶}$、x_2——溶液的介电常数和溶质的摩尔分数;

α——常数。

由式(3.42)可知,稀溶液的介电常数与溶质的摩尔分数成线性关系。

二、电解质稀溶液浓度的测定

(1) 配制一系列已知浓度的电解质溶液,并分别测定其介电常数。

(2) 以 $\varepsilon_{溶} - x_2$ 作图。

(3) 测定未知浓度样品的介电常数 ε,在 $\varepsilon_{溶} - x_2$ 图上,可以查出该样品的溶质的摩尔分数。测定介电常数的仪器采用小电容仪,PCM – 1A 型小电容仪是南京大学应用物理所研制的,该仪器体积小、操作方便,为数显型。也可以选用其他厂家型号的仪器。

三、PCM – 1A 型精密电容测量仪

PCM – 1A 型精密电容测量仪由信号、桥路、指示放大器、数字显示器、电源等五部分

组成,PCM – 1A 小电容仪主要用于测量无线电元件的小电容分布。若要测定溶液的介电常数,还需另外配置一个特殊设计的电容池,如图 3.35 所示。

PCM – 1A 小电容测量仪测量原理如图 3.36 所示。

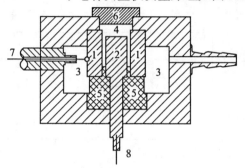

图 3.35　电容池
1—外电极;2—内电极;3—恒温室;4—样品室;5—绝缘板;6—池盖;7—外电极接线;8—内电极接线

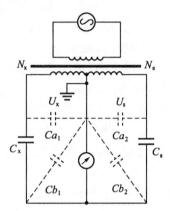

图 3.36　电容电桥原理图

电容的平衡条件是

$$C_x/C_s = U_s/U_x \tag{3.43}$$

测量 C_x 的精度取决于作比较用的标准元件 C_s 和比臂分压比 U_s/U_x。C_x 为电容池两极间的实测电容,C_s 为标准的差动电容器,调节 C_s,只有当 $C_s = C_x$ 时,$U_s = U_x$。此时指示放大器输出趋于零,C_s 值可读出,C_x 值便可求得。

由于用小电容测量仪测定电容时,除电容池电极间的电容 C 外,整个测试系统中还有分布电容 C 的存在,所以实测电容应为 C 和 C_d 之和,即

$$C_x = C + C_d \tag{3.44}$$

C 随所测物质而异,而 C_d 对一台仪器(包括所配的电容池)来说是一定值,故需先测出 C_d 值,并在以后各次测量中扣除 C_d 值,才能得到待测物的电容 C。其测定方法为先测定一已知介电常数 $\varepsilon'_{标}$ 的标准物的电容,则

$$C'_{标} = C_{标} + C_d \tag{3.45}$$

而不放样品时,所测电容 $C'_{空气}$ 为

$$C'_{空气} = C_{空气} + C_d \tag{3.46}$$

两式相减,得

$$C'_{标} - C'_{空} = C_{标} - C_{空气} \tag{3.47}$$

已知物质的介电常数 ε 等于电解质的电容与真空时的电容之比,如果把空气的电容近似看做真空时的电容,则可得

$$\varepsilon_{标} = C_{标}/C_{空气} \tag{3.48}$$

所以式(3.47)变为

$$C'_{标} - C'_{空气} = \varepsilon_{标} \cdot C_{空气} - C_{空气} = (\varepsilon_{标} - 1)C_{空气} \tag{3.49}$$

$$C_{空气} = (C'_{标} - C'_{空气})/(\varepsilon_{标} - 1) \tag{3.50}$$

代入式(3.46)可求出 C_d,以此为标准,可测出不同浓度未知溶液的 ε。

四、测量方法

PCM – 1A 型精密小电容测量仪面板如图 3.37 所示,其测量方法如下:

(1) 将电容池的两极分别接入 PCM – 1A 小电容测量仪的电极接头处。

(2) 接通电源,揿下测量仪背后的电源开关,使仪器预热 10 min。

(3) 旋调零旋钮,使数字显示屏显示为 0。

(4) 根据被测样品选择量程,并揿下量程开关,此时数字显示的值为空气实测电容值 $C'_{空}$。

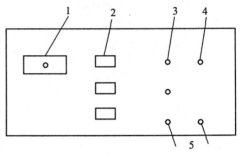

图 3.37 PMC – 1A 型测量仪面板图
1— 数字显示屏;2— 量程开关;3— 调零旋钮;4— 电源灯泡;5— 电源电极接头

(5) 用 1 mL 的针筒抽取 1 mL 被测溶液,注入电容池,并加塞盖上电容池,此时数字显示值即为被测溶液的实际测定的电容值 C_x。

(6) 用针筒抽出电容池中的样品,用洗耳球吹干电容池,使数字显示值为空气的电容 $C'_{空}$。

五、注意事项

水是极性分子,介电常数很大,所以为防止被测样品吸水,在测定时,应随时在电容池上加盖以防止样品吸水,同时防止样品挥发。

要保持小电容池清洁干燥,测定样品后一定要用洗耳球吹干,待数字显示恢复到空气的电容 $C'_{空}$ 后,才可进行另外样品的测定。

3.7 吸 光 度

在电磁波谱中紫外可见光波长为 4 ~ 800 nm,4 ~ 200 nm 为远紫外区,又称真空紫外区。要测定这一区域,仪器的光路系统必须抽真空,防止潮湿空气、氧气、氯气及二氧化碳等对这一段电磁波产生吸收而干扰;波长 200 ~ 400 nm 为近紫外区,玻璃对 300 nm 以下的电磁波辐射产生强烈吸收,故采用石英比色皿;波长 400 ~ 800 nm 称可见光区。本节主要介绍紫外光栅分光光度计,其波长范围为 220 ~ 800 nm。

一、吸光度与浓度的关系

在光的照射激发下,溶液中物质的原子和分子所含的能量会以多种方式和光相互作用,而产生对光的吸收效应。物质对光的吸收具有选择性,不同的物质有各自的吸收光带,所以色散后的光谱通过某一物质时,某些波长会被吸收。在一定波长下,溶液中某一物质的波长与光能量的减弱的程度有一定的比例关系,符合比色原理,根据比耳 – 朗比(Beer – Lambert) 定律:溶液的吸光度与吸光物质的浓度及吸光层厚度成正比,即

$$A = \lg \frac{I_0}{I} = kcl \tag{3.51}$$

二、溶液浓度的测定

(1) 吸收曲线的测定。以被测样品在不同波长下测定吸光度 A，以吸光度 A 对波长 λ 作图，图中最大吸收峰波长，即为该样品的特征吸收峰波长。

(2) 工作曲线的测定。配制一系列已知浓度的样品，分别在特征吸收峰的波长下，测定吸光值，以 $A-c$ 作图，得到该样品的工作曲线。

(3) 以未知浓度的样品在特征吸收峰的波长下，测定吸光值。测得的吸光度值对照工作曲线，求得样品的浓度。

测定溶液的吸光度值用分光光度计。国产的分光光度计种类、型号较多，实验室常用的有 72、721、722、751、752 等型号。752 型为紫外光栅分光光度计，既可测定波长为 200～400 nm 的近紫外区，又可测定波长为 400～800 nm 的可见光区。

三、752 型紫外光栅分光光度计的结构原理

752 型紫外光栅分光光度计由光源室、单色器、样品室、光电管暗盒、电子系统及数字显示器等部件组成，仪器的工作原理如图 3.38 所示。

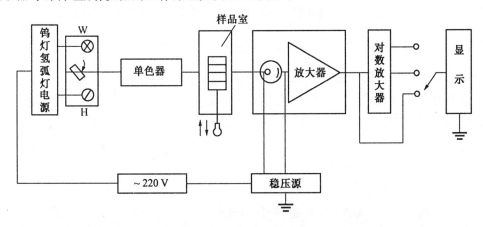

图 3.38　752 型紫外光栅分光光度计的方框图

仪器内部光学系统如图 3.39 所示。

从钨灯或氢灯发出的连续辐射经滤色片选择聚光镜聚光后投向单色器进狭缝，此狭缝正好处于聚光镜及单色器内准直镜的焦平面上，因此进入单色器的复合光通过平面反射镜反射及准直镜准直变成平行光射向色散元件光栅，光栅将入射的复合光通过衍射作用形成按照一定顺序均匀排列的连续单色光谱，此时单色光谱重新回到准直镜上，由于仪器出狭缝设置在准直镜的焦面上，这样，从光栅色散出来的光谱经准直镜后利用聚光原理成像在出狭缝上，出狭缝选出指定带宽的单色光通过聚光镜落在试样室被测样品中心，样品吸收后透射的光经光门射向光电管阴极面。根据光电效应原理，会产生微弱的光电流。此光电流经微电流放大器放大，送到数字显示器显示，测出光强度值；另外微电流放大器

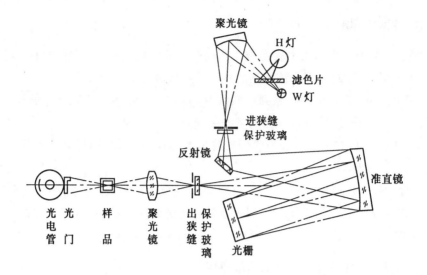

图 3.39 光学系统图

放大的电流,通过对数放大器以实现对数转换,使数字显示器显示 A 值。根据比耳–朗伯定律,样品浓度与吸光度成正比,则可根据不同的需要,直接测出被测样品的浓度 c 值。

四、752 型紫外光栅分光光度计的操作步骤

752 型紫外光栅分光光度计的面板如图 3.40 所示。

(1) 将灵敏度旋钮调至"1"挡(放大倍数最小)。

(2) 按电源开关,钨灯点亮,若测试不需紫外部分,仪器预热即可使用。若需用紫外部分,则按"氢灯"开关,氢灯电源接通,再按氢灯触发按钮,点亮氢灯,仪器预热 30 min(仪器背后有一只钨灯开关,如不需用钨灯时,可将其关闭)。

(3) 选择开关置于"T"。

(4) 打开样品室盖,调节 0% 旋钮,使数字显示为"000.0"。

(5) 将波长置于测量所需波长。

(6) 将装有参比溶液和被测溶液的比色皿置于比色皿架中。

(7) 盖上样品室盖,将参比溶液比色皿置于光路,调节透光率"100"旋钮,使数字显示为 100.0%(T)。如果显示不到 100.0%(T),则可适当增加灵敏度的挡数(同时应重复操作"4")。将被测溶液置于光路,数字显示值为透光率。

(8) 若不需测透光率,仪器显示 100.0%(T) 后,即将选择开关置于"A",旋动吸光度旋钮,使数字显示为"000.0"。然后将被测溶液置于光路,数字显示值即为溶液的吸光度。

(9) 浓度 c 的测量。将选择开关由"A"旋至"C",将已知标定浓度的溶液置于光路,调节浓度旋钮使数字显示为标定值,将被测溶液置于光路,即可显示出相应的浓度值。

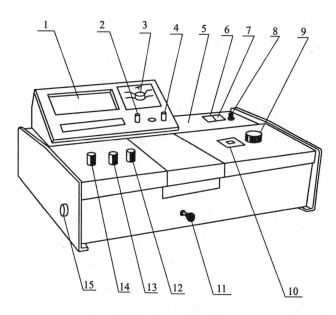

图 3.40　仪器面板图

1—数字显示屏；2—吸光度调零旋钮；3—选择开关；4—浓度旋钮；
5—光源室；6—电源开关；7—氢灯电源开关；8—氢灯触发按钮；
9—波长手轮；10—波长刻度窗；11—试样架拉手；12—100%(T)旋钮；13—0%(T)旋钮；14—灵敏度旋钮；15—干燥室

五、操作注意事项

(1) 测定波长在 360 nm 以上时，可用玻璃比色皿，测定波长在 360 nm 以下时，需用石英比色皿。比色皿外部要用吸水纸吸干，不能用手触摸光滑的表面。

(2) 每套仪器配套的比色皿不能与其他仪器的比色皿单个调换。因损坏需增补时，应经校正后才可使用。

(3) 开启关闭样品室盖时，需轻轻地操作，防止损坏光门开关。

(4) 不测量时，应使样品室盖处于开启状态，否则会使光电管疲劳，数字显示不稳定。

(5) 如大幅度调整波长时，需等数分钟后才能工作，因为光能量变化急剧，使光电管响应变得缓慢，需要一个移光响应平衡时间。

(6) 保持仪器洁净，干燥。

4　电化学测量技术

电化学测量技术在物理化学实验中占有重要地位，常用来测定电解质溶液的热力学函数。在平衡条件下，电势的测量可应用于活度系数的测量及溶度积、pH 值等的测定。在非平衡条件下，电势的测量常用于定性、定量分析、扩散系数的测定以及电极反应动力学与机理的研究等。

电化学测量技术内容丰富多彩,除了传统的电化学研究方法外,目前利用光、电、声、磁、辐射等实验技术来研究电极表面,逐渐形成一个非传统的电化学研究方法的新领域。

作为基础物理化学实验课程中的电化学部分,主要介绍传统的电化学测量与研究方法。掌握这些基本的电化学测量方法对于更好地掌握电化学知识有很大的帮助,同时也是使用近代电化学研究方法的前提。

4.1 电 导

一、电导及电导率

电解质电导是熔融盐和碱,以及盐、酸和碱水溶液的一种物理性质。电导这个物理化学参量不仅反映了电解质溶液中离子存在的状态及运动的信息,而且由于稀溶液中电导与离子浓度之间的简单线性关系,而被广泛用于分析化学与化学动力学过程的测试。

电导是电阻的倒数,因此电导值的测量,实际上是通过电阻值的测量换算出来的。测定溶液电导时,其含有的离子在电极上会发生放电,产生极化,因而测量电导时要使用频率足够高的交流电,以防止电解。所用的电极镀铂黑,减少超电势,并且用零点法使电导在零电流时读数,也就是超电势为零的位置。

对于化学家来说,更感兴趣的量是电导率,即

$$\overline{L} = L \frac{l}{S} \tag{3.52}$$

式中 l—— 测定电解质溶液时两电极间距离(m);

S—— 电极面积(m^2);

L—— 电导(S);

$\overline{L}$—— 电导率(S/m),指面积为 $1\ m^2$、两电极相距 $1\ m$ 时,溶液的电导。

电解质溶液的摩尔电导率 λ_m,是指把含有 1 mol 的电解质溶液置于相距为 1 m 的两个电极之间的电导。若溶液浓度为 $c\ mol \cdot L^{-1}$,则含有 1 mol 电解质溶液的体积为 $\frac{10^{-3}}{c}\ m^3$。摩尔电导率的单位为 $S \cdot m^2 \cdot mol^{-1}$。

$$\lambda_m = \overline{L} \times \frac{10^{-3}}{c} \tag{3.53}$$

若用同一仪器依次测定一系列液体的电导,由于电极面积(S)与电极间距离(l)保持不变,则相对电导就等于相对电导率。

二、电导的测量及仪器

1. 平衡电桥法

测定电解质溶液电导时,可用交流电桥法,其简单原理如图 3.41 所示。

将待测溶液装入具有一个固定的镀有铂黑的铂电极的电导池中,电导池内溶液电阻

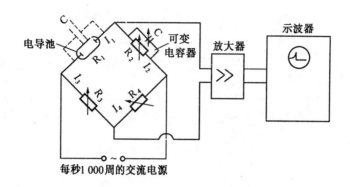

图 3.41　交流电桥装置示意图

为

$$R_x = \frac{R_2}{R_1} \cdot R_3 \tag{3.54}$$

因为电导池的作用相当于一个电容器,故电桥电路就包含一个可变电容 C,调节电容 C 来平衡电导池的容抗、将电导池接在电桥的一臂,以 1 000 Hz 的振荡器作为交流电源,以示波器作为零电流指示器,在寻找零点的过程中,电桥输出信号十分微弱,因此示波器前应接一放大器,得到 R_x 后,即可换算成电导。

2. DDS－11 型电导率仪

测量电解质溶液的电导率时,目前广泛使用 DDS－11 型电导率仪,它的测量范围广,操作简便,当配上适当的组合单元后,可达到自动记录的目的。

(1) 测量原理。由图 3.42 可知

$$E_m = ER_m/(R_m + R_x) = ER_m/(R_m + Q/\overline{L}) \tag{3.55}$$

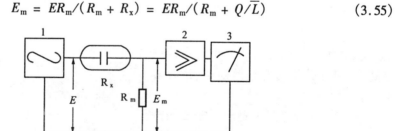

图 3.42　测量示意图

1—振荡器;2—放大器;3—指示器

由式(3.55)可知,当 E、R_m 和 Q 均为常数时,由于电导率 $\overline{L}$ 的变化,必将引起 E_m 的相应变化,所以测量 E_m 的大小,也就测得液体电导率的数值。

(2) 测量范围。

① 测量范围为 0 ~ $10^5 \mu s \cdot cm^{-1}$,分 12 个量程。

② 配套电极为 DJS－1 型光亮电极;DJS－1 型铂黑电极;DJS－10 型铂黑电极。

③ 电导率仪的量程范围与配用电极列在表 3.9 中。

表 3.9 电导率仪的量程范围及配套用电极

量 程	电导率/(μS·cm^{-1})	测量频率/s^{-1}	配套电极
1	0 ~ 0.1	低 周	DJS – 1 型光亮电极
2	0 ~ 0.3	低 周	DJS – 1 型光亮电极
3	0 ~ 1	低 周	DJS – 1 型光亮电极
4	0 ~ 3	低 周	DJS – 1 型光亮电极
5	0 ~ 10	低 周	DJS – 1 型光亮电极
6	0 ~ 30	低 周	DJS – 1 型铂黑电极
7	0 ~ 10^2	低 周	DJS – 1 型铂黑电极
8	0 ~ 3 × 10^2	低 周	DJS – 1 型铂黑电极
9	0 ~ 10^3	高 周	DJS – 1 型铂黑电极
10	0 ~ 3 × 10^3	高 周	DJS – 1 型铂黑电极
11	0 ~ 10^4	高 周	DJS – 1 型铂黑电极
12	0 ~ 10^5	高 周	DJS – 10 型铂黑电极

(3) 使用方法。DDS – 11A 型电导率仪的面板如图 3.43 所示。

① 未开电源前,观察表头指针是否指零,如不指零,则应调整表头上的调零螺丝,使表针指零。

② 将校正、测量开关置于"校正"位置。

③ 将电源插头先插在仪器插座上,再接电源。打开电源开关,并预热几分钟,待指针完全稳定下来为止。调节校正调节器,使电表满刻度指示。

④ 根据液体电导率的大小选用低周或高周,将开关指向所选择频率(参看表 3.9)。

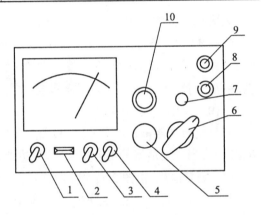

图 3.43 仪器面板图

1— 电源开关;2— 电源指示灯;3— 高低周开关;4— 校正、测量开关;5— 校正调节器;6— 量程选择开关;7— 电容补偿调节器;8— 电极插口;9—10 mV 输出插口;10— 电极常数补偿调节器

⑤ 将量程选择开关置于所需要的测量范围。如预先不知道待测液体的电导率范围,应先把开关置于最大测量挡,然后逐挡下调。

⑥ 根据液体电导率的大小选用不同电极,使用 DJS – 1 型光亮电极和 DJS – 1 型铂黑电极时,把电极常数调节器调节在与配套电极的常数相对应的位置上。例如,若配套电极常数为 0.95,则应将电极常数调节器上的白线调节在 0.95 的位置处。如选用 DJS – 10 型铂黑电极,这时应把调节器调在 0.95 位置上,再将测得的读数乘以 10,即为待测液的电导率。

⑦ 使用电极时,用电极夹夹紧电极的胶木帽,并通过电极夹把电极固定在电极杆上,将电极插头插入电极插口内。旋紧插口上的紧固螺丝,再将电极浸入待测溶液中。

⑧ 将校正、测量开关置于"校正"位置,调节校正调节器,使指示在满刻度。

⑨ 将校正、测量开关置于测量位置,这时指示读数乘以量程开关的倍率,即为待测液

的实际电导率。例如,量程开关放在 $0 \sim 10^3$ μS/cm 挡,电表指示为 0.5 时,则被测液电导率为 0.5×10^3 μS·cm^{-1} = 500 μS·cm^{-1}。

⑩ 量程开关指向黑点时,读表头上 $0 \sim 1.0$ μS·cm^{-1} 刻度的数值;量程开关指向红点时,读表头上 $0 \sim 3$ μS·cm^{-1} 刻度的数值。

⑪ 当用 $0 \sim 1.0$ μS·cm^{-1} 或 $0 \sim 3$ μS·cm^{-1} 这两挡测量纯水时,在电极未浸入溶液前,调节电容补偿器,使电表指示为最小值(此最小值是电极铂片间的漏电阻,由于漏电阻的存在,使调节电容补偿器时电表指针不能达到零点),然后开始测量。

(4) 注意事项。

① 电极的引线不能潮湿,否则测不准。

② 高纯水被盛入容器后要迅速测量,否则空气中 CO_2 溶入水中,会引起电导率的迅速增加。

③ 盛待测溶液的容器需排除离子的沾污。

④ 每测一份样品后,用蒸馏水冲洗,用吸水纸吸干,切忌擦铂黑,以免铂黑脱落,引起电极常数的改变。可用待测液淋洗 3 次后再进行测定。

3. DDS – 11A(T) 数字电导率仪

DDS – 11A(T) 数字电导率仪采用相敏检波技术和纯水电导率温度补偿技术。仪器特别适用于纯水、超纯水电导率测量。仪器面板如图 3.44 所示。

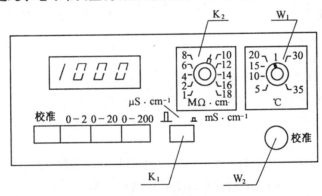

图 3.44 仪器面板图

K_1— μS·cm^{-1} 和 mS·cm^{-1} 量程转换开关;K_2— 纯水补偿转换开关;
W_1— 温度补偿电位器;W_2— 调节仪器满刻度(电极常数)电位器

(1) 主要技术性能

测量范围　　　　　　$0 \sim 2$ S·cm^{-1}

精确度　　　　　　　± 1%

温度补偿范围　　　　$1 \sim 18$ MΩ·cm （纯水纯度）

(2) 仪器的使用

① 接通电源,预热 30 min。

② 将温度补偿电位器(W_1)旋钮刻度线对准 25℃,按下"校正"键,调节"校正"电位器(W_2),使显示值与所配用的电极常数相同。例如,电极常数为 1.08,调节仪器数显为 1.080;电极常数为 0.86,调节仪器数显为 0.860;若电极常数的标称值为 0.01、0.1 或 10 的

电极,必须将电极上所标常数值除以标称值。例如,电极上所标常数为 10.5,而仪器电极常数标称值为 10,则调节仪器数显为 1.050,即

$$\frac{10.5(电极常数值)}{10(电极常数标称值)} = 1.050 \tag{3.56}$$

调节"校正"电位器时,电导电极需浸入待测溶液。

③ 测定时,按下相应的量程键,仪器读数即是被测溶液的电导率值。

若电极常数标称值不是 1,则所测的读数应与标称值相乘,所得结果才是被测溶液的电导率值。

例如,电极常数标称值是 0.1,测定时,数显值为 $1.85\ \mu S \cdot cm^{-1}$,则此溶液实际电导率值是

$$1.85 \times 0.1 = 0.185\ \mu S \cdot cm^{-1}$$

电极常数标称值是 10,测定时,数显值为 $284\ \mu S \cdot cm^{-1}$,则此溶液实际电导率值是

$$284 \times 10 = 2\ 840\ \mu S \cdot cm^{-1} = 2.84\ mS \cdot cm^{-1}$$

④ 温度补偿的使用。

a.根据所测纯水纯度($M\Omega \cdot cm$),将纯水补偿转换开关(K_2)置于相应挡位,温度补偿置于 25℃。

b.按下校正键,调节校正旋钮,按电极常数调节仪器数显值。

c.按下相应量程,调节温度补偿器(W_1)至纯水实际温度值,仪器数显值即换算成 25℃ 时纯水的电导率值。

(3) 注意事项。

① 电极的引线及连接杆不能受潮或沾污。

② 在 K_1(量程转换开关)转换时,一定要对仪器重新校正。

③ 电极选用一定要按表 3.10 规定,即低电导时(如纯水)用光亮电极,高电导时用铂黑电极。

④ 应尽量选用读数接近满刻度值的量程测量,以减少测量误差。

⑤ 校正仪器时,温度补偿电位器(W_1)必须置于 25℃ 位置。

⑥ (W_1)置于 25℃,K_2 不变,各量程的测量结果均未经温度补偿。

表 3.10 电极选用表

量 程	开关(K_1)	测量范围 /($\mu S \cdot cm^{-1}$)	采用电极
0 ~ 2		0 ~ 2	$J = 0.01$ 或 0.1 电极
0 ~ 20	$\mu S \cdot cm^{-1}$	0 ~ 20	$J = 1$ 光亮电极
0 ~ 200		0 ~ 200	DJS - 1 铂黑电极
0 ~ 2		0 ~ 2 000	DJS - 1 铂黑电极
0 ~ 20	$\mu S \cdot cm^{-1}$	0 ~ 20 000	DJS - 1 铂黑电极
0 ~ 20		$0 \sim 2 \times 10^5$	DJS - 10 铂黑电极
0 ~ 200		$0 \sim 2 \times 10^6$	DJS - 10 铂黑电极

4.2 原电池电动势

原电池电动势(E)是指当外电流为 0 时两电极间的电势差。而有外电流时,这两极间的电势差称为电池电压(U)。

$$U = E - IR \tag{3.57}$$

因此,电池电动势的测量必须在可逆条件下进行,否则所得电动势没有热力学价值。所谓可逆条件,即电池反应是可逆的,测量时电池几乎没有电流通过。电池反应可逆,指两个电极反应的正逆速率相等,电极电势是该反应的平衡电势,它的数值与参与平衡的电极反应的各溶液活度之间关系完全由该反应的能斯特方程决定。为此,测量装置中安置了一个方向相反而数值与待测电动势几乎相等的外加电动势来对消待测电动势,这种测定电动势方法称为对消法。

一、测量基本原理

对消法测电动势线路如图 3.45 所示。图中整个 AB 线的电势差可以通过"校准"使它等于标准电池的电动势。标准电池的负端与 A 相连(即与工作电池呈对消状态),而正端串联一个检流计,通过并联直达 B 端。调节可调电阻,使检流计指零,此时无电流通过,AB 线上的电势差就等于标准电池电动势 $E_{标}$。测未知电池时,负极与 A 相连接,而正极通过检流计连到探针 C 上,将探针 C 在电

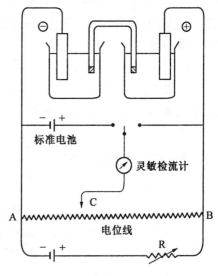

图 3.45 对消法测电动势基本电路

阻线 AB 上来回滑动,直到找出使检流计电流为零的位置。这时

$$E_x = \frac{AC}{AB} \cdot E_{标} \quad (\text{通过 AB 的电势差}) \tag{3.58}$$

二、液体接界电势与盐桥

1. 液体接界电势

当原电池含有两种电解质界面时,便产生一种称为液体接界电势的电动势,它干扰电池电动势的测定。减小液体接界电势的办法常用"盐桥"。盐桥是在玻璃管中灌注盐桥溶液,把管插入两个互相不接触的溶液,以消除液接电势。

2. 盐桥溶液

盐桥溶液中含有高浓度的盐溶液,甚至是饱和溶液,当饱和的盐溶液与另一种较稀溶液相接界时,主要是盐桥溶液向稀溶液扩散,因此减小了液接电势。盐桥溶液中的盐的选择必须考虑盐溶液中的正、负离子的迁移速率都接近于 0.5 为好,通常采用氯化钾溶液。

盐桥溶液不能与两端电池溶液发生反应,如果实验中使用硝酸银溶液,则盐桥液就不能用氯化钾溶液,而选择硝酸铵溶液较为合适,因为硝酸铵中正、负离子的迁移速率比较接近。在盐桥溶液中常加入质量分数为1%的琼脂作为胶凝剂,使溶液呈凝胶状,防止盐桥溶液流出,琼脂含有高蛋白,易变性,因此盐桥应现用现制,不宜久放。

三、电极与电极制备

原电池是由两个"半电池"所组成,每一个半电池中由一个电极和相应的溶液组成。原电池的电动势则是组成此电池的两个半电池的电极电势的代数和。电极电势的测量是通过被测电极与参比电极组成电池,测此电池电动势,然后根据参比电极的电势求出被测电极的电极电势,因此在测量电动势过程中需注意参比电极的选择。

1. 第一类电极

只有一个相界面的电极,如气体电极,金属电极。

(1) 氢电极是氢气与其离子组成的电极,把镀有铂黑的铂片浸入 $a_{H^+} = 1$ 的溶液中,使 $p_{H_2} = 1.013 \times 10^5 \text{ Pa}$ 的干燥氢气不断冲击到铂电极上,就构成了标准氢电极。其结构如图3.46所示。

$$(Pt)H_2(p_{H_2} = 1.013 \times 10^5 \text{ Pa}) \mid H^+ (a_H^+ = 1)$$

标准氢电极是国际上统一规定其电极电势为零的标准电极。任何电极都可以与标准氢电极组成电池,但是氢电极对氢气纯度要求高,操作比较复杂,氢离子活度必须十分精确,而且氢电极十分敏感,受外界干扰大,使用起来十分不方便。

(2) 金属电极的结构简单,只要将金属浸入含有该金属离子的溶液中就构成了半电池。如银电极就属于金属电极。

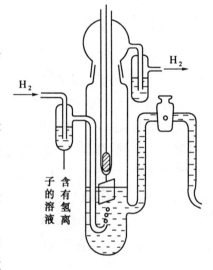

图3.46 氢电极

$$\text{Ag} \mid \text{Ag}^+ (a)$$

电极反应 $\quad \text{Ag}^+ + e \rightleftharpoons \text{Ag}$

银电极的预处理。首先将银电极表面用丙酮溶液洗去油污,或用细砂纸打磨光亮,然后用蒸馏水冲洗干净,按图3.47接好线路,在电流密度为 $3 \sim 5 \text{ mA} \cdot \text{cm}^{-2}$ 时,镀30 min,得到银白色紧密银层的镀银电极,用蒸馏水冲洗干净,即可作为银电极使用。

2. 第二类电极

甘汞、银 – 氯化银等参比电极。

(1) 甘汞电极。甘汞电极是实验室中常用的参比电极,有单液接和双液接两种。其构造如图3.48所示。

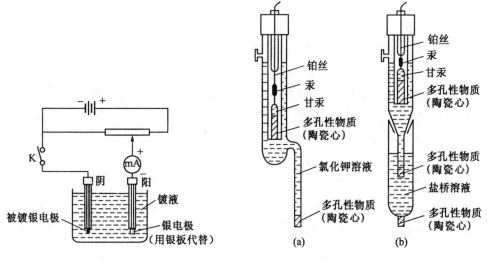

图 3.47　镀银线路图　　　　图 3.48　甘汞电极

不管哪一种形状,在玻璃容器的底部皆装入少量的汞,然后装汞和甘汞的糊状物,再注入氯化钾溶液,将作为导体的铂丝插入,即构成甘汞电极。甘汞电极的电极符号为

$$\mathrm{Pt}, \mathrm{Hg(l)}, \mathrm{Hg_2Cl_2(s)} | \mathrm{KCl}(a)$$

电极反应为

$$\mathrm{Hg_2Cl_2(s)} + 2\mathrm{e}^- \rightleftharpoons 2\mathrm{Hg(l)} + 2\mathrm{Cl}^-(\mathrm{aq})$$

$$\varphi_{甘汞} = \varphi_{甘汞}^{\ominus} - \frac{RT}{F}\ln a_{\mathrm{Cl}^-} \tag{3.59}$$

从式中可见,$\varphi_{甘汞}$仅与温度和氯离子活度a_{Cl^-}有关,即与氯化钾溶液浓度有关,故甘汞电极有 0.1 mol·L^{-1}、1.0 mol·L^{-1} 和饱和氯化钾甘汞电极。其中以饱和式甘汞电极最为常用(使用时电极内溶液中应保留少许氯化钾固体晶体,以保证溶液的饱和)。不同甘汞电极的电极电势见表 3.11。

表 3.11　不同浓度氯化钾溶液的甘汞电极的电极电势

$c(\mathrm{KCl})/(\mathrm{mol}\cdot\mathrm{L}^{-1})$	t℃ 时电极电势 $\varphi_{甘汞}$/V
饱和	$0.2412 - 7.6 \times 10^{-4}(t - 25)$
1.0	$0.2801 - 2.4 \times 10^{-4}(t - 25)$
0.1	$0.3337 - 7.0 \times 10^{-5}(t - 25)$

由于甘汞具有电极装置简单、可逆性好、制作方便、电势稳定等优点而将其作为参比电极。

(2) 银 – 氯化银电极。银 – 氯化银电极是实验室中另一种常用的参比电极,其属于金属 – 微溶盐 – 负离子型电极,电极反应及电极电势表示为

$$\mathrm{AgCl(s)} + \mathrm{e}^- \rightleftharpoons \mathrm{Ag(s)} + \mathrm{Cl}^-(\mathrm{aq})$$

$$\varphi_{AgCl/Ag} = \varphi_{AgCl/Ag}^{\ominus} - \frac{RT}{F}\ln a_{Cl^-} \tag{3.60}$$

从式中可见，$\varphi_{AgCl/Ag}$ 也只与温度和溶液中氯离子活度有关。

(3) 银－氯化银电极制备。首先制备银电极，制法如下：将欲镀的 Ag 丝电极表面用丙酮溶液洗去油污，或用细砂纸打磨光亮，然后用蒸馏水冲洗干净，再镀银。镀银溶液的配方很多，较好的底液为 1.5 g $AgNO_3$ 和 1.5 g NaCN 加水至 100 mL 用 3 mA 通电 30 min。由于 NaCN 有毒，故可采用下列配方：以 1 L 为例，称约 20 g 的 NaOH 溶解于 200 mL 蒸馏水中，再加入 50 g 亚铵基磺酸铵[$NH(SO_3NH_4)_2$]搅拌溶解后，再加入 100 g 硫酸铵[$(NH_4)_2SO_4$]和 2 g 柠檬酸三铵，搅拌溶解后，在搅拌的情况下加入事先用少量蒸馏水溶解的 30 g 硝酸银溶液，然后用浓的 NaOH 溶液调至 pH 为 9，并稀释至 1 L。把事先处理干净的银电极接入电镀线路，在电流密度为 3～5 mA/cm^2 时，电镀 30 min，即可得到白色致密的镀银电极。

将已镀好银的电极作为正极接入线路，以铂电极作为负极，以 1 mol·L^{-1} HCl 作为镀液，电流密度为 3～5 mA/cm^2，镀 10～15 min，即可得到紫色的 Ag－AgCl 电极。这种电极不用时应浸在 HCl 溶液中，保存在不露光处。表 3.12 为不同温度下 Ag－AgCl 电极的标准电极电势。

表 3.12　不同温度下 Ag－AgCl 电极标准电极电势

T/℃	0	5	10	15	20	25	30	35	40
E/V	0.236 55	0.234 13	0.231 42	0.228 57	0.225 57	0.222 34	0.219 04	0.215 65	0.212 08

3. 氧化还原电极

将惰性电极插入含有两种不同价态的离子溶液中也能构成电极，如醌氢醌电极。

$$C_6H_4O_2 + 2H^+ + 2e \rightleftharpoons C_6H_4(OH)_2$$

其电极电势

$$\varphi = \varphi_{醌/氢醌}^{\ominus} - \frac{RT}{2F}\ln\frac{a_{氢醌}}{a_{醌} \cdot a_{H^+}^2} \tag{3.61}$$

醌、氢醌在溶液中浓度很小，而且相等，即

$$a_{氢醌} = a_{醌}$$

$$\varphi = \varphi_{醌/氢醌}^{\ominus} + \frac{RT}{F}\ln a_{H^+} \tag{3.62}$$

4. 旋转圆盘电极

旋转圆盘电极 RDE(ratating disk electrode) 结构如图 3.49 所示。把电极材料加工成圆盘后，用黏合剂将它封入高聚物(例如聚四氟乙烯) 圆柱体的中心，圆柱体底面与研究电极表面在同一平面内，精密加工抛光。研究电极与圆柱中心轴垂直，处于轴对称位置。电极用电动机直接耦合或传动机构带动使电极无振动地绕轴旋转，从而使电极下的溶液产生流动，缩短电极过程达到稳定状态的时间，在电极上建立均匀而稳定的表面扩散层。电极上的电流分布也比较均匀稳定。

圆盘电极的旋转,引起了溶液中的对流扩散,加强了电活性物质的传质,使电流密度比静止的电极提高了 1~2 个数量级,所以用 RDE 研究电极动力学,可以提高相同数量级的速率范围。

对在 25℃ 下的水溶液,计算可得扩散电流密度为

$$j_d = -0.62nFD^{2/3}\nu^{-1/6}\omega^{1/2}(c_b - c_s) \quad (3.63)$$

极限扩散电流密度为

$$(j_d)_{\lim} = 0.62nFD^{2/3}\nu^{-1/6}\omega^{1/2}c_b \quad (3.64)$$

式中　F——法拉第常数;

　　　D——扩散系数;

　　　ν——溶液的运动黏度系数(即黏度系数/密度);

　　　ω——圆盘电极旋转角速度;

　　　n——电极反应的电子得失数;

　　　c_b、c_s——反应物(或产物)的溶液浓度和电极表面浓度。

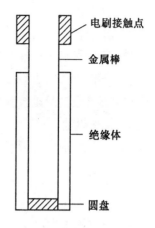

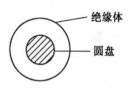

图 3.49　旋转圆盘电极结构示意图

从计算式可以看出,旋转圆盘电极的应用较广,用它可以测得扩散系数 D、电极反应得失电子数 n、电化学过程的速率常数和交换电流密度等动力学参数。

四、标准电池

标准电池是电化学实验中基本校验仪器之一,在 20℃ 时电池电动势为 1.018 6 V,其构造如图 3.50 所示。电池由 H 型管构成,负极为含镉(Cd)质量分数为 12.5% 的镉汞齐,正极为汞和硫酸亚汞的糊状物,两极之间盛以 $CdSO_4$ 的饱和溶液,管的顶端加以密封。电池反应为

负极　　　$Cd(汞齐) \rightleftharpoons Cd^{2+} + 2e$

$$Cd^{2+} + SO_4^{2-} + \frac{8}{3}H_2O \rightleftharpoons CdSO_4 \cdot \frac{8}{3}H_2O(s)$$

标准电池的电动势很稳定,重现性好,用做电池的各种物质纯度极高,因此按规定配方工艺制作的电池电动势值基本一致。

标准电池经检定后,给出的是 20℃ 下的电动势值,实际测量温度为 t℃ 时,其电动势可按下式进行校正。

$$E_t = E_{20} - 4.06 \times 10^{-5}(t - 20) - 9.5 \times 10^{-7}(t - 20)^2$$

使用标准电池时,需注意以下几个方面:

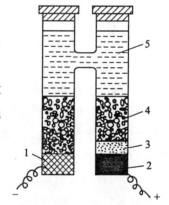

图 3.50　标准电池
1—质量分数为 12.5% 的镉汞齐;2—汞;3—硫酸亚汞糊状物;4—硫酸镉晶体;5—硫酸镉饱和溶液

(1) 使用温度为 4～40℃。
(2) 正负极不能接错。
(3) 不能振荡,不能倒置,取放要平稳。
(4) 不能用万用表直接测量标准电池。
(5) 标准电池只是校验器,不能作为电源使用,测量时间必须短暂,间歇按键,以免电流过大,损坏电池。
(6) 按规定时间,必须经常进行计量校正。

4.3 常用电气仪表

一、电气测量指示仪表的一般知识

1. 分类

电气测量指示仪表种类繁多,分类方法也很多。了解电气测量指示仪表的分类,有助于认识它们所具有的特性,对更好地掌握电学知识也有一定的帮助。

(1) 根据电气测量指示仪表的工作原理分类。主要有磁电系、电磁系、电动系、感应系、整流系、静电系、热电系、电子系。

(2) 根据测量名称分类。主要有电流表(安培表、毫安表、微安表)、电压表(伏特表、微伏表)、功率表、高阻表、欧姆表、电度表、相位表、频率表以及多种用途的仪表(万用表、电压电流表)等。

(3) 根据仪表的工作电流种类分类。主要有直流仪表、交流仪表、交直流两用仪表。按仪表对电场、磁场的防御能力可分为Ⅰ、Ⅱ、Ⅲ、Ⅳ四级;按表的使用条件可分为A、B、C三组。

2. 仪表的组成与误差

(1) 仪表的组成。电气测量仪表的种类很多,但是它们的主要作用都是将被测电量换成仪表活动部分的偏转角位移。为了将被测电量换成角位移,电气测量指示仪表通常由测量机构和测量线路两部分组成。

测量线路的作用是将被测电量 x(如电压、电流、功率等)变换成测量机构可以直接测量的电磁量。电压表的附加电阻、电流表的分流器等都是测量线路。

测量机构是仪表的核心部分,仪表的偏转角位移是靠它实现的。

(2) 仪表误差分类。用任何一个仪表测量时都有误差,它表明仪表的指示值(简称"示值")和被测量的实际值(通常以标准仪表的示值作为被测量的实际值)之间的差异程度。准确度则说明仪表示值与被测的实际值相符合的程度,误差愈小,准确度就愈高。

根据引起误差的原因,可将误差分为两种。

① 基本误差。基本误差是指仪表在规定的正常条件下,进行测量时所具有的误差,它是仪表本身所固有的,是由于结构和制作上的不完善而产生的。如活动部分因轴承的磨擦

和刻度划分不精密等原因所引起的误差,都属于基本误差。仪表正常工作条件是指:

(a) 仪表指针调整到零点。

(b) 仪表按规定的工作位置放置。

(c) 周围温度是 20℃,或是仪表上所标温度。

(d) 除地磁外,没有外来磁场。

(e) 对于交流仪表来说,电流的波形是正弦波,频率是所规定的。

② 附加误差。当仪表在非正常工作条件下工作时,除上述基本误差之外,还会产生"附加误差"。如温度、外磁场等不符合仪表正常条件时,都会引起附加误差。

(3) 仪表准确度及其表示方法。首先简单了解一下仪表准确度的概念。实验室中常用的指示仪表是单向标度尺的仪表,它的准确度是以标度尺工作部分量限的百分数表示的。若以 K 表示它的准确度的等级,则有

$$\pm K\% = \frac{\Delta_m}{A_m} \times 100\% \tag{3.65}$$

式中　Δ_m——以绝对误差表示最大基本误差;

　　　A_m——测量上限。

仪表准确度等级符号都在仪表的标度盘上表示出来。目前我国生产的电气测量指示仪表,根据国家标准的规定,准确度分为 0.1、0.2、0.5、1.0、1.5、2.5、5.0 七级。由于我国旧标准中准确度最后一级为 4.0 级,所以目前产品目录中还保留了 4.0 级。由于仪表制造业的发展,目前已出现准确度为 0.05 级的指示仪表。

各等级准确度的指示仪表在规定条件下使用时,其基础误差不应超出表 3.13 的规定值。

表 3.13　各级仪表基本误差

仪表准确度等级	0.1	0.2	0.5	1.0	1.5	2.5	5.0
基本误差 /%	± 0.1	± 0.2	± 0.5	± 1.0	± 1.5	± 2.5	± 5.0

(4) 用仪表的准确度估计测量误差。以化学实验中使用较多的单向标度尺的指示仪表为例,若该仪表准确度等级为 K,则仪表在规定条件下进行测量时,出现的最大绝对误差为

$$\Delta_m = \pm K\% \times A_m \tag{3.66}$$

在测量时,得到读数如为 A_x,则测量结果可能出现的最大相对误差为

$$\gamma = \frac{\Delta_m}{A_x} \times 100\% = \pm \frac{K\% \times A_m}{A_x} \times 100\% \tag{3.67}$$

例如,在测定溶解热实验中,若采用准确度为 0.5 级、量限为 1 A 的电流表,在规定条件下测量出电流读数为 0.6 A,则其可能出现的最大绝对误差为

$$\Delta_m = \pm K\% \times A_m = (\pm 0.005) \times 1 = \pm 0.005 \text{ A}$$

而测量结果可能出现的最大相对误差为

$$\gamma = \frac{\Delta_m}{A_x} \times 100\% = \frac{\pm 0.005}{0.6} = \pm 0.8\%$$

可以看出,当仪表没有处于满刻度偏转时,测量结果的准确度不仅受仪表准确度的影响,而且还与测量数值的大小有关。只有当仪表处于满刻度偏转时,测量结果的准确度才等于仪表的准确度。因此,仪表的准确度与测量结果的准确度并不是一回事,这在选用仪表时应予考虑。

(5) 仪表的灵敏度和仪表常数。测量过程中,如果被测量值变化一个很小的 Δ_x 值,引起测量仪表活动部分偏转角改变 Δ_a,则 Δ_a 与 Δ_x 的比值称为该仪表的灵敏度,用符号 s 表示

$$s = \frac{\Delta_a}{\Delta_x} \tag{3.68}$$

当 $\Delta_x \to 0$ 时

$$s = \lim_{\Delta_x \to 0} \frac{\Delta_a}{\Delta_x} = \frac{\mathrm{d}a}{\mathrm{d}s} \tag{3.69}$$

当仪表为均匀刻度时,则

$$s = \frac{a}{x} \tag{3.70}$$

灵敏度等于单位被测电量引起测量仪表偏转多少分度。例如,在镀银电极时,应用毫安表调节电流为 3 mA,该表偏转 3 分度,该表的灵敏度为

$$s = \frac{3 \text{ 分度}}{3 \text{ mA}} = 1 \text{ 分度} \cdot \text{mA}^{-1}$$

灵敏度的倒数为"仪表常数",并用符号 C 表示,即 $C = \frac{1}{s}$,则上述毫安的仪表常数为

$$C = \frac{1}{s} = 1 \frac{\text{mA}}{\text{分度}} = 1 \times 10^{-3} \text{ A} \cdot \text{分度}^{-1}$$

灵敏度是电学仪表的重要技术特性之一。C 的数值愈小,s 的数值愈大,则仪表灵敏度愈高。

(6) 仪表的正确使用。使用仪表时,为了防止引起附加误差,必须使仪表处于正常的工作条件下工作。如应使仪表按规定放置,仪表要远离外磁场,使用前应使仪表指针指在零位。测量时,必须注意正确读数。在读取仪表指示值时,应该使视线与仪表标尺平面垂直。如果仪表标尺表面上带镜子,那么,读数时应使指针与镜中的针影重合。这样可以大大减少和消除读数误差,提高读数的准确性。

3. 指示仪表的表面标记

每一个电气测量指示仪表的表面,都有多种符号的表面标记,用于显示仪表的基本技

术特性。只有识别之后,才能正确地选择和使用仪表。现将常见的表面标记符号列于表 3.14 中。

表 3.14 常用电气测量指示仪表表面标记符号

A. 测量单位的符号

名 称	符 号	名 称	符 号
千 安	kA	千 赫 兆 赫	MHz kHz
安 [培]	A	赫 [兹]	Hz
毫 安	mA	兆兆欧	$T\Omega$
微 安	μA	兆 欧	$M\Omega$
千 伏	kV	千 欧	$k\Omega$
伏 [特]	V	欧 [姆]	Ω
毫 伏	mV	毫 欧	$m\Omega$
微 伏	μV	微 欧	$\mu\Omega$
兆 瓦	MW	相 位 角	φ
千 瓦	kW	功率因数	$\cos\varphi$
瓦 [特]	W	无功功率因数	$\sin\varphi$
兆 乏	Mvar	库 仑	C
千 乏	kvar	毫 韦 伯	mWb
乏	var	毫韦伯／米^2	mT

续表

名　称	符　号	名　称	符　号
微法	μF	微微法	pF
亨	H	毫亨	mH
微亨	μH	摄氏温度	℃

B.　仪表工作原理的图形符号

名　称	符　号	名　称	符　号
磁电系仪表		磁电系比率表	
电磁系仪表		电磁系比率表	
电动系仪表		电动系比率表	
铁磁电动系仪表		铁磁电动系比率表	
感应系仪表		静电系仪表	
整流系仪表（带半导体整流器和磁电系测量机构）		热电系仪表（带接触式热变换器和磁电系测量机构）	

C.　电流种类的符号

名　称	符　号	名　称	符　号
直流	—	交流（单相）	∼
直流和交流	≂	具有单元件的三相平衡负载交流	≋

D.　准确度等级的符号

名　称	符　号	名　称	符　号
以标度尺量限百分数表示的准确度等级，例如1.5级	1.5	以标度尺长度百分数表示的准确度等级，例如1.5级	∨1.5
以指示值的百分数表示的准确度等级，例如1.5级	①1.5		

E.　工作位置的符号

名　称	符　号	名　称	符　号
标度尺位置为垂直的	⊥	标度尺位置为水平的	⊓
标度尺位置与水平面倾斜成一角度，例如60°	∠60°		

F.　绝缘强度的符号

名　称	符　号	名　称	符　号
不进行绝缘强度试验	☆0	绝缘强度试验电压为2kV	☆2

续表

G. 端钮、调零器的符号			
名称	符号	名称	符号
负端钮	−	正端钮	+
公共端钮（多量限仪表和复用电表）	✳	接地用的端钮（螺钉或螺杆）	⏚
与外壳相连接的端钮	⏛	与屏蔽相连接的端钮	◯
调零器	⌒		
H 按外界条件分组的符号			
名称	符号	名称	符号
I 级防外磁场（例如磁电系）	◠	I 级防外磁场（例如静电系）	⊥⊤
II 级防外磁场及电场	II II	III 级防外磁场及电场	III III
IV 级防外磁场及电场	IV IV		

二、直流电流表与电压表

实验室中用于测量直流电路中电流和电压的仪表主要是磁电系仪表。

磁电系仪表的结构特点是具有永久磁铁和活动的线圈。对于磁电系仪表来说，磁路系统是固定的，而活动部分是活动线圈、指示器(如指针)、转轴(或振丝、悬丝)等。

1. 电流表

磁电系测量机构用做电流表时，只要被测电流不超过它所能容许的电流值，就可以直接与负载串联进行测量。但是，磁电系测量机构所允许的电流往往是很微小的，因为动圈本身导线很细，电流过大，会因过热而使动圈绝缘烧坏。同时引入测量机构的电流必须经过游丝，因此电流也不能大，否则游丝会因过热而变质。磁电系测量机构可以直接测量的电流范围一般在几十微安到几十毫安之间。如果要用它来测量较大的电流时，就必须扩大量限，主要采用分流方法。在测量机构上并联一个

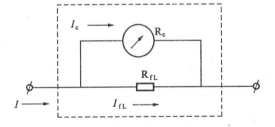

图 3.51　电流表的分流

分流电阻 R_{fL}，如图 3.51 所示。有了分流电阻，通过磁电系测量机构上的电流 I_c 是被测电流 I 的一部分，两者有严格的关系。设 R_c 为测量机构内阻，则

$$I_c \times R_c = \frac{R_{fL} \times R_c}{R_{fL} + R_c} \times I \tag{3.71}$$

$$I_c = \frac{R_{fL}}{R_{fL} + R_c} \times I \tag{3.72}$$

由于 R_{fL} 和 R_c 为常数，所以 I_c 与 I 之间存在一定的比例关系。在电流表刻度时，考虑

了上述关系,便可直接读出被测电流 I。

在一个仪表中采用不同大小的分流电阻,便可制成多量限电流表。图 3.52 就是具有两个量限的电流表的内部电路,分流电阻 R_{fL_1}、R_{fL_2} 的大小可以通过计算确定。

2. 电压表

磁电系测量机构用来测量电压时,将测量机构并联在电路中,处于被测电压的两个端点之间,图 3.53 是测量 a、b 两点间电压的线路图。$U_c = I_c \times R_c$,根据仪表指针偏转可以直接确定 a、b 两点间电压 U。由于磁电系测量机构仅能通过极微小的电流,所以它只能测量很低的电压。为了能测量较高电压,又不使测量机构内阻超过容许的电流值,可以在测量机构上串联一个电阻 R_{fL},如图 3.54 所示。

$$I_c = \frac{R_{fL} + R_c}{U} \tag{3.73}$$

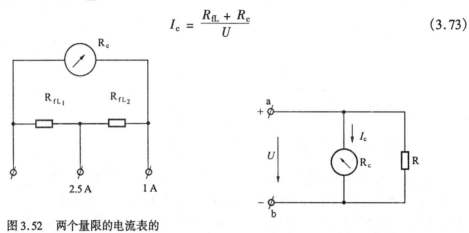

图 3.52　两个量限的电流表的测量电路

图 3.53　测量电压接线图

只要附加电阻 R_{fL} 恒定不变,I_c 与被测两点间电压大小相关。电压表串联了几个不同附加电阻,就可以制成多量限的电压表,内部线路如图 3.55 所示。

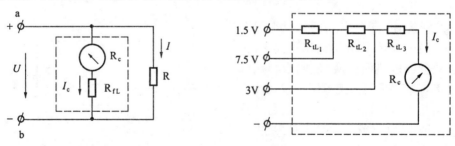

图 3.54　电压的附加电阻

图 3.55　多量限电压表测量电路

用电压表测量电压时,内阻愈大,则对被测电路影响愈小。电压表各量限的内阻与相应电压量的比值为一常数,其一般在电压表的铭牌上标明,它的单位为"欧姆／伏特",它是电压表的一个重要参数。例如,量限为 200 V 的电压表,内阻为 1 000 000 Ω,则该电压表内阻参数可表示为 50 000 Ω·V^{-1}。

3. 使用注意事项

(1) 使用电流表和电压表时,其量程要选择合适。电流表与电路串联,电压表与电路并联,不能接错。

(2) 在直流电路中,应特别注意电流表与电压表的正、负极接法。在直流电流表与直流电压表的接线柱旁都标有"+"和"-"符号。电流从电源正极到负极,电流表串联在电路中应当从电流表的"+"极到"-"极。直流电压表也应当根据这个原则接线。

三、磁电系直流检流计

磁电系检流计是用来测量微小电流的仪表。它的灵敏度很高,所以常用来检查电路中有无电流通过,如在直流电位差计中和直流电桥中作指零仪器。

1. 检流计的结构及特点

磁电系检流计是一种具有特殊结构的磁电系测量机构,由于其需要高的灵敏度,不采用轴承装置,因轴和轴承之间的摩擦对测量会有影响。多采用悬丝将动圈悬挂起来,并利用光点反射的方法来指示仪表活动部分的偏转。

图 3.56(a) 为磁电系检流计的结构图。动圈由悬丝悬挂起来。悬丝用黄金或紫铜制成,除了用来产生小的反作用力矩外,还作为把电流引入动圈的引线,动圈的另一电流引线与仪器壳相连,在动圈上端装有反射小镜,利用这小镜对光线的反射来指示活动部分的偏转。图 3.56(b) 就是这种光标读数装置,在离小镜一定距离处安装一标尺,由小灯将一狭窄光束投向小镜,经小镜反射到标尺上,形成一条细小光带,指示出活动部分的偏转大小。这种检流计灵敏度很高,极易受外界振动的影响,使用时应将它放在稳固的位置或坚实的墙壁上,所以称为墙式检流计,如国产 AC4 型检流计。

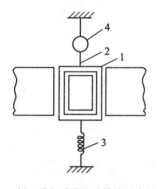

(a) 磁电系检流计结构示意图

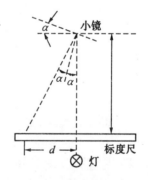

(b) 光标读数装置

图 3.56

1—动圈;2—悬丝;3—电流引线;4—反射小镜

目前,实验室中使用较广的是便携式检流计,这种检流计的活动部分上下固定地连接在两根细薄的金属张丝(游丝)上,其读数用指针或光标指示。

2. 检流计的使用与维护

(1) 在搬动检流计时,应将活动部分用止动器锁住,分流器开关放在短路挡。无分流器开关的检流计,可用止动器或一根导线将接线柱两端短路。

(2) 在使用时应按正常使用位置安放好,对于装有水平仪的检流计,应先调好水平位置,再检查检流计,看其偏转是否正常,有无卡滞现象,检查后,再接入测量线路中使用。

(3) 在测量范围未知的情况下使用检流计,应配置一个万用分流器或串联一个很大的保护电阻(如几个 MΩ)进行测试。当确信不会损坏检流计时,再逐渐提高检流计灵敏度。

(4) 决不允许用万用表、欧姆表去测量检流计的内阻,避免通入过大电流烧坏检流计。

(5) 在接通电源时,应使电源开关所指示的位置与所使用电源电压值一致(特别注意不要将 220 V 的电源插入 6 V 插座内。)

(6) 如发现标尺上找不到光点影像时,可将检流计分流器旋钮置于"直接"处,并将检流计轻微摆动,如有光点掠过,则可调节零点调节器,将光点调至标尺零点。如无光点掠过,则应先检查灯泡是否烧坏(打开小门即可),若灯泡未烧坏,则可能是悬丝断,需要更换。

(7) 更换了新灯泡需要对光。可前后、左右调整灯座的相对位置,直到标尺上获得清晰光点,然后将灯座固定,盖上小门。

(8) 测定检流计参数时,应遵循试验条件:
① 环境温度为 20℃ ± 5℃,相对湿度小于 80%。
② 除地磁场外,附近不应有铁磁性物质和外磁场。
③ 周围环境不应有剧烈震动。

(9) 测定检流计参数时按图 3.57 所示方法进行

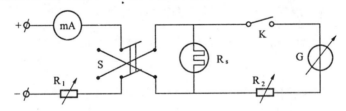

图 3.57 测量检流计参数线路图

G— 被测检流计;mA—1 级毫安表;R_s—0.1、1 或 10 Ω 的 0.02 级标准电阻;
R_1、R_2— 电阻箱;S— 电流方向转换开关;K— 开关

① 外临界电阻测定。调节 R_1 使检流计光点偏转至标尺左边或右边的一半,再调节 R_2,使检流计活动部分的运动状态呈周期性振荡,然后将电阻逐渐减少,直到光点回到标度尺零位,此时 R_2 的电阻值即为外临界电阻。

② 分度值测定。检流计在外临界状态下,调节 R_1,使光点稳定在标尺两极限分度线左右(左 50 或右 50 处),按下列公式计算电流分度值

$$C_I = \frac{I \times R_s}{\alpha(R_g + R_2 + R_s)} \tag{3.74}$$

式中　I—— 输入电流(A);
　　　R_s—— 标准电阻额定值(Ω);
　　　α—— 检流计光点由零位向两边所偏转的分度平均值;
　　　R_g—— 被测检流计内阻(Ω);

R_2——检流计外临界电阻(Ω)。

然后,使检流计依次稳定在标度尺的 1/2 和 1/4 处,并读出它们所需要的电流值,再按上式计算检流计分度值。

③ 阻尼时间测定。预先调整检流计光点为满偏度,然后断开电源。阻尼时间的计算,从电源断开起,到光离零位不超过 1 分度为止。此项测定必须使检流计在临界状态下进行。

四、直流稳压电源

化学实验中,大多数仪器和仪表常采用直流电源,它通常是用整流器把交流电变换而成的。由于交流电网 220 V 往往不稳定,低时只有 180 V,高时可达 240 V,因而为了整流后得到一稳定的直流输出电压,实验室中直流电源一般采用直流稳压电源。

1. 直流稳压电源的原理

常采用串联负反馈电路的稳压电源。电路中,将一个可变电阻 R 和 R_{fx} 串联,通过改变 R 两端的压降来实现稳压的目的,如图 3.58(a) 所示。

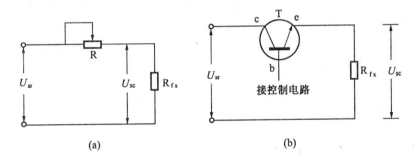

图 3.58　最简单的稳压方法

当输入电压 U_{sr} 增加时,若将可变电阻 R 的阻值增加,可将输入电压 U_{sr} 的增加量全部承担下来,使输出电压能维持不变。当输入电压 U_{sr} 不变,而负载电流增加时,可相应减小 R 的阻值,使 R 上的压降不变,维持输出电压不变。这就是串联型晶体管直流稳压电源稳压的基本原理。

若用晶体管 T 代替可变电阻 R,如图 3.58(b) 所示,则阻值的改变利用负反馈的原理,即以输出电压的变化量控制晶体管集电极与发射极之间的电阻值。由于该晶体管作调整用,故称为调整管。这种将调整管与负载串联的稳定电源,称为串联型晶体管稳压电源。

2. 稳压电源的主要技术指标

稳压电源的指标可分为两部分:一部分是特性指标,如输出电流、输出电压及电压调节范围;另一部分是质量指标,反映了稳压电源的优劣,包括稳定度、等效电阻(输出电阻)、纹波电压及温度系数等。质量指标的含义如下:

(1) 由于输入电压变化而引起输出电压变化的程度用稳定度指标来表示,常用两种量度表示。

① 稳压系数 S。当负载不变时,输出电压的相对变化量与输入电压的相对变化量之比,即

$$S = \frac{\left(\dfrac{\Delta U_{sc}}{U_{sc}}\right)}{\left(\dfrac{\Delta U_{sr}}{U_{sr}}\right)} = \frac{\Delta U_{sc}}{\Delta U_{sr}} \frac{U_{sr}}{U_{sc}} \tag{3.75}$$

S 值的大小反映了稳压电源克服输入电压变化的能力。通常 S 约为 $10^{-2} \sim 10^{-4}$。

② 电压调整率。当输入电网电压波动为 $\pm 10\%$ 时，输出电压量的相对变化量 $\dfrac{\Delta U_{sc}}{U_{sc}}$ 的值一般为 $\left|\dfrac{\Delta U_{sc}}{U_{sc}}\right| \leqslant 0.1\%$，甚至为 0.01%。

(2) 由于负载变化而引起输出电压的变化，常用以下两种量度表示。

① 等效内阻 r_n（输出电阻）。它表示输出电压不变化时，由于负载电流变化 ΔI_{fz} 引起输出电压变化 ΔU_{sc}，则

$$r_n = -\frac{\Delta U_{sc}}{\Delta I_{fz}} \ (\Omega) \tag{3.76}$$

② 电流调整率。用负载电流 I_{fz} 从零变到最大时输出电压的相对变化 $\dfrac{\Delta U_{sc}}{U_{sc}}$ 来表示。

(3) 最大纹波电压是 50 Hz 或 100 Hz 的交流分量，通常用有效值或峰值表示。

(4) 温度系数。即使输入电压和负载电流都不变，由于环境温度的变化，也会引起输出电压的漂移，一般用温度系数 K_T 表示，即

$$K_T = \frac{\Delta U}{T}\bigg|_{\Delta U_{sr}=0,\Delta I_{fz}=0} \ \text{V}\cdot\text{℃}^{-1} \tag{3.77}$$

五、示波器

示波器是用来观察被模拟成电信号的各种物理图像的一种电子仪器，其详细结构在此不作介绍。

1. 示波器显示波形原理

如果在 Y 偏转板上加被测信号，X 偏转板上加锯齿形扫描电压（图 3.59(a)）。由于锯齿波电压是在一定范围内与时间成正比的线性电压，因此 X 轴被模拟成时间轴。当电子束进入偏转区后，同时受到 Y 方向和 X 方向偏转电压的作用，则在荧光屏上显示出被测信号电压随时间变化的波形图。图 3.59(b) 为 Y 偏转板上加上简谐波电压，X 偏转板上加上锯齿波电压所显示的波形合成图。当简谐波电压周期 T_Y 与扫描电压周期 T_X 完全相等时，简谐波电压变化一个周期，光点正好扫描一次，所以电子束在每一个扫描周期里能在荧光屏上描绘出一个周期的简谐波电压波形。每次扫描的图形完全重合，荧光屏显示的波形清晰稳定。当扫描电压周期为简谐波电压周期的2倍（$T_X = 2T_Y$）时，则屏上显示出两个周期的简谐波电压波形。当扫描电压周期为简谐波电压周期 n 倍时，荧屏上显示 n 个周期的简谐波电压波形，如图 3.60(a)、(b)、(c) 所示。如果 T_X 与 T_Y 之间不是整数倍关系，显示波形便出现移动和重叠现象，无法在荧光屏上观察到清晰稳定的波形。由于扫描电压与被测信号电压来自两个不同信号源，周期间的整数倍关系不可能在长时间内保持相对稳定，因此，即使一开始正好是整数倍关系，但稍后在屏上将出现波形移动和重叠的现象，如图

3.60(d)、(e)所示。

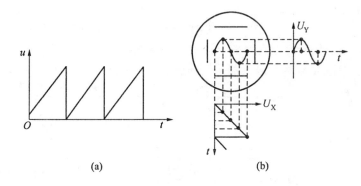

图 3.59　波形图

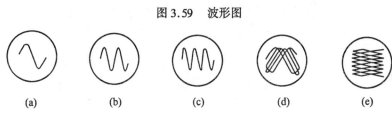

图 3.60　波形图

为了能清晰地观察被测信号,必须设法强迫扫描电压的周期与被测信号的周期成简单整数倍关系,这种作用在习惯上称同步。在示波器中实现这一功能的电路称同步电路。

Y轴放大器用来放大被观察信号,X轴放大器用来放大锯齿波形信号或调轴输入信号,以保证Y偏转板与调偏转板有足够的偏转电压。为了使示波器既能观察微弱信号,也能观察强信号,Y轴和X轴放大器的放大倍数都可以调节,并且放大器前面装有一组由电阻、电容组成的补偿衰减器,用来衰减强信号,使强信号通过放大器后不失真。示波器的Y轴和X轴都具有很高的输入阻抗,因此示波器对被测信号电路影响很小。

2.示波器面板上各旋钮的作用

图3.61是较简单的示波器面板图,将各旋钮的作用简要分述如下。

(1) 电源开关。接通电源后,指示灯发出柔和红光。

(2) 辉度。控制屏幕上光迹的亮度,顺时针方向旋转亮度增加,反之,则减弱亮度。光点在屏幕某一位置停留时间较长时,不宜开亮,否则将损坏这一部分的荧光材料。

(3) 聚焦。控制光点聚焦,聚焦良好时,光点应为一清晰的小圆点。在每次改变辉度后,都需要重新调整聚焦。

(4) 辅助聚焦。辅助聚焦使光点成为一小圆点。

(5) Y轴位移。控制荧光屏上Y(垂直)方向光迹位置。顺时针旋转向上移动,反之则向下移动。

(6) X轴移位。控制荧光屏上X(水平)方向光迹位置。顺时针旋转向右移动,反之则向左移动。

(7) 衰减。衰减分1、10、100三挡,供选择适当的偏转电压。在"∞"位置时,机内试验电压直接从Y轴输入端送入。

（8）微调。控制 Y 轴方向光迹的长度，顺时针旋转时光迹增长，反之，则光迹减短，显示光迹长度控制在 4 cm 左右。

（9）DC、AC。DC、AC 为 Y 轴放大器的耦合开关。置 DC 时，被测信号直接送到 Y 轴放大器；在 AC 时，则被测信号经电容器耦合送到 Y 轴放大器。

（10）平衡。校准 Y 轴直流放大器平衡输出。

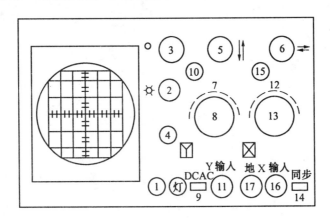

图 3.61　示波器面板示意图

（11）Y 输入。被测信号从 Y 轴输入的接线柱。

（12）扫描范围。锯齿形扫描频率范围变换开关。TVT 和 TVH 分别为电视场频和行频扫描。在"外接"时，扫描发生器停止工作，信号可经"X 输入"接线柱送入 X 轴放大器。

（13）微调／相位。置"同步内"时，作为扫描频率微调控制器。例如"扫描范围"开关置于"10～100"时，则控制器自左至右旋转时，频率变化约在 10～100 Hz。当置于"同步电源"时，起相位调节作用。

（14）同步（内、电源）。控制扫描发生器的同步方式，置"内"时，同步信号自 Y 轴直接送至扫描发生器；置"电源"时，则由电源频率信号输入 X 轴放大器。

（15）增益。控制 X 轴方向光迹的长度，顺时针旋转时光迹增长，反之，则光迹减短。显示光迹长度控制在 6 cm 内。

（16）X 输入。被测信号从 X 轴输入的接线柱。

（17）地公共端的接线柱。

六、电子电位差计

化学实验中常用的各种型号的记录仪一般属于自动平衡测量电路。自动平衡测量电路主要是指各种自动平衡桥式测量电路和自动补偿式测量电路。其共同特点是，被测电参量总是被测量电路中一个能自动跟随的可变标准电参量所平衡或补偿，从这个标准电参量跟随的位置（机械直线移位），即能测这被测电参量的数值，加上附加的机械机构，进行自动记录。记录仪也称做电子电位差计。

1. 电子电位差计基本原理

电子电位差计以补偿法（或叫零值法）作为测量的基本原理。补偿就是以已知量与被测量通过某种方式进行抵消(或叫平衡)。比如说,用天平称量物体的质量,就是把已知的砝码放在杠杆的一端,而把被测物放在杠杆的另一端,如果被测物的质量与砝码质量相等,那么天平将处在平衡的位置,此时天平的指针将指在零,也就是砝码的质量抵消了被测物的质量;电子电位差计抵消的不是质量,是电动势。

电子电位差计以热电偶作为变送器,用来自动测量、记录和控制温度。热电偶产生的电势很小(0.001～60 mV 之间),测量系统就是用来补偿这些微小电势的装置。

图 3.62 是电子电位差计原理的示意图。电子电位差计的滑动电阻上提供一个标准参考电压,热电偶与电位差计反向串接后输入放大器,如果热电偶电动势未被标准参考电压补偿,则就产生一个失衡电压信号,并被放大器放大。放大器的输出驱动可逆电机旋转,其旋转方向决定于失衡电压的极性。电动机转轴通过一组线轮,同步地带动电位差计上的滑动触点和显示记录系统的记

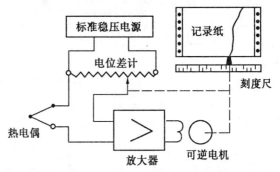

图 3.62　电子电位差计原理示意图

录笔。当滑动触点滑到使标准参考电压与热电偶电动势补偿的位置时,失衡电压消失,可逆电机停止转动,滑动触点停止移动,这个标准参考电压值被同步移动的记录笔在记录纸上记录下来。由于记录纸是被另一组同步电机系统带动,其速率是恒定的。记录纸的横坐标就成了时间轴,纵坐标是以 mV 为单位的电压轴,因此电子电位差计可以把温度(或电压)随时间的变化曲线自动地描绘下来。

2. 注意事项

(1) 电子电位差计有 5 mV 与 10 mV 等几种类型,因此应根据需要选择。如果被测电参量超过仪器的量程,可以外接电阻,扩大其测量范围。

(2) 按仪表背面接线端板规定位置接线,注意"相"、"中"线位置不可接错,标"220 V"为相线端,"0"为中线端。输入信号屏蔽线接"P"端,且要良好接地。

(3) 选择适当的记录纸走速。

(4) 加墨水时,取下墨水瓶,取下墨水瓶塑料盖,用针筒吸取墨水,注入墨水瓶。在加墨水时不要取下和笔尖连通的塑料管,加完墨水后,用洗耳球在塑料吹气口加压,把墨水从笔尖压出一小滴。如果吹不出,可能笔尖堵塞。卸下笔尖,浸泡在酒精中,用细金属丝疏通。

(5) 灵敏度与阻尼调整。灵敏度太高,仪表指针产生抖动;灵敏度太低,在相当大的区域内记录笔都能停下来(用手拨动记录笔架感到无力),可调节放大器上灵敏度电位器来调整灵敏度。用手轻轻拨动记录笔架使之移动几毫米,然后徐徐放开,数十秒后记下线条,反向再作一次,两次记录线之间距离不超过 0.5 mm 即可。

阻尼调整不当,有过阻尼现象,则记录笔行动过于缓慢(尤其在接近平衡位置时);欠阻尼则摇动次数增加,甚至停不下来,这时可以拨动阻尼电位器进行调节。

(6) 在运转过程中,如果出现记录笔运走不匀,有跳跃现象,则应该用丙酮洗涤滑线电阻铜杆,必要时可用细砂纸轻擦。

七、自动平衡记录仪

较常见的自动平衡记录仪有电子电位差计与电子自动平衡电桥两种，它们的原理示意图如图 3.63 和图 3.64 所示。前者是直接测量电位差的，后者是直接测量电阻的。

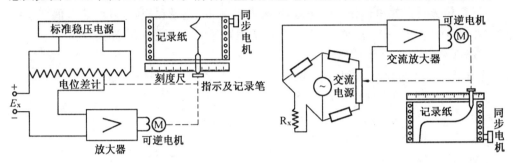

图 3.63　电子电位差计原理示意图　　图 3.64　电子自动平衡电桥原理示意图

下面主要介绍电子电位差计的原理及使用。标准稳压电源在电位差计的滑线电阻上提供一个标准参考电压，被测电压 E_x 与电位差计反相串联后接到放大器输入端。如果被测电位差未被滑线电阻引出的部分参考电压补偿，则会产生一个失衡电压信号，并被放大器放大。放大器的输出驱动可逆电机旋转，其旋转方向取决于失衡电压的正方向。可逆电机的转轴通过一组线轮同步地带动电位差计上的滑动触点和显示系统的记录笔。当滑动触点滑到从滑线电阻上引出的电位差补偿了被测电位差时，失衡电压消失，可逆电机停止旋转，滑动触点停止移动，从滑线电阻引出的电位差被同步移动的记录笔指示和记录下来。由于记录纸被另一组同步电机系统拖动，其速度恒定时，记录纸的纵向就成为时间轴。横向为以毫伏为单位的电位差轴，故电子电位差计可自动记录被测电位差随时间变化的曲线。

LM – 14 – Y(t)中型台式自动平衡记录仪简介如下。

此型号记录仪是用来测量记录电压讯号的仪表，其特点为反应速度快(0.5 s 满幅)，量程范围广(1 mV ~ 2 V，分 11 挡)，走纸速度选择挡数多(4.8 ~ 60 cm·min^{-1}，分 13 挡)，还可外接脉冲信号控制驱动记录纸，实现同步记录。此仪表记录误差为 ± 0.5%，走纸精度为 ± 1%。LM – 14 – Y(t)264 型记录仪为双笔记录，可同时记录两个电位差讯号，其外形如图 3.65 和图 3.66 所示。

操作方法如下。

(1) 将 220 V 电源线接在仪表背面的电源插座上，把讯号引线插头插入红、蓝讯号插座(记录一个讯号时可只插一个)，装好记录纸。

(2) 打开电源开关。将输入讯号线短路，打开记录笔开关。估计所测讯号的大小和零点的位置。把量程选择旋钮转到适当位置，调节零位电位器，使记录笔移至要求的零位。

(3) 接上所测讯号。调解分时开关及纸速调挡旋钮，选择所需走纸速度(刻度以内挡刻度为准)。将走纸的内外开关扳至"内"，此时可见记录纸开始移动。

(4) 取下记录笔的塑料套，按下抬笔扳手，即可正常工作。

本仪表可用外部讯号控制记录纸速度，操作方法见该仪表使用说明书。

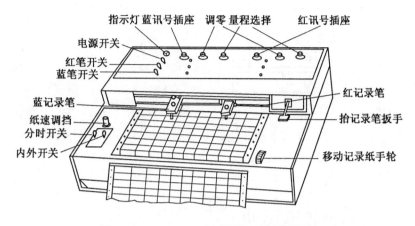

图 3.65　LM-14-Y(t)中型记录仪外形图

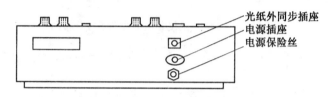

图 3.66　LM-14-Y(t)中型记录仪背面图

XWC-300 多点自动平衡记录仪简介如下。

XWC 系列大型长图自动平衡记录仪是电子电位差计，有单笔、双笔和多点之分。当它们与各种标准分度的热电偶配套使用以测量温度时，仪表可直接以温度作标度。不同类型热电偶的热电势不同，记录仪必须和热电偶相匹配。XWC-300 是多点记录仪，又分 6 点和 12 点两种。它们采用周期循环打点方式指示记录，可同时记录 6 个或 12 个温度值。各点温度记录用不同颜色以示区别。该机配有热电偶冷端温度自动补偿电阻 R_w，因此可将热电偶冷端直接接在输入讯号板上，仪表接线在仪表背面，其形式见图 3.67。

1 号端电子板是接电源的。标志牌上 220 为相线端子，0 为中线端子，不可接错。输入讯号接 6 号端子板，热电偶冷端直接接在该端子板上。注意热电偶的正、负极。为防止外界干扰，输入讯号线和电源线分别由仪表两侧的穿孔引到端子板上。输入讯号线若用有屏蔽层的软导线时，屏蔽层接在 P 点。

八、44B 型双联电解分析仪

44B 型双联电解分析仪是应用电解分析法来分析有色金属的成套装置（见图 3.68）。仪器上面有两个电解装置，各个电解装置是分立的，各有一套调节电流装置及电流和电压指示仪表，可同时进行两种溶液的电解，亦可使用其中一个。搅拌装置是在电解杯托盘下面装有电磁搅拌器。仪器共有两联，除公用电源及电源开关外，每联都有单独使用的电源与调节器。

44B 型双联电解分析仪的使用方法：

（1）开启电源总开关，当开关柄与上面的指示灯"ZD"成直线时，灯即明亮，表示电源

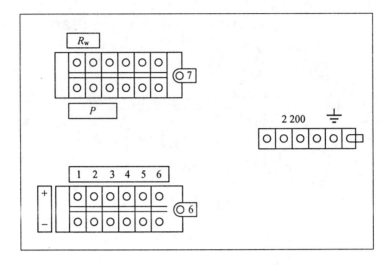

图 3.67 6 点记录仪背面接线端子板分布图

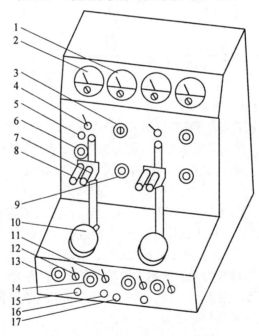

图 3.68 44B 双联电解分析仪面板图
1—电流表;2—电压表;3—电流表开关;4—电压表开关;5—指示灯;6—总电源开关;7、8—电极安装柱;9—电解电流调节;10—电热板;11—搅拌开关;12—加热开关;13—加热器调节;14—调速器;15—指示灯;16—电热器电源;17—电阻丝

已接通,各联都可以使用,开关的旋转方向不限。

(2) 接好电极后,用电流表开关来控制转换电解电流的方向。当开关柄的矢号指向"正"时,电流方向与电极安装板上的"+"、"-"标记相同,当开关柄的矢号指向"反"时,电流方向与电极安装板上的"+"、"-"标记相反,当开关柄的矢号指向"关"时,则电解电源切断。

(3) 将电解液安放好后插入电极,开启电压表开关,电解即开始,调节电解电流调节器9,使电解电流强度与电极分电压达到需要值。

(4) 在电解液中放入搅拌磁子,启动搅拌开关,并用搅拌调速器调节搅拌的速度。使用时,转速要自"慢"渐增到符合要求,否则"搅拌棒"会不能适应而接近停止旋转,此时必须降低转速,到"搅拌棒"能正常转动后再逐渐增加转速。

(5) 根据需要可开启加热开关,电热器电源,即接通电源,指示灯亮,并用加热调节器来调节以达到使用要求。

(6) 电解完毕,慢慢取出电极并冲洗,再断开电源。

第四篇 附 录

附录 I 物理化学实验常用数据表

表 4.1 国际单位制的基本单位

量的名称	单位名称	单位符号
长度	米	m
质量	千克(公斤)	kg
时间	秒	s
电流	安[培]	A
热力学温度	开[尔文]	K
物质的量	摩[尔]	mol
发光强度	坎[德拉]	cd

表 4.2 国际单位制的辅助单位

量的名称	单位名称	单位符号
平面角	弧度	rad
立体角	球面度	sr

表 4.3 国际单位制的一些导出单位

物理量	名称	代号（国际）	代号（中文）	用国际制基本单位表示的关系式
频率	赫兹	Hz	赫	s^{-1}
力	牛顿	N	牛	$m \cdot kg \cdot s^{-2}$
压力	帕斯卡	Pa	帕	$m^{-1} \cdot kg \cdot s^{-2}$
能、功、热	焦耳	J	焦	$m^2 \cdot kg \cdot s^{-2}$
功率、辐射通量	瓦特	W	瓦	$m^2 \cdot kg \cdot s^{-3}$
电量、电荷	库仑	C	库	$s \cdot A$
电位、电压、电动势	伏特	V	伏	$m^2 \cdot kg \cdot s^{-3} \cdot A^{-1}$
电容	法拉	F	法	$m^{-2} \cdot kg^{-1} \cdot s^4 \cdot A^2$
电阻	欧姆	Ω	欧	$m^2 \cdot kg \cdot s^{-3} \cdot A^{-2}$
电导	西门子	s	西	$m^{-2} \cdot kg^{-1} \cdot s^3 \cdot A^2$
磁通量	韦伯	Wb	韦	$m^2 \cdot kg \cdot s^{-2} \cdot A^{-1}$
磁感应强度	特斯拉	T	特	$kg \cdot s^{-2} \cdot A^{-1}$
电感	亨利	H	亨	$m^2 \cdot kg \cdot s^{-2} \cdot A^{-2}$
光通量	流明	lm	流	$cd \cdot sr$
光照度	勒克斯	lx	勒	$m^{-2} \cdot cd \cdot sr$
粘度	帕斯卡秒	Pa·s	帕·秒	$m^{-1} \cdot kg \cdot s^{-1}$

续表

物理量	名称	代号 国际	代号 中文	用国际制基本单位表示的关系式
表面张力	牛顿每米	N/m	牛/米	$kg \cdot s^{-2}$
热容、熵	焦耳每开	J/K	焦/开	$m^2 \cdot kg \cdot s^{-2} \cdot K^{-1}$
比热容	焦耳每千克每开	J/(kg·k)	焦/(千克·开)	$m^2 \cdot s^{-2} \cdot K^{-1}$
电场强度	伏特每米	V/m	伏/米	$m \cdot kg \cdot s^{-3} \cdot A^{-1}$
密度	千克每立方米	kg/m^3	千克/米^3	$kg \cdot m^{-3}$

表 4.4 国际制词冠

因数	词冠	名称	词冠符号	因数	词冠	名称	词冠符号
10^{12}	tera	(太)	T	10^{-1}	deci	分	d
10^9	giga	(吉)	G	10^{-2}	centi	厘	c
10^6	mega	(兆)	M	10^{-3}	milli	毫	m
10^2	kilo	(千)	k	10^{-6}	micro	微	μ
10^2	hecto	(百)	h	10^{-9}	nano	纳	n
10^1	ceca	(十)	da	10^{-12}	pico	皮	p
				10^{-15}	femto	飞	f
				10^{-18}	atto	阿	a

表 4.5 单位换算表

单位名称	符号	拆合 SI 单位制	单位名称	符号	折合 SI 单制
力的单位			1 标准大气压	atm	= 101324.7 N/m^2(Pa)
1 公斤力	kgf	= 9.806 65 N	1 毫米水高	mmH_2O	= 9.80 665 N/m^2(Pa)
1 达因	dyn	= 10^{-5}N	1 毫米汞高	mmHg	= 133.322 N/m^2(Pa)
黏度单位			功能单位		
泊	P	= 0.1 $N \cdot s/m^2$	1 公斤力·米	kgf·m	= 9.806 65 J
厘泊	CP	= $10^{-3} N \cdot s/m^2$	1 尔格	erg	= 10^{-7} J
压力单位			升·大气压	1·atm	= 101.328 J
毫巴	mbar	= 1 00 N/m^2(Pa)	1 瓦特·小时	W·h	= 3 600 J
1 达因/厘米^2	dyn/cm^2	= 0.1 N/m^2(Pa)	1 卡	cal	= 4.186 8 J
1 公斤·力/厘米^2	$kg \cdot f/cm^2$	= 98 066.5 N/m^2(Pa)	功率单位		
			1 公斤力·米/秒	kgf·m/s	= 9.806 65 W
1 工程大气压	af	= 98 066.5 O/m^2(Pa)	1 尔格/秒	erg/s	= -10^{-7} W
			电磁单位		
1 大卡/小时	kcal/h	= 1.163 W	1 伏·秒	V·s	= 1 Wb
1 卡/秒	cal/s	= 4.186 8 W	1 安·小时	A·h	= 3 600 C
比热容单位			1 德拜	D	= 3.334×10^{-30} C·m
1 卡/(克·度)	cal/(g·℃)	= 4 186.8 J/(kg·℃)	1 高斯	G	= 10^{-4}T
1 尔格/(克·度)	erg/(g·℃)	= 10^{-4} J/(kg·℃)	1 奥斯特	Oe	= $(1 000/4\pi)$A

表 4.6 物理化学常数

常数名称	单位符号	数 值	单位(SI)	单位(cgs)
真空光速	c	2.997 924 58	10^8 米·秒$^{-1}$	10^{10} 厘米·秒$^{-1}$
基本电荷	e	1.602 189 2	10^{-10} 库仑	10^{-20} 厘米$^{\frac{1}{2}}$·克$^{\frac{1}{2}}$
阿佛加特罗常数	N_A	6.022 045	10^{23} 摩$^{-1}$	10^{23} 克分子$^{-1}$
原子质量	m	1.660 565 5	10^{-27} 千克	10^{-24} 克
电子静质量	m_e	9.109 534	10^{-31} 千克	10^{-23} 克
质子静质量	m_p	1.672 648 5	10^{-21} 千克	10^{-24} 克
法拉第常数	F	9.648 456	10^4 库仑·摩$^{-1}$	10^3 厘米$^{\frac{1}{2}}$·克$^{\frac{1}{2}}$·克分子$^{-1}$
普朗克常数	h	6.626176	10^{-34} 焦耳·秒	10^{-27} 尔格·秒
电子质荷比	e/m_e	1.758 804 7	10^{11} 库仑·千克$^{-1}$	10^7 厘米$^{\frac{1}{2}}$·克$^{-\frac{1}{2}}$
里德堡常数	R_∞	1.097 373 177	10^7 米$^{-1}$	10^5 厘米$^{-1}$
玻尔磁子	μ_H	9.274 078	10^{-24} 焦耳·特$^{-1}$	10^{21} 尔格·高斯$^{-1}$
气体常数	R	8.314 41	焦耳·度$^{-1}$·摩$^{-1}$	10^7 尔格·度$^{-1}$·克分子$^{-1}$
		1.897 2		卡·度$^{-1}$·克分子$^{-1}$
		0.082 056 2		升·大气压·克分子$^{-1}$·度$^{-1}$
玻尔兹曼常数	k	1.380 662	10^{-23} 焦耳·度$^{-1}$	10^{-16} 尔格·度$^{-1}$
万有引力常数	G	6.6720	10^{-11} 牛顿·米^2·千克$^{-2}$	10^{-8} 达因·厘米^2·克$^{-2}$
重力加速度	g	9.806 5	米·秒$^{-2}$	10^2 厘米·秒$^{-2}$

表 4.7 纯水的蒸气压

$t/℃$	p/Pa	$t/℃$	p/Pa	$t/℃$	p/Pa	$t/℃$	p/Pa
−15.0	191.5	−7.0	362.0	1.0	656.7	9.0	1 147.8
−14.0	208.0	−6.0	390.8	2.0	705.8	10.0	1 228
−13.0	225.5	−5.0	421.7	3.0	757.9	11.0	1 312
−12.0	244.5	−4.0	454.6	4.0	813.4	12.0	1 402.3
−11.0	264.9	−3.0	489.7	5.0	872.3	13.0	1 797.3
−10.0	286.5	−1.0	527.4	6.0	935.0	14.0	1 598.1
−9.0	310.1	−0.0	567.7	7.0	1 001.6	15.0	1 704.92
−8.0	335.2	0.0	610.5	8.0	1 072.6	16.0	1 817.7

续表

$t/℃$	p/Pa	$t/℃$	p/Pa	$t/℃$	p/Pa	$t/℃$	p/Pa
17.0	1 973.2	50.0	12 333	83.0	53 408	116	174 644
18.0	2 063.4	51.0	12 959	84.0	55 568	117	180 378
19.0	2 196.74	52.0	13 611	85.0	57 808	118	186 275
20.0	2 337.8	53.0	14 292	86.0	60 144	119	192 334
21.0	2 486.6	54.0	15 000	87.0	62 488	120	198 535
22.0	2 643.47	55.0	15 737	88.0	64 941	121	204 889
23.0	2 808.82	56.0	16 505	89.0	67 474	122	211 459
24.0	2 983.34	57.0	17 308	90.0	70 095	123	218 163
25.0	3 167.2	58.0	18 142	91.0	72 800	124	225 022
26.0	3 360.91	59.0	19 012	92.0	75 592	125	232 104
27.0	3 564.9	60.0	19 916	93.0	78 473	126	239 329
28.0	3 779.5	61.0	20 856	94.0	81 338	127	246 756
29.0	4 005.4	62.0	21 834	95.0	84 513	128	254 356
30.0	4 242.8	63.0	22 849	96.0	87 675	129	262 158
31.0	4 492.38	64.0	23 906	97.0	90 935	130	270 124
32.0	4 754.7	65.0	25 003	98.0	94 295	135	312 941
33.0	5 053.1	66.0	26 143	99.0	97 770	140	361 425
34.0	5 319.38	67.0	27 326	100.0	101 324	145	415 533
35.0	5 489.5	68.0	28 554	101.0	104 734	150	476 024
36.0	5 941.2	69.0	29 828	102.0	108 732	155	543 405
37.0	6 275.1	70.0	31 157	103.0	112 673	160	618 081
38.0	6 625.0	71.0	32 517	104.0	116 665	165	700 762
39.0	6 986.3	72.0	33 743	105.0	120 799	170	792 055
40.0	7 375.9	73.0	35 423	106.0	125 045	175	892 468
41.0	7 778	74.0	36 956	107.0	129 402	180	1 002 608
42.0	8 199	75.0	38 543	108.0	133 911	185	1 123 083
43.0	8 639	76.0	40 183	109.0	138 511	190	1 255 008
44.0	9 101	77.0	41 916	110	143 263	195	1 398 383
45.0	9 583.2	78.0	43 636	111	148 147	200	1 554 423
46.0	10 086	79.0	45 462	112	153 152	205	1 723 865
47.0	10 612	80.0	47 342	113	158 309	210	1 907 235
48.0	11 163	81.0	49 289	114	163 619	215	2 105 528
49.0	11 735	82.0	51 315	115	169 049		

摘自 RCBERT C,WCAST. CRC Handbook of Chemistry and Physics. 63th ed. 1982～1983:197.

表 4.8　水在不同温度下的折射率、黏度和介电常数

温度 ℃	折射率 n_D	黏　度[①]η $10^3(kg \cdot m^{-1} \cdot s^{-1})$	介电常数[②] ε
0	1.333 95	1.7702	87.74
5	1.333 88	1.5108	85.76
10	1.333 69	1.3039	83.83
15	1.333 39	1.137 4	81.95
20	1.333 00	1.001 9	80.10
21	1.332 90	0.976 4	79.73
22	1.332 80	0.953 2	79.38
23	1.332 71	0.931 0	79.02
24	1.332 61	0.910 0	78.65
25	1.332 50	0.890 3	78.30
26	1.332 40	0.870 3	77.94
27	1.332 29	0.851 2	77.60
28	1.332 17	0.832 8	77.24
29	1.332 06	0.814 5	76.90
30	1.331 94	0.797 3	76.55
35	1.313 31	0.719 0	74.83
40	1.330 61	0.652 6	73.15
45	1.329 85	0.597 2	71.51
50	1.329 04	0.546 8	69.91
55	1.328 17	0.504 2	68.35
60	1.327 25	0.466 9	66.82
65		0.434 1	65.32
70		0.405 0	63.86
75		0.379 2	62.43
80		0.356 0	61.03
85		0.335 2	59.66
90		0.316 5	58.32
95		0.299 5	57.01
100		0.284 0	55.72

摘自 JOHN A, Dean. Lange's Handbook of Chemistry. 13th ed. 1985:10-99.

表 4.9 几种有机物质的蒸气压

物质的蒸气压 p Pa 按下式计算

$$\lg p = A - \frac{B}{C+t} + D$$

式中 A、B、C——常数；

t——为温度(℃)；

D——压力单位的换算因子，其值为 2.124 9。

名 称	分子式	适用温度范围 ℃	A	B	C
四氯化碳	CCl$_4$		6.879 26	1 212.021	226.41
氯仿	CHCl$_3$	−30 ~ 150	6.903 28	1 163.03	227.4
甲醇	CH$_4$O	−14 ~ 65	7.897 50	1 474.08	229.13
1,2−二氯乙烷	C$_7$H$_4$Cl$_2$	−31 ~ 99	7.025 3	1 271.3	222.9
醋酸	C$_7$H$_4$O$_2$	0 ~ 36	7.803 07	1 651.2	225
		36 ~ 170	7.188 07	1 416.7	211
乙醇	C$_2$H$_5$O	−2 ~ 100	8.321 09	1 718.10	237.52
丙醇	C$_3$H$_6$O	−30 ~ 150	7.024 47	1 161.0	224
异丙醇	C$_3$H$_8$O	0 ~ 101	8.117 78	1 580.92	219.61
乙醇乙酯	C$_4$H$_9$O$_2$	−20 ~ 150	7.098 08	1 238.71	217.0
正丁醇	C$_4$H$_{10}$O	15 ~ 131	7.476 80	1 362.39	178.77
苯	C$_6$H$_6$	−20 ~ 150	6.906 61	1 211.033	220.790
环己烷	C$_6$H$_{12}$	20 ~ 81	6.841 30	1 201.53	222.65
甲苯	C$_7$H$_3$	−20 ~ 150	6.954 64	1 344.80	219.482
乙苯	C$_6$H$_{10}$	−20 ~ 150	6.957 19	1 424.251	213.206

摘自 John A, Dean. Lange's Handbook of Chemistry. 12th ed. 1979.

表 4.10 液体的折射率(25℃)

名 称	n_D^{25}	名 称	n_D^{25}
甲醇	1.326	氯仿	1.444
水	1.332 52	四氯化碳	1.459
乙醚	1.352	乙苯	1.493
丙酮	1.357	甲苯	1.494
乙醇	1.359	苯	1.498
醋酸	1.370	苯乙烯	1.545
乙酸乙酯	1.370	溴苯	1.557
正己烷	1.372	苯胺	1.583
厂醇−1	1.397	溴仿	1.587

摘自：Roberr C, Weast. Handbook of Chem. & Phys.. 63th. 1982 ~ 1983: E − 375.

表 4.11 不同温度下水的密度

$t/℃$	$\rho/(g \cdot mL^{-1})$	$t/℃$	$\rho/(g \cdot mL^{-1})$
0	0.99987	35	0.99406
3.98	1.000	38	0.99299
5	0.99999	40	0.990224
10	0.99973	45	0.99025
15	0.99913	50	0.98807
18	0.99862	55	0.98573
20	0.99823	60	0.98324
25	0.99707	65	0.98059
30	0.99667	70	0.97781
78	0.97489	90	0.96534
80	0.97183	95	0.96192
85	0.96865	100	0.95838

摘自：Roberr C, Weast. Handbook of Chem. & Phys.. 63th. 1982~1983: F-11.

表 4.12 有机化合物的密度

下列几种有机化合物之密度可用方程式

$$\rho_v = \rho_v + 10^{-3}\alpha(t-t_0) + 10^{-6}\beta(t-t_D)^2 + 10^{-9}\gamma(t-t_D)^3$$

来计算之。式中 ρ_D 为 $t=0℃$ 时之密度，单位为：$g \cdot cm^3$，$1\ g \cdot cm^3 = 10^3\ kg \cdot m^3$。

化合物	ρ_D	α	β	γ	温度范围
四氯化碳	1.63255	-1.9410	-0.690		0~40
氯仿	1.52643	-1.8563	-0.5605	-8.84	-53~+55
乙醚	0.73629	-1.1138	-1.237		0~70
乙醇	0.78506	-0.8591 ($t_D-25℃$)	-0.56	-5	
醋酸	1.0724	-1.1229	0.0058	-2.0	9~100
丙酮	0.84248	-1.100	-0.858		0~50
乙酸乙酯	0.92454	-1.168	-1.95	+20	0~40
环己烷	0.79707	-0.8879	-0.972	1.55	0~60

Internatiomal Criocal Tables of Numcrical Data. Physics. Chemistry and Technology Ⅲ

表 4.13 一些离子在水溶液中的摩尔离子电导（无限稀释）(25℃)

离子	$\dfrac{10^4\Lambda_-}{(S \cdot m^2 \cdot mol^{-1})}$	离子	$\dfrac{10^4\Lambda_-}{(S \cdot m^2 \cdot mol^{-1})}$	离子	$\dfrac{10^4\Lambda_-}{(S \cdot m^2 \cdot mol^{-1})}$	离子	$\dfrac{10^4\Lambda_-}{(S \cdot m^2 \cdot mol^{-1})}$
Ag^+	61.9	K^+	73.5	F^-	54.4	IO_4^-	40.5
Ba^{2+}	127.8	La^{3+}	208.8	ClO_3^-	64.4	IO_4^-	54.5
Be^{2+}	103	Li^+	38.69	ClO_1^-	67.9	NO_2^-	71.8
Ca^{2+}	118.4	Mg^{2+}	106.12	CN^-	78	NO_3^-	71.4
Cd^{2+}	108	NH_4^+	73.5	CO_3^{2-}	144	OH^-	198.6
Ce^{3+}	210	Na^+	50.11	$C_1O_4^{2-}$	170	PO_4^{3-}	207
Co^{2+}	106	Ni^{2+}	100	$Fe(CN)_8^{4-}$	444	SCN^-	66
Cr^{3+}	201	Pb^{2+}	142	$Fe(CN)_6^{3-}$	303	SO_3^{2-}	159.8
Cu^{2+}	110	Sr^{2+}	118.92	HCO_3^-	44.5	SO_4^{2-}	160
Fe^{2+}	108	Tl^2	76	HS^-	65	Ac^2	40.9
Fe^{3+}	204	Zn^{2+}	105.6	HSO_4^-	50	$C_2O_4^{2-}$	148.4
H^+	349.82			HSO_4^-	50	Br^-	73.1
Hg^+	106.12			I^-	76.8	Cl^-	76.35

* 各离子的温度系数除 $H^+(0.0139)$ 和 $OH^-(0.018)$ 外，均为 $0.02\ ℃^{-1}$。

摘自：John A, Dean. Lange's Haodbook of chemistry. 12th. 1979: 6~34.

表 4.14 铜－康铜热电偶的温度－毫伏当量表

工作温度	0	1	2	3	4	5	6	7	8	9
0	0	0.04	0.09	0.13	0.18	0.22	0.26	0.31	0.40	
10	0.44	0.49	0.53	0.58	0.62	0.67	0.71	0.76	0.80	0.85
20	0.89	0.94	0.98	1.03	1.07	1.12	1.17	1.21	1.26	1.30
30	1.35	1.40	1.44	1.49	1.53	1.58	1.63	1.67	1.72	1.76
40	1.81	1.85	1.90	1.95	2.00	2.05	2.09	2.14	2.19	2.23
50	2.28	2.33	2.38	2.42	2.47	2.52	2.57	2.62	2.67	2.72
60	2.76	2.81	2.86	2.90	2.95	3.00	3.05	3.10	3.14	3.19
70	3.24	3.30	3.34	3.39	3.44	3.49	3.54	3.59	3.64	3.69
80	3.74	3.79	3.84	3.89	3.94	3.99	4.04	4.09	4.14	4.19
90	4.24	4.29	4.34	4.39	4.44	4.50	4.55	4.60	4.65	4.70
100	4.75	4.80	4.85	4.91	4.96	5.01	5.06	5.11	5.17	5.22
110	5.27	5.32	5.37	5.43	5.48	5.53	5.58	5.63	5.69	5.74
120	5.79	5.84	5.90	5.95	6.00	6.06	6.11	6.17	6.22	6.28
130	6.33	6.38	6.44	6.49	6.55	6.60	6.65	6.71	6.76	6.82
140	6.87	6.93	6.98	7.04	7.09	7.15	7.20	7.26	7.31	7.37
150	7.42	7.48	7.53	7.59	7.64	7.70	7.75	7.81	7.87	7.92
160	7.98	8.04	8.09	8.15	8.20	8.26	8.32	8.37	8.43	8.48
170	8.54	8.60	8.66	8.71	8.77	8.83	8.89	8.95	9.00	9.06
180	9.12	9.18	9.24	9.29	9.35	9.41	9.47	9.53	9.58	9.64
190	9.70	9.76	9.82	9.88	9.94	10.00	10.05	10.11	10.17	10.23
200	10.29	10.35	10.41	10.47	10.53	10.60	10.66	10.72	10.78	10.874
210	10.90	10.96	11.02	11.08	11.14	11.21	11.27	11.33	11.39	11.45
220	11.51	11.57	11.63	11.69	11.76	11.82	11.88	11.94	12.01	12.07
230	12.13	12.19	12.25	12.31	12.37	12.44	12.50	12.56	12.62	12.68
240	12.74	12.80	12.86	12.92	12.99	13.05	13.11	13.17	13.24	13.30
250	13.36	13.42	13.48	13.54	13.61	13.67	13.73	13.79	13.86	13.92
260	13.98	14.04	14.10	14.16	14.23	14.29	14.35	14.41	14.48	14.54
270	14.61	14.67	14.73	14.80	14.86	14.92	14.99	15.05	15.11	15.18
280	15.24	15.30	15.36	15.42	15.48	15.55	15.61	15.67	15.73	15.80

续表

工作温度	0	1	2	3	4	5	6	7	8	9
290	15.86	15.92	15.93	16.04	16.11	16.17	16.23	16.29	16.36	16.24
300	16.49	16.55	16.62	16.68	16.75	16.81	16.88	16.95	17.01	17.07
310	17.13	17.20	17.26	17.33	17.40	17.46	17.53	17.59	17.01	17.07
320	17.78	17.85	17.91	17.98	18.04	18.11	18.17	18.24	18.30	18.36
330	18.42	18.49	18.55	18.62	18.68	18.75	18.81	18.88	18.94	19.01
340	19.07	19.14	19.20	19.27	19.34	19.40	19.47	19.53	19.60	19.66
350	19.73	19.80	19.86	19.93	20.00	20.06	20.03	20.20	20.26	20.33
360	20.40	20.47	20.54	20.61	20.67	20.74	20.81	20.88	20.94	21.01

表4.15 不同温度下水的表面张力 σ $\times 10^3 \mathrm{N \cdot m^{-1}}$

$t/℃$	σ	$t/℃$	σ	$t/℃$	σ	$t/℃$	σ
0	75.64	17	73.19	26	71.82	60	66.18
5	74.92	18	73.05	27	71.66	70	64.42
10	74.22	19	72.90	28	71.50	80	62.61
11	74.07	20	72.75	29	71.35	90	60.75
12	73.93	21	72.59	30	71.18	100	58.85
13	73.78	22	72.44	35	70.38	110	56.89
14	73.64	23	72.28	40	69.56	120	54.89
15	73.59	24	72.13	45	68.74	130	52.84
16	73.34	25	71.97	50	67.91		

引自:John A,Dean.Lange's Handbook of Chemistry.11th ed.1973.

表4.16 电解质水溶液的摩尔电导率(25℃) $\mathrm{S \cdot m^2 \cdot mol^{-1}}$

浓度 $(\mathrm{mol \cdot L^{-1}})$	电解质					
	$CuSO_4$	HCl	KCl	NaCl	NaOH	NaAc
0.1	0.005 0	0.039 1	0.012 8	0.010 6	—	0.007 2
0.05	0.005 9	0.039 9	0.013 3	0.011 1	—	0.007 6
0.02	0.007 2	0.040 7	0.013 8	0.011 5	—	0.008 1
0.01	0.008 3	0.041 2	0.014 1	0.011 8	0.023 8	0.008 3
0.005	0.009 4	0.041 5	0.014 335	0.012 06	0.024 08	0.008 572
0.001	0.011 5	0.042 1	0.014 695	0.012 374	0.024 47	0.008 85
0.000 5	0.012 1	0.042 2	0.014 781	0.012 450	0.024 56	0.008 92
0.000	0.013 3	0.042 6	0.014 986	0.012 645	0.024 78	0.009 10

表 4.17　77~84 K 时氧和氮的饱和蒸气压

Pa

温度/K		0	1	2	3	4	5	6	7	8	9
77	N_2	97 218.402	98 378.304	99 538.205	100 711.434	101 898.005	103 097.903	104 297.801	105 524.363	106 737.593	107 977.488
	O_2	19 728.900	20 024.964	20 304.916	20 592.916	20 898.224	21 204.864	21 514.171	21 846.143	22 164.783	22 490.088
78	N_2	109 230.715	110 497.274	111 777.165	113 043.724	114 336.947	115 656.835	116 963.391	118 283.278	119 603.166	120 949.718
	O_2	22 818.060	23 154.032	23 475.338	23 797.977	24 151.280	24 495.251	24 855.220	25 201.858	25 551.161	25 912.464
79	N_2	122 309.603	123 696.152	125 109.365	126 469.249	127 882.462	129 295.676	130 735.553	132 162.099	133 615.308	135 081.850
	O_2	26 277.766	26 644.402	27 020.370	27 391.005	27 773.639	28 170.939	28 546.907	28 940.207	29 337.506	29 740.139
80	N_2	136 561.725	138 041.599	139 548.137	141 081.340	142 574.547	144 094.418	145 667.617	147 227.485	148 800.648	150 373.884
	O_2	30 146.711	30 557.402	30 973.367	31 393.331	31 817.295	32 245.259	32 679.898	33 118.518	33 563.814	34 009.109
81	N_2	151 973.748	153 586.944	155 200.140	156 826.669	158 493.194	160 146.386	161 679.589	163 506.101	163 866.070	166 905.812
	O_2	34 461.071	34 918.365	35 380.992	35 847.619	36 320.912	36 796.872	37 279.498	37 770.123	38 254.081	38 752.706
82	N_2	168 638.998	170 372.184	172 118.702	173 825.224	175 651.735	177 438.250	179 251.429	181 051.276	182 877.787	184 730.963
	O_2	39 255.330	39 761.953	40 272.577	40 793.866	41 312.488	41 841.776	42 375.064	42 913.639	43 457.639	44 005.593
83	N_2	186 570.807	188 450.647	190 330.487	192 223.660	194 130.164	196 063.333	197 996.502	199 943.003	201 902.837	203 876.002
	O_2	44 560.212	45 122.831	45 688.116	46 256.068	46 836.019	47 419.969	48 007.919	48 602.535	49 201.151	49 807.776
84	N_2	205 875.832	207 875.662	209 902.157	211 928.651	213 981.810	216 034.969	218 114.792	220 207.947	222 301.103	224 420.923
	O_2	50 419.714	51 036.995	51 664.941	52 290.222	52 926.168	53 567.446	54 215.391	54 868.669	55 526.280	56 195.223

注：1 mmhg = 133.322 Pa。

附录Ⅱ 实验报告

为了方便学生书写实验报告,以下列出了通常选做的 12 个实验报告的框架(实验 1、2、7、8、9、10、13、14、16、18、21、22)供学生完成。完成后可在点划线处撕下,以便指导教师批阅。

物理化学实验报告

1 燃烧热的测定

姓　　名_____　　班号_____　　同组人_____
实验日期_____　　天气_____　　成　绩_____

成绩	预习	操作	卫生	纪律	报告	总分	指导教师	批改报告教师

一、实验目的

二、实验原理

三、实验仪器与药品

四、实验步骤

原始记录

（请不要涂改数据）

五、实验数据处理(列出详细计算步骤)

(1) 由标准物苯甲酸计算体系的热容(C),并与实测结果进行比较、讨论误差产生原因。

(2) 写出萘的燃烧反应式,并求萘的恒容燃烧热和恒压燃烧热。

(3) 写出蔗糖的燃烧反应式,并求蔗糖的恒容燃烧热和恒压燃烧热。

(4) 实验结论。

(5) 实验误差分析。

六、思考题
(1) 说明恒容燃烧热(Q_V)和恒压燃烧热(Q_p)的差别和相互联系。

(2) 在这个实验中，哪些是体系，哪些是环境？实验过程中有无热损耗？这些热损耗对实验结果有何影响？

(3) 加入内筒中水的温度为什么要选择比外筒水温低？低多少为合适？为什么？

(4) 实验中，哪些因素容易造成误差？如果要提高实验的准确度，应从哪几方面考虑？

七、对实验的建议

物理化学实验报告

2　Pb–Sn 体系相图的绘制

姓　名_____　　班号_____　　同组人_____
实验日期_____　　天气_____　　成　绩_____

成绩	预习	操作	卫生	纪律	报告	总分	指导教师	批改报告教师

一、实验目的

二、实验原理

三、实验仪器与药品

四、实验步骤

原始记录

(请不要涂改数据)

五、实验数据处理(列出详细计算步骤)

(1) 结合其他组的实验数据,绘制出 Pb – Sn 相图。

(2) 分析质量分数为 38.1%、70%、15% Pb 的步冷过程发生的相变。

(3) 实验结论。

(4) 实验误差分析。

六、思考题

(1) 是否可用加热曲线来作相图？为什么？

(2) 为什么要缓慢冷却合金作步冷曲线？

(3) 为什么坩埚中严防混入杂质？

七、对实验的建议

物理化学实验报告

7 化学平衡常数及分配系数的测定

姓　　名_____　　班号_____　　同组人_____

实验日期_____　　天气_____　　成　绩_____

成绩	预习	操作	卫生	纪律	报告	总分	指导教师	批改报告教师

一、实验目的

二、实验原理

三、实验仪器与药品

四、实验步骤

原始记录

（请不要涂改数据）

五、实验数据处理(列出详细计算步骤)

(1) 滴定消耗的 $Na_2S_2O_3$ 体积。

滴定消耗的 $Na_2S_2O_3$ 体积 V/mL	实验编号	①	②	③
	CCl_4 层			
	平均			
	H_2O 层			
	平均			

(2) 计算 25℃时,I_2 在四氯化碳和水层的分配系数 $R_{分}$。

(3) 计算 25℃时,反应的平衡常数 K_c。

(4) 实验结论。

(5) 实验误差分析。

六、思考题

(1) 配①、②、③各溶液进行实验的目的何在？根据实验的结果能否判断反应已达到平衡？

(2) 测定四氯化碳中 I_2 的浓度时,应注意什么？

七、对实验的建议

物理化学实验报告

8 液体饱和蒸气压的测定——静态法

姓　名_____　　　班号_____　　　同组人_____
实验日期_____　　　天气_____　　　成　绩_____

成绩	预习	操作	卫生	纪律	报告	总分	指导教师	批改报告教师

一、实验目的

二、实验原理

三、实验仪器与药品

四、实验步骤

原始记录

（请不要涂改数据）

五、实验数据处理(列出详细计算步骤)

(1) 实验数据处理。

$t/$ ℃	$T/$ K	$1/T/$ K^{-1}	$E_1/$ kPa	$E_2/$ kPa	$E/$ kPa	$p'/$ kPa	$p/$ kPa	$\lg p$

注意:$E = (E_1 + E_2)/2, p = p' - E, p'$ 为室内大气压

(2) 以蒸气压 p 对温度 T 作图,在图上均匀读取 8 个点,并列出相应表格,绘制 $\lg p \sim 1/T$ 图。

T/K								
p/kPa								
$1/T/K^{-1}$								
$\lg p$								

(3) 从直线 $\lg p - 1/T$ 上求出实验温度范围的平均摩尔汽化热及正常沸点。

(4) 以最小二乘法计算异丙醇蒸气压和温度关系式($\lg p = -B/T + A$)中的 A、B 值。

(5) 实验结论。

(6) 实验误差分析。从手册上查出异丙醇的正常沸点作为真值,计算相对误差。

六、思考题

(1) 本实验方法能否用于测定溶液的蒸气压,为什么?

(2) 温度愈高,测出的蒸气压误差愈大,为什么?

七、对实验的建议

物理化学实验报告

9 蔗糖水解

姓　　名＿＿＿＿＿＿　　班号＿＿＿＿＿＿　　同组人＿＿＿＿＿＿
实验日期＿＿＿＿＿＿　　天气＿＿＿＿＿＿　　成　绩＿＿＿＿＿＿

成绩	预习	操作	卫生	纪律	报告	总分	指导教师	批改报告教师

一、实验目的

二、实验原理

三、实验仪器与药品

四、实验步骤

原始记录

（请不要涂改数据）

五、实验数据处理(列出详细计算步骤)

(1) 在同一张图上绘出不同反应温度下的时间 t 对 $2.303\lg\dfrac{1}{\beta_t - \beta_\infty}$ 图,由直线斜率求反应速率常数。

(2) 根据公式 $k = \dfrac{2.303}{t}\lg\dfrac{\beta_0 - \beta_\infty}{\beta_t - \beta_\infty}$,求不同 t 时反应速率常数及其平均值。

(3) 根据公式 $\lg\dfrac{k_2}{k_1} = \dfrac{E_a}{2.303R}\left(\dfrac{1}{T_1} - \dfrac{1}{T_2}\right)$ 计算反应活化能。

(4) 求不同温度时的反应半衰期。

(5) 实验结论。

(6) 误差分析

六、思考题

(1) 旋光度 β_A 与哪些因素有关？实验中如何控制？

(2) β_0 如何测定？

(3) 恒温不严格控制行不行？为什么？取反应液时为什么要迅速注入事先冷却的试管中？

(4) 实验中反应开始与终止时间如何记录？为什么如此记录？

七、对实验的建议

物理化学实验报告

10 乙酸乙酯皂化反应速率常数的测定

姓　　名_____　　　班号_____　　　同组人_____
实验日期_____　　　天气_____　　　成　绩_____

成绩	预习	操作	卫生	纪律	报告	总分	指导教师	批改报告教师

一、实验目的

二、实验原理

三、实验仪器与药品

四、实验步骤

原始记录

（请不要涂改数据）

五、实验数据处理(列出详细计算步骤)

(1) 通过 25℃、35℃ 的 k 值,求活化能。

(2) 实验结论。

(3) 误差分析。

六、思考题

(1) 为何本实验要在恒温下进行？而且 NaOH 和 $CH_3COOC_2H_5$ 溶液混合前要预先恒温？

(2) 各溶液在恒温及操作中为什么要盖好？

(3) 如何从实验结果验证乙酸乙酯皂化反应为二级反应？

七、对实验的建议

物理化学实验报告

13 电解质的摩尔电导与弱电解质电离常数的测定

姓　　名_____　　班号_____　　同组人_____
实验日期_____　　天气_____　　成　绩_____

成绩	预习	操作	卫生	纪律	报告	总分	指导教师	批改报告教师

一、实验目的

二、实验原理

三、实验仪器与药品

四、实验步骤

原始记录

（请不要涂改数据）

五、实验数据处理

(1) 计算电导电极常数 K。

(2) 计算不同浓度下的氯化钠、醋酸溶液的摩尔电导率,列成表格,并绘出 $\lambda_m - \sqrt{c}$ 图,求出 $\lambda_{m,NaCl}^{\infty}$。

$c/(mol \cdot L^{-1})$ NaCl	0.02	0.01	0.005	0.002 5	0.001 25
R_x/Ω					
$\lambda_m/(S \cdot m^2 \cdot mol^{-1})$					
$\sqrt{c}$					

$c/(mol \cdot L^{-1})$ HAc	0.02	0.01	0.005	0.002 5	0.001 25
R_x/Ω					
$\lambda_m/(S \cdot m^2 \cdot mol^{-1})$					
$\sqrt{c}$					

(3) 计算 $\lambda_{m,\text{HAc}}^{\infty} = ?$

(4) 计算醋酸在不同浓度时的离解度及离解常数。

数据 $c/(\text{mol}\cdot\text{L}^{-1})$	0.02	0.01	0.005	0.002 5	0.001 25
α					
K_c					
$\sqrt{c}$					

(5) 以 $c\lambda_m - \dfrac{1}{\lambda_m}$ 作图,得一直线,由其斜率 $(\lambda_m^\infty)^2 K_c$ 求出 K_c,并与计算结果作比较。

(6) 实验结论。

(7) 实验误差分析。

六、思考题

(1) 电导测定中蒸馏水的电导是否应考虑？为什么？(水的电导率为 $10^{-6}\Omega^{-1}\cdot m^{-1}$)。

(2) 试分别分析 NaCl、HAc 的电导测定中随着溶液的稀释,其电阻的变化趋势,并加以解释。

(3) 如果长时间测不出平衡电阻(检流计不为零,耳机交流声大,示波器不为直线)是否影响测量准确度？(电导池电阻值是否会变？)

(4) 为什么电导池要用铂黑作电极,若不用铂电极,可采用什么电极代替？

七、对实验的建议

物理化学实验报告

14 电动势的测定及其应用

姓　　名_____　　班号_____　　同组人_____
实验日期_____　　天气_____　　成　绩_____

成绩	预习	操作	卫生	纪律	报告	总分	指导教师	批改报告教师

一、实验目的

二、实验原理

三、实验仪器与药品

四、实验步骤

(1) (−) Hg − Hg_2Cl_2 | 饱和 KCl 溶液 ‖ $AgNO_3$(0.1 mol·L^{-1}) | Ag(+)

(2) (−) Ag − AgCl | HCl(0.1 mol·L^{-1}) ‖ $AgNO_3$(0.1mol·L − 1) | Ag(+)

(3) (−) Hg − Hg_2Cl_2 | 饱和 KCl 溶液 ‖ 饱和醌氢醌的未知pH溶液 | Pt(+)

原始记录

(请不要涂改数据)

五、实验数据处理

(1) 由电池(1)求 $\varphi^{\ominus}_{Ag^+/Ag}$，并将实验值与手册值比较，求出相对误差。

(2) 由电池(2)求 AgCl 的 K_{sp}。

(3) 由电池(3)求未知液的 pH 值。

(4) 实验结论。

(5) 实验误差分析。

六、思考题

(1) 若用氢电极作为参比电极做成电池
$$Ag|AgNO_3(0.1\ mol\cdot L^{-1})||H^+(1\ mol\cdot L^{-1})|H_2,Pt$$
来测银电极的电极电势,在实验中会出现什么现象,为什么?

(2) 影响实验测量准确度的因素有哪些?

七、对实验的建议

物理化学实验报告

16 最大气泡压力法测定液体表面张力

姓　　名_____　　班号_____　　同组人_____
实验日期_____　　天气_____　　成　绩_____

成绩	预习	操作	卫生	纪律	报告	总分	指导教师	批改报告教师

一、实验目的

二、实验原理

三、实验仪器与药品

四、实验步骤

原始记录

（请不要涂改数据）

五、实验数据处理(列出详细计算步骤)

(1) 将处理后的实验数据填入下表中,并计算不同温度下的 K 值。

c(正丁醇浓)/ (mol·L^{-1})	25℃			35℃		
	$p/$ kPa	$\sigma/$ (J·m^{-2})	$\Gamma/$ (mol·m^{-2})	$p/$ kPa	$\sigma/$ (J·m^{-2})	$\Gamma/$ (mol·m^{-2})
0(纯水)						
0.0125						
0.0250						
0.050						
0.100						
0.200						
0.300						
0.400						
0.500						
0(纯水)						

(2) 按表列和计算的数据画出正丁醇的"$\sigma - c$"图。

(3) 在"$\sigma - c$"图上用切线法求各适当间隔的浓度的 Γ 值,并在同一张图上作出 25℃ 和 35℃ 的"$\Gamma - c$"等温吸附线。

(6) 比较 25℃ 和 35℃ 的"$\Gamma - c$"等温吸附线,说明温度如何影响表面张力和吸附量。

(7) 实验误差分析。

六、思考题
(1) 为什么不需要知道毛细管尖口的半径?

(2) 为什么不能将毛细管插进液体里去?

(3) 液体表面张力的大小与哪些因素有关?

(4) 若让你求出一种表面活性剂的临界胶束浓度,应该怎样设计实验?

七、对实验的建议

物理化学实验报告

18 胶体的制备、性质及电泳速度的测定

姓　　名_____　　班号_____　　同组人_____
实验日期_____　　天气_____　　成　绩_____

成绩	预习	操作	卫生	纪律	报告	总分	指导教师	批改报告教师

一、实验目的

二、实验原理

三、实验仪器与药品

四、实验步骤

原始记录

（请不要涂改数据）

五、数据处理(列出详细计算步骤)

1. 计算电泳速度 u 和平均电位梯度 H。

2. 将 u、H 和介质粘度及介电常数代入求 ξ 电位。

3. 根据胶粒电泳时的移动方向确定其所带的电荷符号。

4. 胶体聚沉情况。

	1	2	3	4	5
KCl					
K_2CrO_4					
$K_3[Fe(CN)_6]$					
$K_3[Fe(CN)_6]$ + 白明胶					

根据聚沉情况计算聚沉值。

5. 结论

6. 误差分析

六、思考题

1. 电脉速度与哪些因素有关?

2. 写出 $FeCl_3$ 水解反应式。解释胶粒带何种电荷,取决于什么因素?

3. 高分子溶液对憎液溶胶有何影响。如何理解叔采－哈迪法则?

七、对实验的建议

物理化学实验报告

21　偶极矩的测定

姓　名_____　　　班号_____　　　同组人_____
实验日期_____　　　天气_____　　　成　绩_____

成绩	预习	操作	卫生	纪律	报告	总分	指导教师	批改报告教师

一、实验目的

二、实验原理

三、实验仪器与药品

四、实验步骤

原始记录

（请不要涂改数据）

五、实验数据处理(列出详细计算步骤)

(1) 计算各溶液的摩尔分数 x_2。

(2) 以各溶液的折光率对 x_2 作图,求出 γ 值。

(3) 计算环己烷以及各溶液的密度 ρ,作 $\rho - x_2$ 图,求出 β 值。

(4) 计算出各溶液的 ε，作 $\varepsilon - x_2$ 图，求出 α 值。

(5) 代入公式算出偶极矩 μ 值。

(6) 实验结论。

(7) 实验误差分析。

六、思考题

(1) 准确测定溶质摩尔极化率和摩尔折射率时,为什么要外推至无限稀释?

(2) 试分析实验中引起误差的原因,如何改进?

(3) 仪器分布电容 C_d 如何计算?

七、对实验的建议

物理化学实验报告

22 磁化率的测定

姓　名_____　　班号_____　　同组人_____
实验日期_____　　天气_____　　成　绩_____

成绩	预习	操作	卫生	纪律	报告	总分	指导教师	批改报告教师

一、实验目的

二、实验原理

三、实验仪器与药品

四、实验步骤

原始记录

（请不要涂改数据）

五、实验数据处理(列出详细计算步骤)

(1) 由莫尔盐的单位质量磁化率和实验数据计算磁场强度值。

(2) 计算 $FeSO_4 \cdot 7H_2O$、$K_3Fe(CN)_6$ 和 $K_4Fe(CN)_6 \cdot 3H_2O$ 的 x_M、μ_m 和未成对电子数。

(a) $FeSO_4 \cdot 7H_2O$

(b) $K_3Fe(CN)_6$

(c) $K_4Fe(CN)_6 \cdot 3H_2O$

(3) 根据未成对电子数讨论 $FeSO_4 \cdot 7H_2O$ 和 $K_4Fe(CN)_6 \cdot 3H_2O$ 中 Fe^{2+} 的最外层电子结构以及由此构成的配键类型。

(a) $FeSO_4 \cdot 7H_2O$

(b) $K_4Fe(CN)_6 \cdot 3H_2O$

(4) 实验结论。

(5) 实验误差分析。

六、思考题

(1) 不同励磁电流下测得的样品摩尔磁化率是否相同?

(2) 用古埃天平测定磁化率的精密度与哪些因素有关?

七、对实验的建议

参 考 文 献

[1] 孙尔康,徐维清,邱金恒主编.物理化学实验(M).南京:南京大学出版社,2000.

[2] 复旦大学等编.物理化学实验(M).第2版.北京:高等教育出版社,2000.

[3] 黄泰山,陈良坦,韩国林等编著.新编物理化学实验(M).厦门:厦门大学出版社,1999.

[4] 蔡显鄂等编.物理化学实验(M).北京:高等教育出版社,1993.

[5] 北京大学化学系物理化学教研室主编.物理化学实验(M).第3版.北京:高等教育出版社,1995.

[6] 杨百勤主编.物理化学实验(M).北京:化学工业出版社,2001.

[7] 傅献彩,沈文霞,姚天杨.物理化学(M).第4版.北京:高等教育出版社,1990.

[8] 吴子生,严忠.物理化学实验指导(M).长春:东北师范大学出版社,1995.

[9] 藏瑾光.物理化学实验(M).北京:北京理工大学出版社,1995.

[10] 东北师范大学主编.物理化学实验(M).第2版.北京:高等教育出版社,1989.

[11] 南京大学大学化学实验教学组编.大学化学实验(M).北京:高等教育出版社,1999.

[12] 邹明珠,张寒琦主编.中级化学实验(M).长春:吉林大学出版社,2000.

[13] 古风才,肖衍繁主编.基础化学实验教程(M).北京:科学出版社,2000.